UMBANDA ASTROLÓGICA

CARLINHOS LIMA

UMBANDA ASTROLÓGICA

OS SENHORES DO DESTINO E A COROA ASTROLÓGICA DE ORUMILÁ

© 2016, Editora Anúbis

Revisão:
Tânia Hernandes

Diagramação e Capa:
Edinei Gonçalves

Dados Internacionais de Catalogação na Publicação (CIP)
(Câmara Brasileira do Livro, SP, Brasil)

Lima, Carlos
    Umbanda astrológica/Carlos Lima. -- 1. ed. -- São Paulo: Anúbis, 2016.

    ISBN 978-85-98647-06-7

    1. Astrologia 2. Orixás 3. Umbanda I. Título.

13-02737   CDD-299.67

Índices para catálogo sistemático:
1. Umbanda astrológica : Religiões de origem africana   299.67

São Paulo/SP – República Federativa do Brasil
Printed in Brazil – Impresso no Brasil

Este livro segue as novas regras do Acordo Ortográfico da Língua Portuguesa.

Os direitos de reprodução desta obra pertencem à Editora Anúbis. Portanto, não é permitida a reprodução total ou parcial desta obra, de qualquer forma ou por qualquer meio eletrônico, mecânico, inclusive por meio de processos xerográficos, incluindo ainda o uso da internet, sem a permissão expressa por escrito da Editora (Lei nº 9.610, de 19.2.98).

Distribuição exclusiva
Aquaroli Books
Rua Curupá, 801 – Vila Formosa – São Paulo/SP
CEP 03355-010 – Tel.: (11) 2673-3599
atendimento@aquarolibooks.com.br

Sumário

Prefácio 9
Muitas horas de pesquisa e o meu diário de mago e encontro com
   a magia 15
Luz na Mente e Paz no Espírito através da Umbanda Astrológica 17
   Seguindo nos conceitos afro-brasileiros 27
      Olori 28
      Eledá 29
      Inkices 30
      Orun 31
   A influência dos astros 32
   As 12 casas do Mapa Natal 36
   O início 40
   Ibêjis (Gêmeos) 41
   Conhecimentos Ancestrais 46
O Destino 51
   Ferramentas importantes pra entender o destino 58
A Força do Destino em Nossas Vidas – conduzido pelos Orixás 59
   Horóscopo e Mapa Natal 66
Karma 69
E o livre-arbítrio? 71
Astrologia, ferramenta valiosa para a correção de Itá 77
Ritos antigos e originais das raízes africanas – o Obi 81
   Serpentes 83
Candomblé e Umbanda: religiões afro-brasileiras em mudança constante
   e que descendem da mesma raiz 91

Magia, divindade, desejo e poder 93
Oráculos sempre existiram em todas as Civilizações. 97
Culto à Orunmilá. 107
    Classificando as pessoas 113
    Aspectos planetários 115
    Aspectos humanos. 116
    Correlações entre as entidades atuantes com os chacras 116
    Os Espíritos Olímpicos e Anjos dos Sete Planetas 117
    Oxumaré – Escorpião 118
    O signo de Peixes e Sagitário 123
    Regência de Gêmeos e Virgem. 125
    Oriki Ossaim (Louvando o Espírito de Medicina de ervas) 130
        Qualidades 134
    Signos de Leão e Aquário 135
    Touro e Libra. 138
    Câncer e Capricórnio 140
    Exu e Pombagira 140
    Nomes dos Exus e seus atributos. 143
    Negativamente a ação dos Exus reflete em nós 151
    Exus que acompanham vários Orixás no Candomblé 151
        Esú Òsètùrá. 152
        Pombagira 153
    Culto a Egum 160
    A influência dos Orixás no nosso nascimento 161
    Os ditados no processo divinatório Orunmilá-Ifá 165
    Odu Meji e Amolus 167
    Ori 169
    Os Odus na roda zodiacal. 182
    Está formada assim a Coroa Sagrada de Orunmilá por meio do
        Zodíaco 183
    "Ojisé-ebó" – OSETURÁ 193
    Interpretação simplificada do mapa de exemplo dado. 197
A Astrologia na Umbanda 203

Compreendendo a sua personalidade através da Astrologia......... 204
Signos Zodiacais e Vibrações Originais.......................... 207
O seu "Orixá de Cabeça"... 208
Somando os Odus pela data de nascimento – Método inédito de
    Astro-Odus!.. 217
Aleister Crowley: personagem e mapa astral..................... 221
Para os leigos.. 229
    Observando os principais pontos:............................... 229
    Orunmilá e Exu atuando em ciclos.............................. 232
    Os Astros e os Orixás 239

Prefácio

"Ele te cobrirá com as suas penas, e debaixo das suas asas te confiarás; a sua verdade será o teu escudo e broquel." Salmos 91:4

Nós, que observamos o tempo, contemplamos o céu, respeitamos os ancestrais e acreditamos na Existência de uma grande força chamada Deus, que criou o universo visível e invisível, podemos enxergar claramente que o mundo mudou!

Mudar é parte do ritmo do Cosmos; aliás, ele está em movimento constante! Mas, o homem é retrógrado, tradicionalista e lento por natureza, e quando o ambiente onde vive muda, mesmo que devagar, ele sente distúrbios e esses distúrbios ao seu redor causam desequilíbrios na sua alma. E esse desequilíbrio na alma do homem se espalha na sociedade onde vive.

Cidadãos desequilibrados, líderes desequilibrados e famílias desequilibradas, geram mais e mais desequilíbrio no mundo, produzindo agressão à Natureza, danificando o Meio Ambiente, muitas vezes com danos irreversíveis, e o homem sente cada vez mais, a cada século de sua existência, que este planeta caminha para um processo de transformação que não será fácil – ao que tudo indica tende a ser penoso, doloroso e de expiação.

O homem sempre causou guerras, se dividiu, agrediu a Mãe Natureza e a si mesmo, mas, amplia esses atos insanos a cada Era. Isso acontece porque a maior parte da população do mundo é substancialmente materialista, egoísta e insana.

Entre eles há dois tipos de indivíduos: os que conseguem poder para liderar e os que dão o poder para serem liderados (E que sem pensar elegem governos, bajulam poderosos, agem como fantoches e quase sempre defendem a supremacia de ideologias destrutivas, desumanas e excludentes.). Por causa disso, sempre nos deparamos com profecias catastróficas, porque a sensibilidade dos médiuns, ao acessar os registros Akáshicos, percebe o quanto o homem errou durante a sua existência e continua a errar, aumentando um saldo negativo em seu carma, que um dia será cobrado, com juros e correção justa.

Os Evangelhos têm uma mensagem formidável: quem tem amor no coração é capaz de captar uma essência tão fina vinda das mensagens deixadas pelo Personagem Principal (o Cristo), que chega a energizar a alma, girando até toda aquela tribulação vivida na época dos acontecimentos, com tantas mortes, crucificações e abusos de poder!

No entanto, nessa euforia das mensagens crísticas, as pessoas inebriadas com todas as promessas de vida eterna e de um perdão através do sacrifício do Filho de Deus, ignora uma outra parte da Doutrina do Filho do Homem que diz: "Quem tem fome e sede de justiça será saciado.".

O que isso quer dizer? Bem, isso quer dizer que Deus é bondade, amor, generosidade e perdão, mas, também justo. Ou seja, Deus é dádiva, mas, também pune se for preciso! Muitos líderes, especialmente aqueles mais fervorosos, que queriam arrebanhar novos fiéis pra uma doutrina menos amedrontadora, criaram uma imagem de um Deus que "apenas perdoa", eliminaram a imagem do inferno totalmente do contexto e apenas prometem um céu, onde qualquer um que exaltar o Senhor o tempo todo e gritar nas praças contando todas as suas dores e como venceu na vida, somado ao pagamento de dízimos, esse convertido seria "mais um que garantiu sua moradia no céu"!

O que mais vemos, na maioria dos relatos, são casos muitas vezes apavoradores, pessoas que contam todo tipo de sofrimento, mas, que de uma hora pra outra se dizem "convertidos e salvos". Gritam jubilosos: "Deus perdoou meus pecados!". – Como se o seu Líder fosse realmente a voz de Deus ou tivesse o poder de limpar os pecados de alguém!

Claro que também acreditamos na bondade de Deus, no amor paternal do Criador e que nunca poderemos perder a fé na salvação, mas, também temos que evitar hipocrisia, sadismo e cinismo. Deus é capaz de perdoar sim, mas, também é justo. Não é apenas começando a andar na igreja, pagando dízimos e deixando de fazer certas coisas que alcançaremos a Salvação. Homem nenhum no mundo tem o poder de limpar os pecados de alguém, como muitos pregam por aí.

O que expia pecados são atos, aliados à fé e o cumprimento da nossa missão, conforme o Criador determinar. E como deixam bem claro esses evangelhos, cada um de nós temos uma missão diferente, um destino diferente e dons diferentes. Por isso, não podemos criar regras, metodologias e leis, pois nossos traços são grafados pelo Criador.

Mas, voltando à questão pergunto: "Quem tem fome e sede de justiça?". - São os fracos, os que foram molestados, agredidos, mortos injustamente, os indefesos os reprimidos e os descriminados. Assim como se revelou no Apocalipse: "O Sangue dos Mártires clama por justiça.".[1] Então se os martirizados clamam por justiça e Jesus se compromete a dizer que: "Quem tem fome e sede de justiça será saciado.", vemos que Deus dará um veredito de punição a quem deve pelo pecado.

Deus se revela nas coisas simples da vida, como nos mostrou o Profeta Elias, que surge da brisa suave e não do destempero do vento[2]. Deus não precisa de pirotecnia, de templos ricos, de líderes famosos falando em seu nome ou de gritos exultantes em praça pública! Como disse o Mestre: "Hipócritas, que rezam em voz alta nas praças públicas só pra mostrar que rezam, esses já ganharam seu galardão na Terra.". Ao mesmo tempo em que nos ensinou: "Se queres rezar, ora secretamente para que só o Pai que está no céu te escute.".[3]

O mago busca justamente isso: harmonizar-se com a natureza, viver sua vida com ar de contemplação, respeitando o meio onde vive, vivendo em paz com todo ser vivo ao seu redor e tendo equilíbrio em sua alma. Os magos antigos sabiam captar as magias mais finas agindo na natureza, porque seu espírito era leve, não

---

1. Interpretação teológica dos capítulos 17,18 e 19 do Apocalipse, especialmente do versículos 2 do capítulo 19 e do versículo 20 do capítulo 18.
2. 1Reis, capítulo 19.
3. "Quando vocês orarem, não sejam como os hipócritas que gostam de rezar em voz alta nas praças públicas e nas sinagogas, para serem vistos por todos... Orem ao seu Pai no silêncio de seu quarto, e o Pai que vê o que está oculto, os recompensará." (Mt 6:5 – 6)

havia vaidade, orgulho e muito menos egocentrismo. Eles não diziam o que eram capazes de fazer e quando falavam, revelavam apenas para aqueles que alcançavam a honra de serem seus alunos.

O bom mestre é aquele que tem humildade e o bom mago é aquele que sabe captar a sabedoria em tudo o que existe, mas, acima disso, está o dever de saber compreender o comportamento humano e buscar adequá-los aos códigos de condutas direitos e a moral que engrandece a alma.

O principal dever do mago é saber que ele tem uma missão e o seu destino só será alcançando quando ele ao menos tenta cumpri-la. Como eu disse, cada um tem uma missão diferente e dons variados. Nem sempre a missão de um mago é ser um mestre e às vezes nem mesmo fazer magia. Muitos têm como dever principal buscar conhecimentos e nunca usá-los, apenas aperfeiçoá-los para repassá-los ainda mais compreensíveis.

Quando o mago é também um mestre, sabe que seu principal dever é com seus alunos, assim como os seus alunos também devem saber que seu principal dever é honrar seu mestre. Orunmilá, através de seus códigos e provérbios, sempre tenta deixar claro isso. Assim como Metatron em suas passagens pela Terra, quando revelou segredos ocultos, sempre passou os códigos de ética, de moral e de respeito à tradição dos Ancestrais Divinos. Por isso, creio que Orunmilá é uma das personificações de Metatron, Arcanjo poderoso que desceu à Terra pra trazer o poder da profecia e dos sistemas oraculares e ficou conhecido no continente africano como o grande Orunmilá, "o senhor do destino".

Então, meus irmãos, ciente da minha missão, que é repassar conhecimento através de mensagens sagradas, digo que a principal missão de um mago pra atingir seu destino é buscar sabedoria. Como disse Salomão: "Buscai a sabedoria, gritai seu nome em todos os cantos.".[4] E a sabedoria vem com o saber sagrado de todas as coisas, e pra atingi-lo os antigos magos diziam: *Bene operis fidei vestrae et meditationem.*".

---

4. Interpretação teológica dos versículos 20 e 21 do Livro dos Provérbios. Neste versículo encontra-se uma alusão ao capítulo 10: 27 do Evangelho de Mateus.

Como dizem as Escrituras, "Tudo tem o seu tempo.".[5] Na trajetória de um mago há muitos altos e baixos: momentos de euforia, momentos de prepotência onde se pensa que se pode dominar a magia e os outros, como também momentos de dor, decepção e cansaço.

Na verdade, o verdadeiro mago é aquele que sabe filtrar, expurgando aquilo que lhe faz mal e ingerindo aquilo que revela sabedoria em sua alma.

---

5. Escrituras Sagradas, Eclesiastes 3,1; Eclesiastes 8,9 e Eclesiastes 9,6.

Muitas horas de pesquisa e o meu diário de mago e encontro com a magia

"E tinham mãos de homem debaixo das suas asas, aos quatro lados; e assim todos quatro tinham seus rostos e suas asas." Ezequiel 1:8

Lembrem que a cabeça dos homens têm em sua formação os Odus que revelam seu destino: Ori no centro da cabeça e mais 4 Orixás nas 4 direções.

Todos nós que estudamos magia, religião e iniciação, sabemos que o Caminho de Santiago, as Pirâmides do Egito, os Mosteiros Sagrados, os Templos Budistas, o Himalaia, as ruínas de qualquer lugar sagrado ou a Terra Santa, são importantíssimos. Apenas o que eu quero dizer é que para cada um o local é diferente e pra muitos nem mesmo lugares sagrados surtirão efeito algum! Já conheci pessoas que fizeram excursões caras aos lugares mundialmente famosos e não tiveram nenhuma revelação, mas, que meditando no meio da mata, tiveram sua grande iluminação e inspiração espiritual.

Cada pessoa tem um dom, uma missão e uma herança ancestral. Por isso, muito pouco do que funciona pra um vai surtir efeito pra outros, a não ser que sejam afins.

Porém, quando se inicia nos cultos afro-brasileiros, yorubás, cabalísticos, maçons ou qualquer outro meio iniciatório, os ensinamentos serão sempre parecidos, às vezes até repetidos, dependendo do mestre, mas, isso não quer dizer que um adepto de qualquer organização ou ordem não possa ter seu caminho pessoal respeitado.

Aliás, muitas pessoas passam anos sem saber o que são e o que querem, justamente por serem forçadas a sentir tradições orais, muitas vezes errôneas, por não se sentirem livres pra fluir no mundo do conhecimento e por serem vítimas de mestres excêntricos, demagogos e egoístas. O homem deve sim respeitar os pilares das tradições, caminhar entre os quatro pilares que são Ciência, religião, arte e magia, mas, com total liberdade, igual a um pêndulo que vai ser atraído para aquilo que mais tem afinidade ou é sua missão cármica-espiritual.

Uma coisa interessante e ao mesmo tempo desanimadora é que, muitas vezes, em contato com rituais magisticamente bem elaborados, com livros ocultistas e ensinamentos de grandes magos, não conseguimos nenhuma revelação ou iluminação. No entanto, em meio à simplicidade ou sem estar inserido em nenhuma busca, o sagrado se revela, luzes aparecem, mensagens chegam até nós e a magia desperta. Por isso, não devemos trilhar caminhos pré-estabelecidos pelos outros, mas, seguirmos nossa consciência, ouvindo nossos mestres interiores e sabendo entender as mensagens de nosso Ori.

Aranauam, Motumbá, Mucuiú, Kolofé, Axé, Salve, Saravá
Carlinhos Lima

Luz na Mente e Paz no Espírito através da Umbanda Astrológica

"E debaixo do firmamento estavam as suas asas direitas uma em direção à outra; cada um tinha duas, que lhe cobriam o corpo de um lado; e cada um tinha outras duas asas, que os cobriam do outro lado."
Ezequiel 1:23

Para muitos, Umbanda é algo em ebolição, desafiadora e cheia de complexidade. E olhando de longe, sem o envolvimento profundo com os líderes religiosos de Umbanda ou com suas práticas mais secretas, até nos iludimos, achando que todos os conceitos de Umbanda são simples, sem maiores segredos ou necessidade de estudos amplos. Mas, quando realmente conhecemos o outro lado, que não o do populismo e exibicionismo, percebemos que a Umbanda não é uma simples religião pagã ou de pouca cultura como muitos acreditam, mas, de extrema complexidade, beleza e ritualística que são para poucos iniciados realmente compreenderem de verdade.

Seus mistérios vão desde o seu nome correto (Que uns dizem possuir origem sânscrita!), passando por sua origem – histórica ou mítica – e pelos Orixás – quais seus nomes corretos, quais desses Orixás devem ser cultuados, de que forma devem ser cultuados e até quantos são de fato. E duas coisas eu concluí nessas quase duas décadas de pesquisas: primeiro que a Umbanda tem raízes que vão além da África, pois, como enxergou W. W. da Matta e Silva, ela tem ancestralidade nas culturas indo-europeias; segundo que um dos seus principais pilares e das outras ramificações como Candomblé, por exemplo, é a cultura Yorubá. E que por causa da má interpretação de uns e do sincretismo exagerado de outros, foi ignorado por muitos anos pela maioria dos adeptos do movimento afro-brasileiro.

Uma dentre as várias correntes existentes no movimento umbandista veio crescendo muito no final do século passado, em aceitação, seja em sua prática ritualística, seja em sua parte teórica e mesmo no esboço para uma filosofia de Umbanda Esotérica, cujo divulgador mais conhecido foi W. W. da Matta e Silva (1917-1988).[6]

Na *Umbanda Astrológica*, mais voltada ao estudo dos céus, ou dos conceitos astrológicos, aponto para um novo caminho, mas, que parte do mesmo princípio, respeitando a Tradição, um pilar básico da evolução espiritual, mas, sem ser radical. Afinal esse conceito de radicalidade, parte do termo *raiz* e por isso deve-se saber discernir o que queremos aproveitar dessas origens ancestrais.

A Umbanda Tradicional manteve da matriz africana o culto aos Orixás, o transe de possessão e o rito dançado, mas seus ritos, celebrados em português, são bem mais simples e acessíveis, até porque, com a intervenção da igreja e de reformistas que tentaram se adequar a nossa cultura, houve uma forte tentativa de diminuir ao máximo o seu lado mais primitivo, inserindo um caráter mais cristão nos conceitos.

Diferente do modelo africano, sua concepção de mundo é fortemente marcada pela valorização da caridade, isto é, o trabalho desinteressado em prol do outro, muito característico do Kardecismo, religião de inspiração cristã no plano dos valores. E até acho que isso tem um lado positivo, mas, por outro lado, também existe uma coisa que considero muito negativa, que é o sufocamento da tradição africana que acaba sendo subjugada aos dogmatismos cristãos ou europeus.

---

6. Escritor de nove livros sendo que o primeiro é também o mais importante deles, *Umbanda de Todos Nós*, primeira edição em 1956 e relançado pela Editora Ícone em 2007 (já está na 12ª edição).

Cada elemento da natureza representa uma força, que nas religiões afro-brasileiras é chamada de axé. As árvores, por exemplo, têm uma identidade própria e superior aos homens: podem ser vistas como deuses e devem ser alimentadas com sangue e sacrifício. Na verdade, a força das florestas e vegetais são vistas como importantes fontes de poder em várias religiões. Para os hebreus por exemplo a fonte da vida é personificada numa árvore, o Paraíso é descrito como um jardim e o ideal judaico-cristão é o retorno ao paraíso, tempo mítico do mundo sem natureza.

Na Europa anterior ao predomínio da tradição judaico-cristã o culto às árvores teve um papel importante. Nada podia ser mais natural, pois, no alvorecer da história, a Europa estava coberta de imensas florestas. Atribui-se a origem desse culto a uma crença dos selvagens, que viam o mundo dotado de alma, inclusive árvores e plantas.

A essa mentalidade selvagem outros antropólogos chamaram animismo. Contudo, as árvores não são vistas simplesmente como natureza-objeto, há quem acredite que elas possuem um *lócus geni*, servindo de morada ou corpo de espíritos ancestrais, ou, ainda, que podem ser elas mesmas uma espécie de deus. Os antigos sempre tiveram o conceito de que floresta é o lugar onde moram os deuses e que toda floresta é sagrada, às vezes se confundindo com o próprio deus. Para africanos e afro-brasileiros, há deuses que são árvores, as folhas são sagradas e portadoras de axé. Cada folha, além de uma utilidade prática, tem uma personalidade mítica.

Não se vê aqui a natureza como inferior, pelo contrário, por ser sagrada, ela é superior, interditada. Precisam dela, precisam cortá-la para se curarem, e para fazerem atabaques, mas não a cortam de qualquer jeito; colhem folhas para os diversos "trabalhos" etc. Tudo isso implica o sacrifício de um deus vivo, é uma imolação que numa relação de dom contra dom pede a contrapartida. Por isso, tem-se a consciência religiosa de que é preciso que alimentem as árvores com sangue e comida, façam-se festas em torno delas, ornamentem-nas com belos ojás brancos e aos seus pés levantem-se hierofanias.

Há a observância nos cultos africanistas do céu e seus movimentos, cito que observa-se as fases da Lua, as estações do ano, como também sabemos que esses costumes não são apenas de hoje e sim de um passado distante. Na verdade o homem sempre olhou para o céu tentando entendê-lo, como também se entender através dele.

Prandi afirma que[7]

> *A antiga religião de caráter animista, ou seja, de crença de que cada objeto do mundo em que vivemos é dotado de um espírito, em algum momento primordial fundiu-se com o culto dos antepassados. Podemos definir o culto dos antepassados como o conjunto de crenças, mitos e ritos que regulam os vínculos de uma comunidade com um número grande de mortos que viveram nessa comunidade e que estão ligados a ela por parentesco, segundo linhagens familiares, acreditando-se que os mortos têm o poder de interferir na vida humana, devendo então ser propiciados, aplacados por meio das práticas sacrificiais para o bem-estar da comunidade.*

O que Reginaldo Prandi não se deu conta é que os antigos não viram apenas influências ou vibrações nos objetos daqui da Terra, mas, também do céu. Ou seja, as estrelas eram vistas como deuses, personificadas em entidades que de certa forma, para eles, também interfeririam na vida do homem e do Planeta Terra como um todo.

Os filhos de santo conhecem a expressão – verdadeiro truísmo – "sem folhas não se cultua os Orixás" (kò si ewé kò si òrìsá). As ervas assumem um papel fundamental. O elemento vegetal é mais importante e divinizado do que qualquer outro na natureza. Há deuses que se confundem com árvores e folhas, mas isso não ocorre com os animais. Estes, por excelência, cumprem a função de serem sacrificados aos deuses.

Este traço tem a ver com o caráter agrícola das culturas africanas que matizaram as religiões afro-brasileiras e, citando isso, aproveito para lembrar a todos os leitores atentos, que até mesmo na escolha das ervas, no seu uso, no plantio delas e na busca de seu axé, os sacerdotes também levam em conta as influências astrológicas, especialmente as da Lua, por meio de suas fases principalmente. A relação entre os homens e os deuses, diz Prandi em seus trabalhos publicados, passa pelos elementos da natureza – ela em si confunde-se com os deuses. É uma relação de inferioridade, submissão, filiação celebrada através de contratos.

---

7. In PRANDI, Reginaldo. *Mitologia dos orixás*. São Paulo: USP, 1999.

Os Orixás, ainda que hoje assumam uma forma antropomorfizada, têm suas origens na natureza. No entanto, eu prefiro aceitar os estudos de Mestre W. W. da Matta e Silva[8], que foi buscar no Arqueômetro e nos conhecimentos mais aprofundados, a tese de que os antigos não só observavam o céu, mas, usavam seu conhecimento sobre o Cosmos pra traçar suas bases espirituais.

Porém, Verger alerta para o fato de que o Orun não pode ser confundido com o céu cristão[9]. Diz ele:

> *Algumas tradições pretendem que Orun não esteja situado no céu mas debaixo da terra. Há, efetivamente, em Ifé um lugar chamado Orun Oba Adó, onde haveria "dois poços sem fundo que os antigos diziam ser o caminho mais curto para o além". Este Orun é o além, o infinito, o longínquo, em oposição ao ayé, o período de vida, o mundo, o aqui, o concreto.*

Para os cultos africanistas, as ervas também têm uma importância muito grande e tem até um Orixá específico para cuidar das folhas, que é Ossaim, e das florestas, que é Oxóssi. E ainda, todas as falanges de caboclos que tem uma ligação profunda com as matas.

Aqui no Brasil, a Umbanda dá uma importância enorme à chamada Linha dos Índios, tendo até uma entidade que é cultuada, que carrega a força de uma árvore e que dá nome a um segmento dos cultos afro-brasileiros, a Jurema[10].

---

8. Pai Matta escreveu nove obras religiosas, publicadas com sucesso, em várias edições, sendo apreciadas e estudadas ainda hoje em dia. Segue a relação de seus livros publicados pela Livraria e Editora Freitas Bastos (Rio de Janeiro): *Mistérios e Práticas da Lei de Umbanda, Lições de Umbanda e Quimbanda na palavra de um Preto-Velho, Segredos da Magia de Umbanda e Quimbanda, Umbanda e o Poder da Mediunidade, Umbanda de Todos Nós, Umbanda Sua Eterna Doutrina, Doutrina Secreta de Umbanda, Umbanda do Brasil e Macumbas e Candomblés na Umbanda*.
9. VERGER, Pierre. *Orixás*. Salvador: Corrupio, 1995.
10. Pesquisa sobre o tema Jurema:
    - SAMPAIO, J. A. L. *De caboclo a índio – Etnicidade e organização social e política entre povos indígenas comtemporâneos no Nordeste do Brasil, o caso Kapinawá*. Campinas: IFCH/UNICAMP, 1986.
    - TORRES, L. B. *Os Indios Xukuru e Kariri em Palmeira dos Indios*. Maceió: IGASA, 1984.
    - PINTO, E. *Etnologia Brasileira (Funiô – os últimos Tapuías)*. São Paulo: Ed. Nacional, 1956.

A "Jurema", representa até hoje, na polissemia deste termo, um ponto de vista e uma resistência étnica dos nordestinos autóctones. Na Umbanda, a Jurema é como um fio condutor de um traço cultural, distintivo do componente indígena da cultura popular, regional e nacional e representa um elemento ritual ligado a própria resistência armada dos povos indígenas ou à guerra empreendida contra inimigos inclusive em suas alianças.

Assim, a Jurema assume um lugar central na religiosidade popular, não só indígena regional, mas, diante do componente negro a Jurema garante seu reconhecimento, como entidade (espírito, divindade, cabocla) autóctone, "dona da Terra". A Jurema é absorvida pelos cultos afro-brasileiros, tendo surgido inclusive os "Candomblés de Caboclos". Constatamos em vários estados nordestinos as "Linhas da Jurema", dentre as linhagens e filiações religiosas da Umbanda.

O termo Jurema designa, na sinonímia popular e sobretudo na fitoterapia tradicional brasileira, diferentes espécies e/ou variedades de Leguminosas, Mimosáceas, ganhando diferentes sobrenomes de adjetivações, tais como: J. mirim; J. preta; J. de caboclo; J. branca; J. roxa, etc.

Distinguem-se, entretanto, no campo da semântica do termo Jurema denotações múltiplas, que são associadas ou inter-relacionadas, num emaranhado semiótico complexo.

Além do contexto eminentemente botânico, a palavra Jurema designa ainda pelo menos três outros significados:

- preparados líquidos à base de elementos do vegetal, de uso medicinal ou místico, externo e interno, como a bebida sagrada, "vinho da Jurema";
- cerimônia mágico-religiosa, liderada por pajés, xamãs, curandeiros, rezadeiras, pais de santo, mestras ou mestres juremeiros que preparam e bebem este "vinho" e/ou dão de beber a iniciados ou a clientes e também a Jurema sendo igualmente uma entidade espiritual, uma "cabocla";
- divindade evocada tanto por indígenas, como remanescentes, herdeiros diretos em cerimônias do Catimbó, de cultos afro-brasileiros e mais recentemente na Umbanda.

O enraizamento linguístico do termo *Yu'rema* na língua tupi é um forte indício de que o uso primordial, inclusive cerimonial do vinho da Jurema, além de ser herança da cultura indígena, regional, certamente já existia antes da presença dos colonizadores.

No livro *Oráculo dos Deuses Africanos*[11], Henry Domingues Filho há uma descrição da cabocla Jurema como índia, guerreira e filha de Tupy-Nambá (Tupinambá): "Nasceu cercada pelos mistérios que envolvem todos os seres destinados a serem sacerdotes.".

Henry também deixa claro que o sacerdócio é uma predestinação e que os grandes guerreiros ou líderes espirituais são enviados:

> *Jurema é também reconhecida como sacerdotisa das folhas sagradas, herdeira dos conhecimentos do culto "Itaobymbaé", espécie de argila esverdeada, encontrada no fundo de determinados rios da Amazônia. Esta argila era recolhida em dias de Lua cheia pelas sacerdotisas virgens, da aldeia dos tupi-guarani. A elas era dado desde a mais tenra idade a incumbência de serem sacerdotisas, e para isto eram preparadas dentro da lenda de Iara, Yaci e Yurema (deusa da árvore sagrada).*

Renato Ortiz, em sua tese sociológica[12] discorre sobre a Umbanda e a sociedade brasileira e analisa as relações entre cultura e classes sociais no Brasil, onde o escravo recém-liberto se apropria das tradições cristianizadas.

Na emergência do culto umbandista, este fenômeno social é analisado como um resultado de desafricanização e embranquecimento das ritualísticas remanescentes dos cultos africanistas e ameríndios, podendo ser legitimados em um ambiente elitizado pelos valores civilizatórios europeus. Da mesma forma um empretecimento dos pressupostos kardecistas, se considerarmos a Umbanda como uma vertente de um "espiritismo à brasileira".

Essa observação de Ortiz há décadas é ainda algo a ser avaliado hoje, pois o embranquecimento da Umbanda é facilmente notado, como também a introdução do trabalho dos pretos velhos no Kardecismo e de certa forma isso é positivo, teria sim que ocorrer.

---

11. DOMINGUES FILHO, Henry. *Oráculo dos deuses africanos.* São Paulo: Madras, 1996. p. 122.
12. ORTIZ, Renato. *A morte branca do feiticeiro negro.* Petrópolis: Vozes, 1978.

No entanto, eu vejo como negativo quando uma cultura tenta se impor a outra, e ainda, quando uma se acha superior a outra! É de nosso conhecimento (através da mídia) que alguns líderes importantes do Espiritismo Brasileiro andaram fazendo declarações a meu ver preconceituosas sobre a Umbanda, praticamente achincalhando certos procedimentos e entidades do movimento umbandista. Porém, se for mesclado o conhecimento e ensinamentos com harmonia, respeito e prudência, sem querer se sobrepor, uma vertente só tem a fortalecer a outra.

Um outro fator que acho negativo é a interferência do Espiritismo na Umbanda, especialmente quando os filhos de fé de Umbanda se sujeitam às normas de Kardec, sendo que este, além de não ter pesquisado os cultos africanistas a fundo, também se pautou muito mais pelos dogmas cristãos. Isso de certa forma engessa a Umbanda, que é um culto totalmente voltado à liberdade de seus adeptos.

Sobre este assunto, lembremos que Decelso em 1967[13] escreveu a seguinte afirmativa: "(...) A religião de Umbanda é uma religião, e não uma reunião de CURANDEIROS, e em nada se confunde e nada tem a ver com os FEITICEIROS ou com os MACUMBEIROS."

Eu fui iniciado por Pai Benedito de Costa que tinha já em sua grafia magística, traços claros de uma nova raiz, não diferente, mas, com novos elementos. Mas, a raiz que me foi revelada, ainda mais esotérica e voltada para uma característica do Oriente, pela confraria dos magos/astrólogos é ainda mais cheia de características cabalísticas, com a assistência de Pai José do Oriente (Mestre Oní Ibukon Aganjú = aquele que acrescenta a força da terra).

Uma grafia mais voltada à Astrologia é aquela que emprega mais simbologia zodiacal, observa-se mais os alinhamentos astrológicos, as fases do ano, da Lua e trânsitos planetários. Também alia os Orixás com maior profundidade aos conceitos astrológicos, sistemas cabalísticos e aos anjos.

Além das revelações de Pai José do Oriente, Exu Veludo e um de alta hierarquia que não posso revelar agora, porque me foi uma exigência, também me apontaram diferenças entre a raiz de Guiné e raízes secretas do Oriente. Um outro segredo

---

13. CELSO Rosa, Decelso. *Umbanda de Caboclos: estudo sócio-religioso*. Rio de Janeiro: Editora Eco, 1967. p.60.

dessa raiz é que não se usa apenas por intuição ou riscada por um guia em uma ocasião espontânea, mas, observando os alinhamentos, fases e ciclos astrológicos.

Por isso, o magista astrólogo só risca um determinado ponto se a Lua, Planetas e signos estiverem alinhados na posição ideal. E pra quem está se perguntando sobre Pai José ter esses conhecimentos, afirmo que não é este guia aqui citado descendente do povo Negro, mas, do Oriente, certamente com encarnações na Índia, Egito e outros países daquela região. Não indaguei, pois cabe ao astral superior nos revelar. O conhecimento vem de cima pra baixo.

Outra coisa que notamos na ritualística de Mestre W. W. da Matta e Silva é sobre os pontos cardeais e iniciações; em seus livros ele baseou-se em trabalhos de magos que usavam a Astrologia para o Hemisfério Norte. Discordo das posições mostradas e discrições dos Orixás atuantes em cada direção dos pontos cardeais, como, por exemplo, elementos, Exus, Orixás e movimento da magia.

Não que isso comprometa o trabalho sério dele, mas pode haver alguns bloqueios quando se usa o posicionamento diferente, especialmente em certas épocas do ano, quando o Sol está mais ao Sul do Equador, porque os signos foram colocados com as posições invertidas! Se não tratarmos com profundidade desse assunto neste livro, trataremos em outro futuramente.

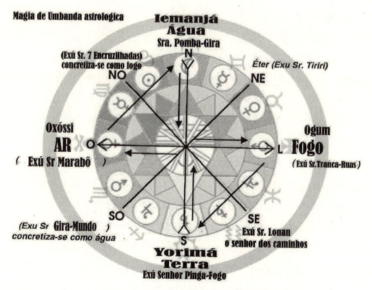

Assim definimos as energias sutis da Encruza.

26   Umbanda Astrológica

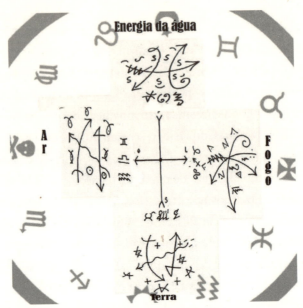

Pontos de magia.

Longe de querer criar contendas, até porque respeito imensamente a Umbanda Esotérica de Mestre W. W. da Matta e Silva e seus seguidores, assim também como tenho o maior respeito pelo grande Caboclo das Sete Encruzilhadas, mas, como meu compromisso com o leitor me força a dar minha opinião, sou obrigado a fazê-lo. Refiro-me aos conceitos deixados nos trabalhos de Yapany, passados por seus portentosos mentores, Sete Encruzilhadas e Guiné, sábios e preocupados com a Umbanda, aliás, creio que foi por causa dessa preocupação em corrigir os erros medonhos da Umbanda que levou eles a colocar tudo na mesma "bandeja".

Eu acho que ele tem razão até certo ponto. Ou seja, sabemos bem que há exageros tremendos, que a patacoada faz parte até mesmo de centros e escolas de mestres famosos. Tudo uma grande pirotecnia, mas, só que pelo erro de uns, não podemos ridicularizar todos, pois, a simbólica é importante, desde que seja feita com seriedade e compromisso. Mas, futuramente discutiremos isso mais a fundo.

A magia pode sim ser acessada, mas, temos que observar o tempo, os alinhamentos, as fases da Lua, a posição dos astros e ainda a permissão do Astral Superior. Por isso que os grandes magos, com imensa sabedoria, sempre dispuseram dos oráculos, Astrologia e orações ou mantras sagrados, para consultar o Astral, tanto pra não fazerem besteira, quanto pra não descumprir ordens divinas. Mais uma coisa que quero comentar aqui é sobre sacerdócio e iniciação.

E em relação a possuir Terreiros abertos, filhos e fundamentos, lembremos do grande Ivan Horácio Costa (Mestre Itaoman) que é o mais antigo discípulo de W. W. da Matta e Silva e que não possui Terreiro aberto, que produziu obras fantásticas e é conhecedor da Grafia de Pemba, mas, pelo que nos consta, ele não iniciou ninguém!

No entanto, fundamentos é o que ele mais tem. Até mesmo no Culto de Nação, Agenor Miranda, respeitado Mestre, conhecedor de magia e segredos, o mais respeitado Oluwô da história recente do Candomblé brasileiro, que não tinha terreiro aberto e não se tem notícias que iniciara ninguém. Não sou contra as escolas iniciáticas desde que elas não se prendam, nem nos prendam a títulos, emblemas e facções. Pois, o mago tem que ter liberdade e só poderá evoluir se for totalmente livre, tanto pra pensar, quanto pra sentir a magia e o conhecimento fluir na sua alma.

Um chefe de Umbanda diz que ela é como a balança de São Miguel: se você tratar o Orixá bem, ele tem que tratar você bem, mas se você não trata ele bem, ele não pode lhe ajudar.

A Umbanda está se tornando a religião mais original do Brasil, a mais espontânea e a mais autêntica: é a soma de tudo o que a gente tem em um contexto histórico brasileiro, é a mistura de tudo e espiritualmente também é isso, por isso é muito comum a gente ver dentro dela todas as influências, todos os cultos.

Seguindo nos conceitos afro-brasileiros

Não só o umbandista, mas, o homem como um todo, por intermédio de suas instituições, procura ajustar-se ao meio em que está inserido, mas nem sempre este ajuste é fácil, sendo essa a causa de tantos transtornos na alma do homem. Esses transtornos tiram o sossego de muita gente, especialmente daqueles que trazem um destino, uma missão ou um carma a cumprir, mas, os ignoram.

O desafio é que o homem precisa adaptar-se a três níveis importantes para seu bem estar e aprimoramento, por meio de uma intergração harmônica com o ambiente: o natural, o social e o sobrenatural. Observando essa adaptação ou integração do ser humano que chega à Terra, percebe-se que uma parte consegue se integrar aos três níveis com maestria, mas, são a minoria.

O maior número de almas se adapta ou se integra na verdade apenas a dois desses ambientes, isso quando já consideramos uma evolução de bom tamanho, pois uma grande parte se adapta apenas a um desses ambientes, pois somente os iluminados e escolhidos conseguem viver bem com os três ambientes durante toda sua existência.

Olori

É no conceito de arquétipo que se alia os fundamentos do Orixá ou Olori (OLORI = Oló = dono; Ori = cabeça), e de seu "filho de santo" que lhe segue o perfil comportamental, como forma de identidade normal e não patológica como era acreditado no passado. Felizmente, hoje em dia já temos outras visões sobre esse comportamento, que podemos definir como mediúnico e espiritualista. Lembrando que Olori é o Orixá pessoal, "dono da cabeça" e também por inteiro, ou seja, da cabeça até aos pés de uma pessoa, do seu "eu" psíquico.

Olori (Alma = Sempre vai agir pela "Razão") é a "Entidade" incumbida da reencarnação do indivíduo. O homem que abusou em reencarnação anterior da força física que possuía; que fez mal uso da inteligência; que prejudicou a si e aos outros, com a beleza corporal; vêm, sem que saiba, privado desses requintes e por consequência pagará o tributo necessário e devido.

No dia do nascimento da pessoa já existe um outro espírito; um outro Orixá, que como adjunto a do Olori passa a cuidar também do recém-chegado, o Eledá. Decidida a reencarnação, o Olori providencia a compressão "perispiritual do espírito reencarnante" pra torná-lo confortável no embrião. Após o nascimento, essa força energética vai promovendo o domínio gradativo da consciência da alma e da força do espírito sobre a forma material até que seja adquirida sua personalidade por meio da Lei do Livre-Arbítrio. A partir daí, essa energia passa a atuar de forma mais discreta, obedecendo a esta Lei, sustentando-lhe, contudo, a forma e energia material pela contínua manutenção e transformação, no sentido de manter-lhe a existência. Então podemos definir melhor como é o Olori e o Eledá:

- **Olori (Alma)** – sempre vai agir pela "Razão".
- **Eledá (Espírito)** – sempre vai agir pela "Vontade, Desejo e do Querer".

Eledá

Apesar de recebermos a influência constante de todos os Orixás, somos influenciados e filiados, de forma especial, por três deles que refletem, em nossa encarnação, os poderes e as energias Divinas, que chamamos de Eledá. É o nosso Orixá pessoal, que cuida do equilíbrio energético, físico e emocional de nossos corpos físicos e astral, que denominamos de Olori, ou seja: Olo = Senhor, Ori = cabeça (Senhor da cabeça).

Esse Orixá é coadjuvado por mais dois, denominados de adjuntores (juntores), que significa auxiliares, é o nosso Ossi e Otum, direita e esquerda do nosso triângulo do Eledá. Da mesma forma que a configuração dos anjos cabalísticos nos mostra uma Trindade Angelical atuante, a Coroa Astrológica de Orunmilá atua sobre nossa cabeça, revelando forças que nos influenciam através da mente, espírito e coração. Desde o momento em que nossa personalidade começa a ser definida, essas energias divinas e seus regentes nos abraçam com amor e nos apontam e orientam no caminho da evolução. Essas vibrações, em cada encarnação, vão formar o que chamamos de "arquétipo", conformando nossa personalidade à energia vibrada dominante.

O ser humano não recebe o Orixá para usá-lo somente quando nasce, mas o tem, desde o ato da concepção, e tanto é verdade que existe uma vida intrauterina. Assim, temos que recuar nove meses para encontrar o Olori, que é o dono da cabeça da pessoa. Aplicando-se o calendário anual, contam-se nove meses para trás, ao contrário do movimento da Terra, sem contar o signo ou mês de nascimento da pessoa; ou então, contam-se três meses para frente, sem contar o signo ou mês de nascimento da pessoa, no mesmo sentido do movimento da Terra.

O Eledá (Èlé = dono, possuidor; èdá = qualquer criatura viva) sempre vai agir pela "Vontade, Desejo e Querer". É a divindade que vela (ilumina) pela pessoa, seu protetor e guia espiritual, "dono da vida". Para muitos é sincretizado com o "anjo-de-guarda cristão" e assimilado ao Olori e ao Elemi. O Eledá, o adjunto que tomou o nome de junto, ou seja, Orixá auxiliar nos cultos da base africana será sempre o protetor direto, imediato de uma pessoa.

Em todos os rituais de Umbanda, de modo especial nas Iniciações, a evocação dessas forças são feitas para todos os médiuns quando efetuam seus Assentamentos, meio de atração, para perto de si, das energias puras vibradas do seu Eledá.

Inkices

Os Orixás são o cerne da adoração dos cultos africanistas chamados por uns de *Inkices* e por outros *Voduns,* ou simplesmente, espíritos da natureza e com influência do Espiritismo, temos ainda o termo "desencarnados". Cada Inkice, Orixá ou Vodum possui peculiaridades próprias, tratamento e culto diferenciados.

Muitos autores cometem o erro de tratar as semelhanças existentes entre um Inkice, Orixá ou Vodum, pois confundem semelhanças com correspondência, fazendo-nos acreditar que na verdade se tratam da mesma divindade apenas com nome distinto. Esta visão é equivocada.

Os Inkices são para os Bantus o mesmo que Orixás são para os Yorubás, ou ainda, o mesmo que vodum para os Daometanos. Já Voduns, é Vida, é Preservação da Espécie, é Evolução! Voduns, vodus ou vudus (do gbe vodún, "espírito") são a designação genérica, no Brasil, das divindades do panteão jeje (ewe e fon, falantes da língua gbe). E no caso da Umbanda Astrológica, também chama-se os Orixás de Ancestres Divinos, forças ou vibrações cósmicas, como também aceita-se os demais termos descritos acima, usados tanto no Candomblé, quanto na Umbanda Tradicional.

Estes, de modo geral, nos cultos africanistas tradicionais, foram antepassados dos povos que para cá vieram, como, por exemplo: *Xangô* era rei da cidade de *Oyó* e *Ogum* da cidade de *Irê*. Com uma série de contos sagrados, os **Itán-ifá**, que hoje simplesmente identificamos por "lendas" dos afrodescendentes no Candomblé, Umbanda e outros segmentos, constituem toda a base deste sério sistema religioso possuindo inclusive uma profunda filosofia nos conceitos para entendimento do Homem e a profunda integração com a Natureza. Estes mesmos Orixás eram lembrados por seus feitos quando humanos, e pelos motivos de suas transformações em Orixás.

As transformações de homens importantes em Orixás (Como contam as lendas e os mitos.) por vezes remetem a uma guerra ou a uma grande paixão, podendo passar por grande ódio ou desilusão, ou por possuírem poderes de cura. Mas, não é só isso. Na verdade, a história dos Orixás está amplamente ligada aos mitos da criação, aos sistemas divinatórios como por exemplo o Ifá, sendo assim a origem dos Orixás não está ligada apenas às lendas que contam feitos de seres humanos, mas, também de deuses que no princípio criaram o Universo.

Vem da história dessa criação, reformas e ajustes, a extração de muitos Orixás. Assim surgem os Orixás ligados à justiça, à sabedoria, ao amor, ao sexo e a muitas outras coisas, todos como senhores regentes de Odus, ou signos, que existem antes anteriormente à peregrinação do homem na Terra, ou quando ele ainda habitava o Orun.

Orun

Os antigos iorubás citavam e tentavam entender, tanto o Orun, como céu ou um tipo de paraíso, para onde iriam as almas dos mortos, quanto o Orun, que é a relação com o Sol e os astros. Orun é a dimensão onde habita Olodumaré, "o Ser Supremo dos Yorubá", os Orixás e os "espíritos" dos homens, os Egún.

De acordo com Beniste[14], há nove tipos de Orun:

- **Orun Rere.** Espaço reservado para aqueles que foram bons durante a vida.
- **Orun Alààfià.** Espaço de paz e tranquilidade.
- **Orun Funfun.** Orun do branco e da pureza.
- **Orun Bàbá Eni.** Orun do pai das pessoas.
- **Orun Aféfé.** Espaço da aragem.
- **Orun Ìsàlú ou Àsàlú.** Local de julgamentos.
- **Orun Àpáàdì.** Reservado para casos de impossíveis de reparações.
- **Orun Burúkú.** Espaço ruim, reservado para as pessoas más.
- **Orun Mare.** Espaço para aqueles que permanecem, tem autoridade absoluta sobre tudo o que há no céu e na terra e são incomparáveis e absolutamente perfeitos, os supremos em qualidades e feitos, reservado à Olodumare, olorun e todos os orixás e divinizados.

Ao falarmos de Orun, sabemos que a religião africana que predominou no Brasil, a religião dos iorubás, é iniciática e possui no centro cosmológico: Onila, Grande Deusa Mãe do Ilê, que é o "mundo" elementar no estado caótico, antes de organizar-se.

O Ilê opõe-se, por um lado, ao Orun, que é o céu enquanto princípio organizado, e, por outro, ao Aiê, o mundo habitado, proveniente da intervenção do

---
14. BENISTE, José. *Orun Aiyê. O encontro de dois mundos.* São Paulo: Bertrand Brasil, 1997.

Orun no Ilê. Enquanto todos conhecem os aspectos assumidos pelos habitantes do Orun, os Orixás, e o deus otiosus Olorum, que não é cultuado, a presença do Ilê na vida dos iorubás é carregado do inquietante mistério da ambivalência feminina.

Acreditam que na morte as componentes do ser humano retornam para os Orixás que as redistribuem através dos recém-nascidos. Há, porém, componentes imortais, pois os espíritos podem voltar para a Terra e tomar posse de um dançarino Egungum.

Na mitologia karanga da África do Sul, a realeza sagrada realizava o equilíbrio dos contrários: o calor e a umidade, simbolizados pelas princesas de vagina úmida e pelas princesas de vagina seca. As primeiras deviam copular com a grande serpente aquática, às vezes chamada de serpente Arco-Íris, que é um ser sobrenatural presente entre muitos povos da África Ocidental e Meridional. As princesas de vagina seca eram as vestais que alimentavam o fogo ritual. Em tempos de seca, sacrificava-se uma princesa de vagina úmida para obter-se chuva.

Assim, vemos que o Orun (o mundo transcendental) não existe como nas religiões europeias, que é uma ideia de separação absoluta entre a Terra e o Céu, entre o visível e o invisível. O mundo espiritual não é um lugar, mas uma condição, ou, para usar uma linguagem mais moderna, um estado energético.

A influência dos astros

O princípio de correspondência simbólica entre os diversos reinos é equivalente ao da Astrologia praticada até o século XVII, que também investia de significado a natureza, atribuindo a cada um de seus elementos uma regência astrológica. E, apesar de diferenciados em sua roupagem, os sistemas de representação analógica da Astrologia e do culto dos Orixás guardam entre si mais semelhanças do que poderia parecer à primeira vista.

A noção da "morada dos Orixás sobre a superfície da Terra" é um conceito importantíssimo, pois representa um profundo enraizamento do homem na Natureza. Tudo está aqui e aos nossos olhos e mãos. Isto é o Orixá, os rios, o mar, as matas, as folhas e o vento e tudo isto que é a Natureza é o Orixá.

Guardemos claramente isso em nossa mente e espírito. No entanto, eu acho que isso torna o Candomblé mais humano e menos divino, sob o ponto de vista de que os Orixás foram homens e cometeram erros e fracassos na Terra durante suas encarnações, e influenciaram assim todos os cultos e as divindades quando seus adeptos incluíram nos seus rituais gostos e costumes dos mesmos enquanto encarnados em nosso planeta.

Então, olhar a Umbanda e o Candomblé como uma religião onde as divindades são espíritos elevados e pertencentes ao reino virginal que nunca encarnaram ou pecaram torna essa crença mais valorosa e encantada. Portanto, o conceito da influência dos astros soa mais belo aos meus ouvidos, por serem eles mais elevados e eternos que os homens.

Os ancestrais no continente africano cultuavam sim os astros, assim como no Egito, Mesopotâmia e em outros países do Oriente, pois, o ser humano sempre se sentiu atraído pelas estrelas. E as raízes mais profundas do Candomblé têm as mesmas origens da Umbanda e, portanto, as formas do Arqueômetro se aplicam também a esse culto.

Entre 10.000 e 6.000 a.C. os africanos do Vale do Nilo e região dos Grandes Lagos criaram o calendário estelar. Em 4000 a.C., o calendário solar iria marcar o começo de uma nova era, um período dinástico que estendeu a sua grandeza através de um milênio inteiro. O nosso imenso Universo (E que a ciência alega que ainda está em expansão.) é o lar de uma série de corpos celestes: Mercúrio, Vênus, Marte, Júpiter, Saturno, Plutão e Urano, que eram adorados por todas as culturas indígenas ao redor do mundo sob nomes diversos. Eles têm influenciado as ações do homem desde tempos imemoriais. A maior parte da mitologia religiosa foi influenciada pela Astrologia.

A fundação do sistema espiritual de uma cultura influenciada pelos corpos celestes e os seus movimentos no céu inspirou a se erigir monumentos que marcaram os solstícios e os equinócios, bem como os trânsitos dos planetas.

A veneração dos antepassados também foi determinada pelos movimentos celestes, como traduzido em *O Livro dos Mortos*. Estes textos religiosos são descrições de histórias enigmáticas alegóricas das divindades que residiam nos céus e que influenciaram consideravelmente suas vidas diárias para um grau tão elevado que magníficos templos foram erguidos em sua honra que ainda existem hoje[15].

---

15. O Livro dos Mortos é um texto funerário egípcio antigo, utilizado desde o início do Novo Império (cerca de 1550 a.C) para cerca de 50 a.C. O nome original egípcio para o texto,

Os descendentes dessa cultura que cultuava também os céus, que migrou do vale do Nilo e da região dos Grandes Lagos ao longo do período de gerações, tornaram-se conhecidos como os Yorubás do sudoeste da Nigéria, na África Ocidental, cujas práticas culturais eram e ainda são profundamente submersas em veneração ancestral.

Apesar do surgimento de missionários cristãos e islâmicos jihads ainda reside dentro desse contexto cultural do sistema de crença tradicional iorubá conhecido como Ifá reconhecendo o criador Oludumaré, através da essência da natureza. Oludumaré é a força do criador nascido dos céus à existência, trazendo assim à existência as extensões do Criador; mais conhecido como Orixá.

Em conceitos de Umbanda Astrológica, aceitamos e não descartamos as lendas, os mitos e os conhecimentos da Tradição Oral, porque eles nos ajudam a compreender os arquétipos, mas, o que entendemos é que se aplicam aos Orixás intermediários que já passaram por nosso Planeta. Já os Orixás Cósmicos que regem as vibrações astrais são do reino virginal, não se aplicam às lendas e têm funções elevadas, gerindo apenas as grandes legiões sem se conectar aos erros, mitos ou mazelas da humanidade.

Um pesquisador francês, chamado Saint-Yves D'Alveydre, foi um escritor de alguns livros importantes para o mundo esotérico, dentre eles *L'Archéomètre*, ou "O Arqueômetro".[16] Sabemos ao ler o livro que ele apresenta um alfabeto dito como adâmico ou **wattan**, ou seja, um dos, ou, para alguns, o primeiro alfabeto surgido entre os homens. Sabemos ainda que este *Arqueômetro* permitiu-nos a ligação entre o dito alfabeto adâmico com os alfabetos hebraico, sânscrito e latino, e destes com a numerologia bem como aos signos astrológicos. Pois, ao perceber a vibração com um novo olhar mais compreensível como a Astrologia nos apresenta, torna-se mais fácil, montar as descrições arquétipas, usando não apenas descrições antropológicas e míticas, mas, conceitos mais personalizados.

---

transliterado rw nw prt m HRW é traduzido como "Livro do surgimento do dia"; outra tradução seria "Livro de luz emergente". O texto é composto de uma série de feitiços destinados a ajudar uma pessoa morta na jornada através do Duat (Na mitologia egípcia, Duat também Tuat e Tuaut ou Akert, Amenthes, Amenti, ou Neter-khertet é o submundo.) e na vida após a morte.

16. Escrito pelo autor francês Marquês de Saint-Yves Alveydre e compilado, revisado e editado por um grupo de discípulos em associação chamada "Os Amigos de Saint-Yves".

Outro fator a meu ver positivo é a padronização dos conceitos. Ou seja, diminui mais as variações que conhecemos hoje, onde sempre nos surpreendemos, tanto com as divergências, quanto com as invencionices de certos Pais e Mães de Santo que querem levar a Umbanda nas costas à sua maneira.

O Orixá não se relaciona apenas com as coisas da Natureza, mas também com a Lua ou as estrelas, segundo a Nova Tradição Esotérica e Astrológica. Pois, na visão de Umbanda Astrológica, a Natureza e seus reinos, tornam-se moradas deste ou daquele Orixá pelas influências astrológicas que estas exercem sobre este ou aquele reino. Então relação do Orixá com a Natureza não se torna secundária, mas continua como um processo de ação na evolução do nosso Planeta.

Antes da imposição do calendário europeu, os iorubás, que são a fonte principal da matriz cultural do Candomblé brasileiro organizavam o presente numa semana de quatro dias. O ano era demarcado pela repetição das estações e eles não conheciam sua divisão em meses. Assim, um dia começava com o nascer do Sol, não importando se às cinco ou às sete horas, em nossa contagem ocidental, e terminava quando as pessoas se recolhiam para dormir. Essas variações, importantes para nós, como nosso relógio que controla o dia, não o eram para eles.

Essas descrições de Prandi sobre a observância dos iorubás quanto o nascer e o pôr-do-sol, como também observa nesse trabalho:[17]

> *Como o tempo é cíclico, fatos inesperados são recebidos com espanto. Assim, as ocorrências cíclicas da natureza – por exemplo, as fases da Lua e as estações climáticas – são encaradas como acontecimentos normais da vida, mas o que escapa do ritmo normal do tempo é visto com preocupação e medo, como um eclipse, uma enchente etc. O nascimento de gêmeos, que contraria o desenlace normal da gestação, constitui também um fato excepcional.*

Ou seja, fica claro que mesmo passando-nos a impressão de que os eventos celestes seriam normais para os iorubás, na verdade eles não só observam, mas,

---

17. PRANDI, Reginaldo. *O Candomblé e o Tempo – Concepções de tempo, saber e autoridade da África para as religiões afro-brasileiras.* Capítulo III – Conferência apresentada no evento "Tempo Inoculado", no Centro Cultural Banco do Brasil, no Rio de Janeiro, em 31 de janeiro de 2001.

temiam-nos. E eu em particular não tenho dúvidas de que eles também, assim como os outros povos, buscavam entendê-los com muita dedicação.

O iorubá tradicional acredita que tudo na natureza possui uma consciência: minerais, plantas, animais e o homem. Caracteres do Orixá também são baseados na natureza característica dos planetas: seus movimentos, como oposições, trígonos, sextil e conjunções em Astrologia e Astronomia. Estes eventos celestes são interpretados do ponto de vista do próprio Yorubá cultural.

Em Ifá tradicional o Orixá ou deus do destino é Orunmilá, também conhecido como o Orixá oráculo. Dentro do sistema de adivinhação do Ifá iorubá a Opan, placa de adivinhação usada em adivinhação de Ifa é semelhante ao do nascimento astrológico ou carta natal, que é dividido em 12 casas igualando a 30 graus a distância que leva o Sol para viajar em um dia.

As 12 casas do Mapa Natal

As 12 casas do Mapa Natal são as áreas da vida regidas por um planeta em particular, no que diz respeito à percepção cultural do iorubá tradicional de existência. Aqueles nativos recebem através destas casas a influência dos astros que regem ou transitam nesse setor. E esses nativos seriam governados por uma essência especial na natureza ou Orixá que esses astros revelam.

A primeira casa é da aparência e personalidade, superfície é Áries, o carneiro regido por Marte, dentro da tradição iorubá é o Orixá do ferro e do aço, Ogum o deus guerreiro cujas características assertivas e agressivas governa a primeira casa. É Ogum o padroeiro dos soldados, policiais, médicos, trabalhadores da estrada de ferro, soldadores, construtores do corpo, ou trabalho com ferro e aço. Nessa casa também podemos encontrar Exu, como aquele que abre os caminhos. Ou seja, trabalhando junto ou por ordem de Ogum.

A segunda casa, a casa de bens materiais e dinheiro, é Touro regido por Vênus, a deusa do amor, mas, também da terra, das flores, artes e fortuna. Oxóssi, domina esta área da vida, com uma vibração semelhante a Vênus, o apetite, os bens, a riqueza e amor.

Já a terceira casa, a casa da dualidade, equilíbrio, comunicação, energia alta é Gêmeos regido por Mercúrio. Os gêmeos cósmicos do panteão Iorubá a Ibêji dominam nesta área da vida eles, são o ying e o yang, energias positivas e negativas existentes em toda a vida. Na casa 3 casa dos caminhos, assim como também na 6, temos Exu o Senhor dos Caminhos. Pra estabelecer se Exu no mapa de uma pessoa está atuando na 1, na 3, na 6 ou na 8, e até na 9 (Quando Exu está como guia de um médium.), é necessário analisar bem qual a missão do indivíduo e se seu enfoque é espiritual ou material.

Seguindo pela quarta casa, que diz respeito a questões em torno da casa da pessoa, do ambiente onde ela vive, como também da família. O amor maternal, a mãe, carinho, proteção e instintivadominam em Câncer regido pela Lua. Estes são os atributos do Orixá Iemanjá, Orixá do mar, cujo fluxo e refluxo das marés são um resultado da Lua, que é um atributo de Iemanjá também.

Continuando o giro pelos setores do mapa, chegamos à quinta casa, o setor regido pelo Leão e pelo sol, uma casa de romance, prazer, crianças, e toda a criatividade em todos os aspectos da existência. Aqui, a iluminação do sol é reflexo da sabedoria de Oxalá, o Orixá do amor fraternal e da paz. Íntimo companheiro e representante de Oludumaré, o deus criador do iorubá.

O setor, ou casa seis, portal regido por Virgem, sendo a casa uma casa de trabalho, serviços de saúde, e regido por Mercúrio. Fora do panteão Iorubá de Orixá é representada também por Exu, o serviçal e mensageiro dos deuses (Assim como Mércurio.), Orixá das encruzilhadas, que é responsável pela comunicação em todos os aspectos da existência entre o Orixá, os antepassados, o homem, e Oludumaré. Seu reino de existência encontra-se entre o mundo espiritual e o mundo material. Neste portal ou casa é um aspecto de Exu, trabalhando para assegurar que os outros Orixás são capazes de servir os seus fins. Analisando qual é mais forte na carta natal, está casa ou a casa 3. O seu reino de existência encontra-se entre o mundo espiritual e o mundo material.

Essa casa é de regência de Ossaim se Mercúrio estiver num signo de terra, de Ewá se Mercúrio estiver num signo de ar, de Obá se estiver num signo de água e de Exu se estiver num signo de fogo. Bem, então procura-se confirmação, como por exemplo, observando-se qual signo está na cúspide da casa seis. Se for um signo de água confirma Obá e assim por diante.

Mas, se for um signo de um elemento e um Mercúrio num elemento diferente, observa-se qual elemento é predominante no horóscopo, como também quais aspectos recebe Mercúrio e se há planetas dentro da casa seis. Por exemplo, Mercúrio em aspecto com planetas regentes dos signos de terra (Vênus, Saturno), revela Ossaim, com Urano ou Netuno, Ewá; com Plutão, Lua ou Júpiter, revela Obá; com Marte ou Sol, Exu.

Além do aspecto com Mércurio desses planetas (Que deve ser levado em conta o mais exato.), verificamos quais astros estão dentro da casa seis. Da mesma forma que revelamos com referência a Mercúrio, segue-se com a casa seis, ou seja, Vênus ou Saturno, Ossaim, e assim por diante.

Essa definição da regência da casa 6 é de suma importância, pois revela-nos um bom ou mau trabalho, uma boa ou má saúde e as chances de se progredir no trabalho. Como também se tem obrigações com trabalhos espirituais ou simplesmente materiais. E qual o grau de poder de cura, autocura ou doenças de uma pessoa. Evidentemente que temos que observar antes os pilares que são Sol, Lua e Ascendente pra depois inserirmos as casas no contexto.

Isso leva muita prática e tempo, mas demos aqui os princípios. Por exemplo, ao constatar uma casa 6 com predominância e regência de Ossaim, a pessoa tem chances maiores de riquezas materiais, envolvimento com a Medicina, com trabalhos químicos e alquímicos, como também com arte e beleza, ao ponto que a regência de Ewá traz um grau maior de mediunidade, sensitividade e trabalhos ligados ao serviço social, política e tecnologia. Já com Exu, há grande chance de riqueza por trabalhos braçais, duro empenho no serviço militar, em grandes organizações com auxiliar de grandes líderes, comunicação, mercado pornográfico ou erótico, armas e esportes.

Adentrando o sétimo portal ou casa sete, que é uma casa de equilíbrio e harmonia, de parcerias, um traço de Libra, que é governado por Vênus. Aqui é o domínio de Oxum que cai dentro do reino de romance, amor e casamento. Oxum aprecia em elegância, beleza, carisma, graça, encanto, arte e requinte. Ela é a deusa iorubá de amor.

Já a oitava casa de Escorpião regido por Plutão é uma casa de poder absoluto. Escorpião é um dos sinais mais poderosos do zodíaco; é de transformação, a morte, a reencarnação, sexo, regeneração de dinheiro e povos; heranças e financiamentos.

A nona casa, que é do domínio de Sagitário, é um lugar de ensino superior, a religião, a filosofia e a lei divina, governado por Júpiter, o planeta da expansão, crescimento e boa sorte. Júpiter é o maior planeta do nosso sistema solar, além do sol.

Isso seria equivalente planetário para os iorubás ao Portentoso Obatalá, proprietário do pano branco. Ele é a pureza e iluminação, em seu auge, o Orixá da sabedoria e da inteligência, governando o corpo físico de seu domínio, é todos os fluídos brancos do corpo, a estrutura do esqueleto e do cérebro. Porém pra nós na Umbanda Astrológica a regência tanto de Sagitário, quanto da casa nove é Xangô. E na predominância do feminino no horóscopo é Iansã (Como explicado sobre Sagitário.).

E a décima casa, do destino, dos objetivos, da carreira e reputação dominado por Capricórnio é regida por Saturno. O panteão Iorubá de Orixá associados Babalu-Aiê (Obaluaê e Omulú.) com o planeta Saturno, que é o capataz. Saturno está associado com os pacientes, a disciplina, de prescrição e de estrutura. Babalu-Aiê é considerado o Orixá da terra. Ele pode trazer, quer a prosperidade ou a doença, também é conhecido como a divindade de varíola, no Catolicismo, ele é conhecido como São Lázaro. Porém, nessa casa, dependendo das configurações, como por exemplo Marte exaltado aqui, temos a regência de Iansã e com a presença da Lua a regência de Nanã.

A décima primeira casa é a casa de regência natural de Aquário dominado pela revolta, rebelião e repentinos eventos. Regido por Urano, essas características de rebelião, mudanças súbitas e distúrbios são características do Orixá do futuro e do destino, o Orixá Orunmilá. Já quando Urano está em Áries ou exaltado em Escorpião, a atuação desse Dispositor revela-nos a regência da elétrica Iansã. Durante o curso da história, quando Urano em aspecto, ou o trânsito de Plutão, foi um momento de grande mudança por meio de atos de guerra e guerra, insurreições de escravos, e rebeliões, especialmente nas ilhas do Caribe.

A décima segunda casa de Peixes governada por Netuno está profundamente imerso em sigilo propenso a aspectos ilusórios da realidade. Esta casa está centrada em reclusão e espiritualidade. Quando o predomínio do horóscopo é de elementos masculinos, também se tem planetas masculinos dentro desse setor. Se Netuno está junto ao Sol ou na casa um, esta casa do subconsciente é dominada por Olokun, Orixá do fundo do oceano. Profundo e misterioso seu reino é, o provérbio iorubá antigo diz que ninguém sabe o que está no fundo do oceano.[18]

---

18. Lembrem-se que expliquei anteriormente que há outras opções dependendo das configurações; essas regências apresentadas agora são primordiais! Lembro ainda que pra definição total do

Seus aspectos são refletidos no tempo de sonho, o subconsciente e o estado alterado de consciência quando se entra possessão, ritual e vários níveis de iniciações e ritos de passagem numerosos. Olokun é considerado a estrela da África, ele seria considerado o proprietário dos sistemas de grande mistério da África, conhecida por muitos nomes. Ele desperta em nós o gênio dentro de nosso ser ativando nosso subconsciente. Na predominância de elementos femininos neste setor, a regência dessa casa é de Obá ou Iemanjá. E ainda podemos encontrar Iansã ou Nanã.

O início

A iniciação religiosa é um processo de osmose: o saber iniciático adquire-se, primeiramente, pela observação, vivência e experimentação dos fenômenos espirituais sob a orientação de um Mestre Culto. Em alguns iniciandos, a par da transmutação do próprio indivíduo, a vivência do aprendizado religioso conduz ao nível da explicitação intelectual.

Neste caso, a inteligência despertada apercebe-se que Iniciado é sempre aquele que conhece o INÍCIO. E pra estudar o início, nada melhor que os oráculos, como por exemplo o Ifá e também os ensinamentos da Cabala. Mas, nenhum deles tem uma escrita celeste tão profunda como a Astrologia, que até pode ser mudada na sua interpretação, mas, nunca na sua configuração original.

Mas, como saber quem precisa ser iniciado olhando o mapa astral? Para ver se a pessoa tem um dever magístico e de iniciação, observa-se especialmente a missão cármica, os dons, vocações e inclinações da alma, representada no mapa.

Ao analisar alguns mapas mais à frente, deixaremos claro algumas chaves. No entanto, um método muito importante e eficiente é o dos traços marcantes, muito bem explicados por Jamie Binder em seu livro *Os planetas e o trabalho*, da editora Rocco[19]. Nesse trabalho, foca-se os traços mais marcantes da pessoa no mapa e

---

Orixá é necessário observar a configuração do mapa como um todo. Isso porque um Orixá de água, por exemplo, pode se apresentar em qualquer um signo de água – o mesmo ocorreu com todos dos demais elementos, não sendo possível apenas se apresentar num elemento incompatível, como por exemplo Iemanjá em Leão, que é um signo de fogo.

19. BINDER, Jamie. *Os planetas e o trabalho*. Rio de Janeiro: Editora Rocco, 2001.

através dele quais vibrações predominam em nosso horóscopo. Que elemento predomina, para então verificar os traços psicológicos, espirituais e cármicos.

Há pessoas que têm mediunidade e jamais vão incorporar. Há pessoas que têm um direcionamento maior para práticas magísticas, enquanto outras têm mediunidade, mas não têm outorga pra magia. Tudo isso deve ser observado no horóscopo, se a carta natal é de uma pessoa voltada ao material ou ao espiritual, e de que forma isso deve ser direcionado. Ou seja, se há magia no horóscopo ou simplesmente um signo voltado à adoração e vocações votivas.

O papel desempenhado pelos intercambiáveis Orixás e infinitas forças dos corpos celestes e sua influência sobre o outro pode ser um pouco esmagador. Como o estudo da Astrologia e Astronomia se tornam mais avançados, nossa compreensão do Cosmo assim nos revela também a força ancestral, cármica e divina que personifica o Orixá, e suas características planetárias e semelhanças continuam a ser um mistério para os não iniciados.

Ibêjis (Gêmeos)

Ibêjis é representado por duas divindades idênticas, Kaínde e Taewó. Eles são mais do que é Ideú,[20] são capazes de salvar da morte e do mal. Eles estão nas estradas das montanhas e protegem os viajantes. Eles representam a fortuna, sorte e prosperidade. Um dos símbolos mais importantes são os tambores Ibêjis, com que eles batem Abita. Podem ser representados por dois números, um macho e uma fêmea, dois machos e duas fêmeas. Estão fortemente associados com as crianças e os gêmeos, em particular as crianças e os gêmeos fraternos.

O colar é um colar masculino Ibêjis Xangô e a fêmea é Ibêjis Yemanjá. E o colar do povo Ibêjis são colares de segmentos que são sede de Obatalá, Iemanjá, Oxum e Xangô, sendo metade do colar idêntico ao outro.

---

20. Ideú é filho de Oyá. Ele nasceu após Ibêjis, que são filhos de Oxum e Xangô. Oyá, tomou os Ibêjis de Oxum, mas, como castigo perdeu tudo o que tinha. No entanto, Olofi enviou Ideú, como benção, pra que ela se recuperasse das perdas que teve com a vingança de Oxum. Por isso a rivalidade e a afirmação dizendo que os Ibêjis são maiores que Ideú.

Sempre intrigado com essas explanações, pesquisei muito tempo toda essa revelação e cheguei a outras conclusões: primeiro que esse deve sim ser um termo sagrado importantíssimo, antigo e mágico, que pode até estar ligado à vibração dualista do signo de Gêmeos ou até mesmo aos Ibêjis, mas, mesmo traduzindo a vibração, não é a divindade em si.

Vejam, caros irmãos, os antigos magos e sacerdotes conheciam mesmo Ibêjis Twins ou Taiwo. Na verdade já entrei em contato com muitos médiuns que recebem essa vibração e acontecem com eles coisas espantosas! As incorporações não são simplesmente aquelas encenações dos terreiros, como se fossem crianças brincando numa festinha não! É na verdade um comportamento bem mais forte. A diferença é que essa vibração como sua simbologia revela, tem mesmo dois lados, um bom, harmônico e mais leve, e outro ruim, difícil de harmonizar. Aliás, essa vibração é muito confundida na maioria dos terreiros e por um grande número de pais de santos, com Exu!

Essa linha, longe do que a Umbanda Esotérica nos ensinou, não está apenas ligada ao Verbo, apesar de ter mesmo junto à vibração de Gêmeos do Zodíaco, a ligação ou regência da palavra e comunicação. Mas, ao pesquisar a fundo e entrar em contato com raízes mais profundas que a Guiné, e tendo meditado nas revelações de Pai José do Oriente, vemos claramente que os antigos ancestrais tinham um certo receio com essa linha.

Entre os iorubás, por exemplo, tinha toda uma simbologia quanto ao nascimento de gêmeos nas aldeias. Aqui também nas Américas, certas tribos indígenas, chegavam a matar filhos gêmeos ou no mínimo um deles. Outra coisa que descobri foi quanto aos carurus, que são muito populares em nosso país e em outras comunidades latino-americanas. Esse costume de festejar os gêmeos entre os iorubás tinha um forte simbolismo religioso, superstição, medos e magia. Mas, também tinha há ver com festa, com status e poder de quem recebia a benção de ter filhos gêmeos.

Porém não se apavorem, caros irmãos, na verdade essa é mesmo uma vibração de início, de vida e sagrada. Só requer do médium um maior controle, um maior zelo e compreensão. Percebemos Brasil a fora que há muita confusão e muita distorção, mas, há em especial entre bons e sérios terreiros de Candomblé uma maior afinidade pra lidar com essa vibração. Isso porque eles não se perderam tanto no sincretismo religioso, tanto quanto a Umbanda Popular.

Na verdade, essa linha tem uma certa ligação com Exu, aliás, ele também é intermediário e mensageiro dessa linha assim como de todas as outras! Tem muitas peripécias de Exu que são cruzamentos dessa linha, mas, são divindades distintas.

Essa é uma linha poderosíssima, que os grandes magos harmonizam-na juntamente com a vibração de Oxalá, e em centros mais magísticos junto com Oxum. Mas, ela também flui com muito poder com Oyá. Enfim, precisamos compreender os entrecruzamentos sagrados. É uma linha que leva as pessoas ao sucesso ou fracasso, rapidamente. É uma linha de riqueza, pelo lado do gêmeo bom, mas, de grande pobreza, quando é a administradora do carma pelo gêmeo mais difícil.

O primeiro gêmeo nascido, se for um menino ou uma menina, é sempre chamado Taiwo, que significa "ter o primeiro gostinho do mundo", enquanto o segundo é chamado Kehinde, que significa "chegar após o outro". Apesar de ter nascido Taiwo, primeiro é considerado como o gêmeo mais jovem.

Supõe-se que Kehinde sênior "manda" seu parceiro para ver o que o mundo exterior parece e se gosta. Assim que Taiwo deu um sinal de choro, Kehinde se seguirá. Kehinde é suposto ser mais cuidadoso, mais inteligente e mais reflexivo, enquanto Taiwo é acreditado para ser indiferente, mais curioso e aventureiro, mas também mais enérgico. O Babalawo comunica à mãe uma série de instruções sobre como tratar seus filhos gêmeos: quais as cores que deve usar ou evitar que alimento é recomendado ou proibido, quais animais são perigosos para eles, etc.

Os poderes do Babalawo incluía a capacidade de dar a ordem para deixar um dos gêmeos morrer de fome se ele foi pensado para ser possuído por espíritos malignos que não poderia ser exorcizado. Este que era deixado para morrer personalizado como o gêmeo mal, é um lembrete do tema de "os bons e os maus twins", que faz parte das crenças míticas arcaicas de muitas tribos. Na Cabala, a constelação e força de Gêmeos estão marcadas à energia do mês hebraico de Sivan. Ela marca a dualidade existente na vida e na Terra.

Esse é um mês muito espiritualizado, pois marca o mês onde a Torah foi dada a Moisés no Monte Sinai. Só que não obedece a uma coincidência com a data astrológica, pois começa propriamente em início de junho e não quando o Sol entra no signo de Gêmeos. Este período é visto pelos cabalistas como um mês de muita espiritualidade, justamente pelo fato de Moisés ter recebido esses documentos sagrados, com conhecimentos espirituais.

No entanto, Gêmeos também para cabala, assim como para Astrologia representa duas forças opostas, mas, que trabalham juntas, ou seja, estão contidas ao mesmo tempo dentro do ser humano. De certa forma no Tarô vemos que os autores sempre quiseram deixar claro a ação da dualidade sobre a existência.

No caso dos arcanos maiores, por exemplo, vemos a possibilidade dessas forças dominarem ou se sobreporem a outra a qualquer momento e fazer com que a força do trunfo tome um outro rumo. O arcano VI do Enamorado, é a carta mais identificada com o signo de Gêmeos, como também com os Ibêjis da Umbanda, assim também como Cosme e Damião numa visão de sincretismo. Mas, em vários outros arcanos, a dualidade é presente.

Voltando à Cabala, uma citação antiga da história dos hebreus, temos dois irmãos famosos que eram gêmeos e que mostram bem essas duas naturezas opostas, especialmente em termos de comportamento. E essas forças mesmo sendo opostas, trabalham no ser humano em harmonia, sendo essas forças a material e a espiritual.

E a história de Jacó e Esaú, os dois gêmeos que citei como sendo o famoso caso hebreu da venda do direito de primogênito, servem bem a esses arquétipos que se apresentam ao longo da vida. Assim analisando os textos que narram essa história, percebemos claramente que Esaú representa essa força material e Jacó a força espiritual. Assim, Esaú fazia tudo ligado a vida material, saía para caçar, fazer sua labuta do dia a dia, enquanto Jacó ficava em casa fazendo companhia a sua mãe e estudando os ensinamentos do plano espiritual.

Muito provavelmente, por isso, seu apego à mãe ser maior, como também a proteção de sua mãe ser maior em relação a ele do que Esaú. Possivelmente também, sua mãe era conhecedora de muitos mistérios e agia como sacerdotisa; lembre-se que foi dela que partiu a ideia de Jacó se passar por Esaú e receber a benção. Ou seja, só alguém muito ligada às coisas da espiritualidade dava tanta atenção as questões de benção e de ritualística, enquanto Esaú, mais ligado ao materialismo, nem se importou muito em vender seus direitos por um prato de lentilha.

Então o que a história de Esaú e Jacó mostra pra nós, assim como também o signo de Gêmeos que está no Zodíaco? Mostra-nos que para sermos fortes, completos e felizes, temos que harmonizar essas duas naturezas em nós com perfeição. Quem tem domínio de um dos dois lados em exageros não terá harmonia, temos que levar em consideração o dito popular "Nem tanto ao céu, nem tanto a terra.", ou seja, temos que ter o pensamento no sagrado, mas, também os pés no chão, porque tem muita gente que surta, se achando espiritualista demais, especial demais e deixa de viver sua vida física, que também é importante. Assim acaba se tornando um excêntrico e deixa a vida passar numa vida de fantasia.

A Cabala deixa claro que quem não consegue juntar essas duas forças na vida física, também não consegue sucesso na vida espiritual. Mas, como se consegue fazer isso? Bem, a resposta está no signo de Gêmeos, ou seja, na relação com as pessoas, no contato, no negociar com o próximo no se dá bem consigo e com o mundo, pois Gêmeos é o signo da comunicação. E também dos estudos, assim buscar o conhecimento é importantíssimo e a principal missão ou mensagem dessa vibração.

A letra cabalística que rege essa vibração é Zain, que tem um formato de uma ferramenta, tipo uma picareta, o que quer dizer que o homem pra adquirir uma evolução da alma, conhecimento e iluminação espiritual precisa trabalhar e polir-
-se[21], da forma como o homem usa uma ferramenta para trabalhar e transformar seu meio ambiente. A Letra do Alfabeto Adâmico dessa vibração também tem um formato parecido e no alfabeto latino é o Z e tem o valor 7.

A letra ZAIN – Designa a tendência, o esforço dirigido a um fim determinado, a causa final, a refração luminosa, a indicação. Já a letra de Mercúrio, astro que rege essa vibração é o REISH – Representa à cabeça humana, a unidade psíquica do Ser, a faculdade de sentir, querer e pensar, o movimento, a reflexão, a origem, a repetição.

Juntas, essas duas letras "Reish Záin", formam a palavra Raz que quer dizer segredo. Assim que é dominado por esta vibração, buscará durante toda sua vida interpretar os segredos no seu caminho. Aliás, tem como missão ensinar, estudar e buscar a disciplina. Shavuot é o dia do ano em que a luz da imortalidade volta ao Cosmos em estado potencial, e toda a humanidade tem a oportunidade de manifestar essa luz de uma forma muito tangível.

Há muito tempo a humanidade vem esperando a plenitude, mas não sabíamos como alcançá-la. Agora, temos o conhecimento e há no mundo inteiro um

---

21. A letra tem o formato de uma ferramenta de trabalho, usada para trabalhar a terra. Assim a simbologia mística dessa letra na busca espiritualista tem um significado de uma ferramenta pra polir a alma, assim como a picareta é usada pra trabalhar a terra.

despertar de corações e mentes para acender a Luz e mantê-la acesa. Esse é o dia em que ocorre a Lua Nova dentro desse signo.

Valor 7, Letra latina Z, Letra adâmica ⚡, rege Gêmeos. Yori no alfabeto Vatâmico ou Adâmico

Os anos passavam para os antigos e como passavam as semanas e os dias, num fruir repetitivo, não se computando aritmeticamente cada repetição. Como o tempo é cíclico, fatos inesperados são recebidos com espanto. Assim, as ocorrências cíclicas da natureza – por exemplo, as fases da Lua e as estações climáticas – são encaradas como acontecimentos normais da vida, mas o que escapa do ritmo normal do tempo é visto com preocupação e medo, como um eclipse, uma enchente etc. O nascimento de gêmeos, que contraria o desenlace normal da gestação, constitui também um fato excepcional.

Nas cortes dos reis iorubás havia funcionários encarregados de manter viva a memória dos reis, e eles eram treinados para recitar os eventos importantes que marcaram o reinado de cada soberano, mas os episódios não eram datados, fazendo com que a reconstrução recente da história dos povos iorubás não comporte uma cronologia para os tempos anteriores à chegada dos europeus, vendo-se obrigada a operar com mitos e memórias lançados num passado sem datas.

Conhecimentos Ancestrais

Na África, o berço da humanidade, existem muitas formas de práticas xamânicas. Na África central, Dogon[22] (Mali), feiticeiros (masculino e feminino) afirmam ter comunicação com uma divindade cabeça chamada Ama que aconselha-os na cura e práticas divinatórias. Curandeiros tradicionais em partes da África eram muitas vezes referidos de forma pejorativa como "curandeiros" praticantes Juju. Os ancestrais ou bosquímanos San, que foram espalhados principalmente no sul da África, tinham uma prática semelhante ao Xamanismo.

Sangoma Zulu (Shaman), os xamãs Pondo e o San Kalahar, as pessoas do sul da África eram animistas e animalistas; eles acreditavam em ambas as personifi-

---

22. Os Dogon são um dos numerosos grupos étnicos que habitam o altiplano central de Mali e em Burkina Faso.

cações e forças impessoais. Para Vodu (espírito) curandeiros (Houngan masculino ou Mambo, feminino.) doença individual ou doença social é o resultado da falta de harmonia que surge a partir de: intrusões Espirituais – percebidas como energias de uma pessoa estrangeira que foram introduzidas em seu sistema energético, onde o seu impacto negativo é experimentado como uma doença ou perda da alma, onde certos eventos traumáticos ou ações resultam voluntariamente em uma grave perda de poder que, em última análise, podem criar doenças (zumbi).

Eles usam seus espíritos de cura e sacrifício para apaziguar ou capacitar os espíritos. São os curandeiros tradicionais nas tradições Zulus, Swazi, Xhosa e Ndebele na África Austral. Eles realizam uma abordagem holística e forma simbólica de cura, incorporados nas crenças de sua cultura que os ancestrais estão na guia pós-vida e protegem a vida.

Sangomas são chamados para curar, e através deles ancestrais do mundo espiritual podem-se dar instruções e conselhos para curar a doença, desarmonia social e dificuldades espirituais. Eles têm muitos diferentes papéis sociais e políticos da comunidade: a cura, adivinhação, dirigindo rituais, encontrando gado perdido, protegendo os guerreiros, contrariando as bruxas, e narrando histórias, cosmologias e os mitos de sua tradição.

Eles são altamente reverenciados e respeitados em sua sociedade, onde a doença é pensada para ser causada por bruxaria, poluição (Contato com objetos impuros ou ocorrências.), por si mesmo ou pelos antepassados; ou malevolamente ou por negligência, se não forem respeitados, ou para mostrar um indivíduo sua vocação para ser um Sangoma.

Para a harmonia entre os vivos e os mortos, vital para uma vida livre de problemas, deve ser mostrado aos ancestrais respeito através de rituais e sacrifícios de animais. O Sangoma é chamado para curar uma doença pela iniciação, reclamações muitas vezes de psicose, cefaléia, dor de estômago intratável, ombro ou pescoço. Ela vai sofrer Thwasa, um período de formação, incluindo a aprendizagem humildade aos antepassados, a purificação por meio de vapor, lavagem do sangue de animais sacrificados, e o uso de Muti, medicamentos com significado espiritual.

No final do Thwasa, uma cabra é sacrificada para chamar os antepassados e apaziguá-los. Eles estão mergulhados em ritual, trabalham em uma cabana sagrada de cura ou Ndumba, onde residem seus antepassados. Eles têm específicos panos coloridos para vestir para agradar a cada antepassado, e muitas vezes usam a vesícula biliar do bode sacrificado em sua cerimônia de formatura em seus cabelos. Eles convocam os antepassados pela queima de uma planta chamada Imphepho, a dança, canto e bateria mais importante do jogo.

Sangomas são capazes de acessar aconselhamento e orientação dos ancestrais para seus pacientes de três maneiras: possessão por um ancestral, ou canalização; jogando ossos e interpretação de sonhos. Nos estados de posse do Sangoma funciona-se em transe, por meio de tambores, dançando e cantando, e permite que o seu ego para a etapa de lado para um ancestral possui seu corpo e se comunica diretamente com o paciente, fornecendo informações específicas sobre seus problemas. Pode ser muito dramático, com o Sangoma falar em línguas, ou línguas estrangeiras de acordo com o ancestral específico, ou dançar fervorosamente além de sua capacidade normal.

Acessar o conselho dos antepassados através dos ossos é uma alternativa para os estados cansativos de posse. A Sangoma possui uma coleção de pequenos ossos e outros objetos pequenos, como sementes, conchas etc, cada uma com um significado específico para a vida humana. Por exemplo, um osso de hiena significa um ladrão e vai fornecer informações sobre objetos roubados. A Sangoma ou o paciente joga os ossos, mas os ancestrais controlam, e os Sangoma então interpretam esta metáfora em relação à vida do paciente.

E não é só aqui no Brasil que a imposição acontece, na verdade em países da África isso também ocorreu e vem ocorrendo. Temos a imposição do Islamismo, Cristianismo e outras religiões, como por exemplo, Bwiti, que é uma religião central do oeste africano, praticada pelos Babongos que habitam a floresta e as pessoas Mitsogo do Gabão (Onde é uma das três religiões oficiais.) e as pessoas Fang do Gabão e Camarões. Modern Bwiti é sincrético, incorporando o animismo ao culto aos ancestrais, e do Cristianismo em seu sistema de crenças. Bwiti usa casca da raiz da planta alucinógena iboga Tabernanthe, especialmente cultivadas para a religião, para induzir uma iluminação espiritual, estabilizar a estrutura da comunidade e da família, atender às exigências religiosas e para resolver problemas de natureza espiritual e/ou médica.

A casca da raiz tem sido usada por centenas de anos como parte de um Bwiti, cerimônia de idade e ritos de iniciação e outros atos de cura, produzindo visões e percepções complexas previstas para ser valioso para o iniciado e a capela. A casca da raiz ou seu extrato são tomados em doses elevadas o suficiente para causar vômitos e ataxia como efeitos colaterais comuns.

Cerimônias Bwiti são lideradas por um líder (masculino ou feminino) espiritual chamado N'Ganga que é um membro muito importante da comunidade e tem amplo conhecimento das práticas tradicionais de cura, feitiços e magias. O rito crucial da Bwiti é a cerimônia de iniciação, quando jovens do Gabão tomam iboga pela primeira vez na cabana dos homens para se tornarem membros da religião.

Há muitas cerimônias em diferentes épocas do ano para dar homenagem aos antepassados. Cerimônias especiais podem ser realizadas para curar pessoas doentes ou expulsar espíritos prejudiciais. Enquanto as formas iniciais de Bwiti excluem as mulheres, capelas modernas incluem homens e mulheres. Ou seja, citei aqui ritos e práticas ancestrais, que na verdade são apenas algumas e de algumas tribos pra falar que a cultura afro-brasileira que temos hoje inseridas no Candomblé e na Umbanda, apesar de tão distorcida, tem suas origens muito antigas e mais distantes do que se pensa.

O Destino

"E os quatro animais tinham, cada um de per si, seis asas, e ao redor, e por dentro, estavam cheios de olhos; e não descansam nem de dia nem de noite, dizendo: Santo, Santo, Santo, é o Senhor Deus, o Todo-Poderoso, que era e que é, e que há de vir." Apocalipse 4:8

Na verdade, não são os magos que escolhem seguir o caminho da magia. Como nos revela a história da Criação Yorubá dos relatos sobre Ori e os Odus, conforme o carma do homem, seu destino é traçado antes do nascimento. Mas, não é apenas no conceito dos iorubás que isso ocorre, na verdade em todos os povos temos histórias onde profetas, guerreiros e magos foram escolhidos e não apenas escolheram sua missão. Na história judaica, por exemplo, sabemos bem pelas Escrituras que Moisés teve medo, tentou voltar e só ao ver a manifestação do poder de Deus se sentiu encorajado a seguir sua missão.

Assim também ocorreu com José do Egito, que teve que viver em terras estranhas pra cumprir sua missão, com Abraão que foi testado até mesmo a sacrificar seu único filho entre outros de diversas culturas que também passaram por duras provações involuntariamente. Até mesmo o Cristo que chegou a exclamar: "Se for da tua vontade, afasta de mim este cálice.".

Assim também percebemos ao nascer e ao montar uma carta natal pela Astrologia, que energias, aspectos, posições zodiacais e forças planetárias apontam para um destino, meta ou missão.

No entanto, aprendi na minha busca a discordar de algumas definições populares sobre destino: primeiro que não aceito totalmente, pois não creio que o homem tenha esse privilégio todo de escolher seu próprio destino, como mencionei acima, não podemos fazer isso nem mesmo encarnados, imagina no mundo espiritual! Ou até teria na sua primeira formação e não em retornos reencarnatórios.

Temos coisas já determinadas e que ao longo de nossa existência nessa vida não mudam, como, por exemplo, nosso DNA, o qual se chegar a sofrer mutações, certamente seriam quase sempre desagradáveis ou de difícil adaptação. Vemos que mutações em seres vivos ocorrem, detectamos isso nos vírus, bactérias e até em seres maiores, mas num processo demorado. E segundo a teoria da evolução, até mesmo nós teríamos evoluído ao longo dos milênios neste planeta. Mas, uma mutação de DNA, rápida e inesperada certamente traria muito mais anomalias do que evolução benéfica.

Ainda falando em DNA, vemos que a cor dos olhos, do cabelo, o tipo sanguíneo e grande parte dos órgãos do corpo têm características pré-estabelecidas conforme nossa carga genética. Isso prova que influências ancestrais hereditárias atuam sobre nossa forma existencial. No entanto, ao nos tornarmos seres pensantes, ao adentrar no mundo saído do ventre da mãe, seguimos nosso caminho. Mesmo que tenha um destino predeterminado, temos consciência se podemos até aceitar esse destino ou não!

Esta é a diferença entre o verdadeiro mago e o aspirante a dominar a magia para simples conquista de poder. O mago ou escolhido, sabe aceitar seu destino, sabe também que em muitos momentos precisa fazer escolhas, mas, quando é chamado a fazê-las, quase sempre fará com sabedoria, com uma pequena margem para erros. Sim, pequena, mas, seria hipocrisia da minha parte dizer que um mago ou sábio não erra. Na verdade todo ser existente nesse planeta está sujeito ao erro. E todas as histórias místicas mostram que até os seres das dimensões espirituais estão sujeitos ao erro.

O "poder" de mudança dependerá de nosso saldo, se ele está positivo ou negativo. Por exemplo, se estivermos destinados a ser médicos ou trabalhar na área de saúde, para servir ao próximo ou cumprir uma missão em particular, se esse caminho é importante pra nossa evolução pessoal, ao decidir ser outra coisa, essa nossa missão nos seguirá como marca ao longo da nossa vida inteira e assim a tendência maior é fracassar. A não ser que sua bagagem positiva seja suficiente para que você tenha esse direito de opção de escolha.

Isso porque grande parte das pessoas por terem perdido o saldo positivo, nasceram sem opção, não tendo o poder de seguir contra as marcas do destino. Assim, penamos por negar ao nosso destino e buscado seguir outros caminhos que não eram nossos. Ou, com muita luta, conseguiremos mesmo sem ser propriamente o que estava predestinado, porque não somos escravos do destino. Apenas temos um fluxo a seguir, só que pra isso, teremos que trabalhar mais, ter muito mais sabedoria, o suficiente pra nos adequar ao curso demarcado com harmonia, a nosso modo; e para isso também, temos que ter um saldo positivo em nossa alma.

Como disse o Mago Gandalf: "Tudo o que temos de decidir é o que fazer com o tempo que nos é dado.". Ou seja, o nosso poder de escolha é em cima do que a nós é apresentado. Não podemos escrever aquilo que queremos, como queremos do zero. Na verdade há uma Ordem Maior, que leva em conta um projeto divino e desse projeto parte nosso percurso inicial. Assim, em nossa primeira existência não existe carma ainda, mas, se nela o fizermos aparecer, este será levado como parte importante dos autos de nosso processo existencial em futuros retornos reencarnatórios.

Um trecho da Bíblia muito ligado à questão de destino, dádivas e concessões por parte do Criador a suas criaturas se encontra em Lucas, capítulo 19. Nessa passagem bíblica, há uma alusão sobre a possibilidade de haver divisões diferentes entre as pessoas, para que elas cumpram suas missões na vida e prosperem. No entanto, na Umbanda Astrológica e em outras filosofias espirituais não é assim que vemos. Nas minhas conclusões, todos os seres que encarnam pela primeira vez têm o potencial e bençãos, mas, não os mesmos dons, pois tudo depende das metas iniciais de cada alma. A partir da segunda encarnação é que poderá haver mudanças, aumentando, diminuindo ou permanecendo esses bens recebidos.

Creio eu que a passagem bíblica que fala dos talentos certamente se refere a pessoas já em percurso e não no início de uma jornada. Percebam que as pessoas já são escravas e o senhor chama-as já em meio a um percurso de trabalho. Vemos também na Epístola de Paulo que ele nos fala sobre a variedade de dons e sendo assim cada pessoa receberia dons diferentes dos demais. E isso é correto, pois somos seres muito distintos, não havendo duas pessoas iguais.

Assim somos criados com dons e missões diferentes. No entanto, só perdemos, aumentamos ou mudamos esses dons para outros tipos de dons, a partir da segunda encarnação e dependendo do que fizemos na primeira. Quanto à primeira, o tipo de dom que trazemos tem há ver com ciclo coletivo, em que era descemos à Terra, em que família somos necessários entrar e pra que tipo de missão viemos.

Voltando ainda à questão de livre-arbítrio, vemos que a Cabala prega que nós nascemos com o mau-instinto e o bom-instinto, mas, não necessariamente para que erremos ou pequemos, já que trazemos esse lado mau. É na verdade onde entram nossas tomadas de decisões e são essas decisões que farão de todos nós sábios ou estultos, e/ou bons ou maus. Agora o perigo maior é, como eu já disse, a partir da segunda encarnação, pois um desses dois lados poderá ser aumentado ou diminuido, causando a queda ou ascensão do individuo.

Porém, não comemore o iníquo achando que terá sucessivas chances para o resto da eternidade, pois como pregam grande parte das religiões espiritualistas, o homem pode cair num sono eterno, inferno ou até mesmo ir para cima, ou seja, para o paraíso. Assim poderá não reencarnar e com apenas uma única encarnação cumprir sua meta, não retornando mais. O homem pode se santificar e elevar-se ao céu ou cair e afundar-se no inferno. No exemplo bom, temos a história bíblica de Enoch e Elias, que segundo nos contam as Escrituras, teriam ido para céu de corpo e alma. Mas, isso pode se dar apenas em espírito, basta que o homem torne-se totalmente justo e santo.

Da mesma forma, o homem pode cair não tendo mais o direito de reencarnar, como temos o exemplo contado nos Evangelhos sobre o Rico Avarento que se encontra no inferno por causa de sua ganância, no relato do próprio Jesus.

Através dos Odus do Orunmilá-Ifá, dos signos do zodíaco ou outros sistemas divinatórios, podemos nos servir dos sistemas oraculares para nos direcionar melhor na vida. E uma história muito interessante contada no Talmud de um anjo chamado Laila, onde esse anjo pega uma gota de sêmen quando a criança vai ser gerada e leva até Deus e pergunta: "O que vai ser dessa gota, vai ser um homem rico ou um homem pobre, vai ser um homem de sucesso ou um fracassado?...!". E assim por diante. No entanto, ele não pergunta se o ser gerado daquela gota será bom ou mau, pois isso seria a única coisa que o homem teria com o livre-arbítrio. E assim como a escolha do homem utilizando o bom ou mau instinto é que vai torná-lo um bom ou um mau ser, também é através dessas escolhas que vamos construindo uma existência boa ou ruim.

Aí vem outra questão – essa avaliação de bom ou mau será feita por nós ou por Deus? Sim, pergunto isso, porque nem sempre o que vemos como bom, poderá ser realmente bom perante os olhos de Deus! Porque segundo consta nas escrituras, bom aos olhos do Criador é obedecer aos desígnios divinos! Mas, ser obediente ao projeto de Deus muitos poucos conseguem, por isso tanta gente pena diante de seu próprio destino.

Então o bom destino seria aquele que vem do cumprimento do projeto original, ou seja, daquilo que é essencial pra nossa evolução espiritual e plena união com o Criador. Por exemplo: um homem pode ser enviado à Terra para ser um rei, mas, humilde, generoso, bondoso e modesto. No entanto, ele ao se tornar rei, decide-se por seguir seus maus instintos, tornando-se um ditador, malvado, egoísta, avarento e sanguinário.

E assim poderá até ter muito mais riqueza e poder, até num ritmo muito mais rápido do que se fosse um rei bondoso! Porém, além de estar praticando vários pecados e desobedecendo ao seu destino e ao Criador, ele está queimando seus créditos. E caso precise ou consiga reencarnar, sua posição na vida será num nível muito baixo, sem o merecimento de alcançar algum reino, riqueza ou poder. E assim poderíamos dar aqui diversos exemplos, tanto do lado bom, quanto do lado mau.

Mas, analisando essas questões, surge outra pergunta – se Deus sabe do destino de todo mundo, ele interfere? Porque não interfere no caso do rei citado acima, por exemplo? Por saber do destino de cada um, o livre-arbítrio perde o efeito?

Bem, saber do destino de cada um não muda e nem tira o poder de livre-arbítrio, porque não é porque um pai sabe, por exemplo, o que um filho gosta de comer que ele vá forçar que ele coma aquilo o tempo todo e não deixe que ele coma outra coisa! Quanto a interferir ou não, sabemos bem que as religiões que se acham donas de Deus, sempre fazem as afirmações que conhecemos bem, como "Esse é o nosso Deus." ou "Deus é fiel." como se Deus trabalhasse apenas por eles e para eles o tempo todo.

Mas, como força soberana, que segundo acredito formula um projeto e destino de cada um, seria contraditório que ele ficasse interferindo o tempo todo. Seria como uma academia militar, que precisa testar seus soldados, mas, ao ver que alguns deles não são capazes de completar as provas, o comandante vai facilitando a cada dia o nível dos testes! Ou seja, acabará diminuindo ou excluindo o mérito da conquista pessoal. Também seria como se um professor que tem a missão de ensinar ortografia e caligrafia para seus alunos, ao perceber que estes não têm capacidade de cumprir suas tarefas, acaba fazendo todo o trabalho por eles! Como esses alunos vão aprender de verdade? Deus não dá privilégios, não é Pai de alguns e padrasto de outros! A diferença entre os que têm sorte dos que não têm são os méritos e deméritos de cada um. Por isso a figura da Balança que pesa as almas. Aqui volto a lembrar dos tais créditos, saldo positivo ou benefícios alcançados, ao fazer o bom uso de nossos instintos.

No entanto, como espiritualista, eu acredito numa ressalva, ou seja, como o Senhor é um Deus de Justiça ele teve que corrigir as "regras do jogo" (Ou melhor, leis da vida.) que foram quebradas quando a escuridão se rebelou. Explicando melhor – o homem só teria o poder de decisão imparcial se o mal não investisse contra ele como faz desde o princípio, no entanto, sabemos bem que as provações são terríveis e as tentações fortíssimas. Portanto, ao ver o grau de dificuldade, Deus não age como o exemplo citado do comandante, mas, determinou seus servos de luz para auxiliar os homens nessa missão aparentemente fácil, mas na verdade difícil, que é o uso do livre-arbítrio.

Por isso, Salomão sugeriu: "Gritai a sabedoria pelos quatro cantos!". Salomão sugeriu isso, porque tinha noção exata do quanto é difícil as escolhas do homem e ele tende quase sempre a tomar posições erradas. Ou seja, o que afirmo aqui é que para equilibrar o embate entre Bem e Mal, Deus nos deu como protetores, amigos ou irmãos, os valorosos anjos, Orixás ou outras definições usadas em muitas outras religiões.

Em conceitos de Umbanda Astrológica, avaliamos da mesma forma, ou seja, se um terreiro ou sacerdote é agente do Mal, age sempre pelos maus instintos, fazendo magias negras e obras malignas, este estará atraindo pra si o castigo das forças da luz. E se ele se utiliza em sua maior parte de forças de Esquerda, estará deixando o direito de punição para as forças que representam a Direita. Por isso, embromadores, fiquem ligados e evitem as sombras.

E pra fechar essa questão do livre-arbítrio e sobre Deus conhecer-nos tão bem, pois foi ele que nos criou, podemos dar um exemplo novamente para que o leitor entenda. Uma mãe por ter criado seus filhos, especialmente as atenciosas e observadoras, sabe bem do que os filhos gostam e do que eles não gostam. Então, certo dia no aniversário de um de seus filhos um amigo pergunta pra ela a seguinte coisa: "Eu comprei pra ele um cd de pagode e de forró, mas, não sei qual dos dois ele gosta.". Bem, a mãe sabendo bem do estilo preferido do filho que neste caso não é nenhum dos dois citados pelo amigo diz: "Ele adora reggae!". E segundo ela o filho não curte nem pagode e nem forró. O amigo, aproveitando a informação, vai à loja e troca o cd por um de reggae e presenteia o amigo que fica muito feliz com o presente! Perceba que por saber do gosto do filho, ela não tira dele o livre-arbítrio, pois a opção de gostar ou não de reggae não foi determinado pela mãe. Além disso, mesmo dando a informação ao amigo, ele poderia ter sido teimoso e ter dito: "Eu já comprei e vou dar esse mesmo...". Como também o filho poderia ter recebido o cd de forró, aceito e dito: "Nossa, cara, nunca ouvi forró, mas, vou experimentar!". E após experimentar, ele poderia até gostar do estilo e adicionar mais um estilo as suas opções.

A informação sobre o que os outros gostam ou não, não influi no livre-arbítrio deles. Nesse exemplo que acabei de dar, a opção de corrigir o presente foi do amigo, e só dele, por ser precavido, por ter perguntado e aí recorremos novamente à importância da sabedoria em nossa vida.

Ao falar aqui de informação, lembramo-nos de mais um caso bíblico onde o rico em chamas dentro do inferno pede aos que estão no paraíso para que estes enviem mensageiros que possam orientar seus parentes que ainda estão vivos! E a resposta dos que estão no céu é: "Eles já têm os profetas e sacerdotes que os orientam todos os dias e eles não os ouvem.". Aí nos tocou que nossos guardiões espirituais e os sinais que o próprio destino e Deus nos dão pra que sigamos no caminho do sucesso e evolução espiritual, quase sempre são ignorados por causa de nossa cegueira espiritual.

É por isso que nossa jornada é tão difícil e o destino parece ser tão doloroso. Aqui se percebe a diferença entre os sábios e os estultos, os magos e os homens comuns, os bons e os maus! Ou seja, o de espírito elevado, iniciados e atentos à luz espiritual, está sempre atento e observando todos os sinais a sua volta. Pense nisso!

O homem sábio ao escolher a luz, tende a cair num estado de inércia, ou seja, tende a seguir no caminho da luz e será ajudado pelo Cosmos a seguir em frente nesse caminho. Mas, da mesma forma, também cairá em inércia o estulto que escolhe o caminho das sombras, sendo da mesma forma ajudado (nunca forçado) pelo Universo a permanecer nas sombras. Ou seja, temos a opção de escolher até certo ponto, pois depois que nos atolamos num estado de trevas, sair dela será bem mais difícil. Assim como ao adentramos no caminho da luz, certamente não vamos querer voltar para sombra e ainda teremos ajuda para permanecer indo em frente.

Ferramentas importantes pra entender o destino (os sistemas oraculares)

Um princípio afirma: *"O oráculo não comete erros, apenas o praticante."*. Isso se aplica a todos os oráculos que existem na Terra, inclusive Astrologia, tarô, numerologia e tantos outros. Orunmilá-Ifá, o deus da sabedoria, a testemunha da criação, do destino e profecia. Ele também é conhecido por esses nomes Oruná, Eleri Ipin. A palavra também significa Orunmilá-Ifá, que fala através do oráculo ao povo sobre a terra.

O oráculo sagrado é baseado em uma fórmula mundo meta-algébricas que se manifesta na Ifá Odu é (caráter, Oktogramme) e suas inúmeras histórias. Nos cultos africanos o Ifá é o oráculo sagrado, e é a vida cerimonial do iorubá de grande importância. O complexo sistema de Ifá é composto por três fatores básicos: Orixás, Eguns, Adifafun (Deuses antepassados que se apresentam e falam via oráculo.) Ifá refere-se ao deus e seu oráculo. Orunmilá é o profeta da religião iorubá. O Oráculo tem várias funções: primeiro, não há coincidências; segundo, Ele determina a provável causa e a condição da pessoa; terceiro, Ele fornece o negativo – para converter em uma situação positiva; e por fim, e quarto lugar, Ele fornece algumas previsões do futuro.

Jogar Oráculos em toda a África tem um papel muito importante. Em Yorubá kultur lá ao lado do oráculo de Ifá, outras formas, como oráculo de Obi (que citarei mais adiante, seu grande poder ancestral), no costume ocidental Obi-Agbom (coco), Obi-Abata (cascas de coco com búzios) ou Merindilogun, Dilogun oráculo (búzios) e Ata-Opon Ifá oráculo (tábua de madeira e de núcleo), que representa o mais elaborado de todos. Com este tipo de oráculo é o processo ou Itefa Dafa e sua necessidade de Ikin (16 nozes de palmeira consagrada). A placa de madeira por sua forma redonda simboliza o mundo. O oráculo de Ifá é um dos mais complexos dos Oráculos dos africanos. As energias negativas podem, assim, ser transformadas e equilibradas por meio do oráculo de Ifá, adivinhação Ifá.

A Força do Destino em Nossas Vidas – conduzido pelos Orixás

"Chamado por Deus sumo sacerdote, segundo a ordem de Melquisedeque." Hebreus 5:10

"Eis aqui o meu servo, a quem sustenho, o meu eleito, em quem se apraz a minha alma; pus o meu espírito sobre ele; ele trará justiça aos gentios." Isaías 42:1

Imere é aquele que veio para a Terra com a suposição de construir inovações e revelações aos outros. Na verdade, segundo os mitos yorubás e todas as ilações dos signos de Ifá, são as pessoas que vêm para voltar logo. Aí se enquadra nesse contexto, os que morrem jovens, por doenças, acidentes, assassinatos ou até suicídios. E Imeres, pedem coisas ruins na sua vida, tanto pra servir como uma espécie de martírio de aprimoramento, quanto pra servir de sacrifício em prol dos demais, é uma espécie de maldição ou mesmo missão de aprimoramento dessa alma.

Logo eles chegam à zona cinza, entre o céu e a terra. A zona cinza é chamada Hades, que é a casa dos Imere (Aiku em Yorubá e Igbakhuan em Bini.). A partir daí, eles se lançaram para a zona negra da fronteira, onde não havia luz do Sol. Essa zona é chamada Erebu. Muitos viajantes costumavam se perder nessa zona, na época que as pessoas viajavam livremente entre o céu e a terra.

Na verdade, tudo tem a ver com os mitos e segredos da criação, referentes ao ciclo evolutivo de nascimento e morte. Uma vez que esses seres se aproximavam da escuridão do útero feminino como os viajantes que estavam vindo para o mundo, não participavam do ciclo encarnatório porque se perdiam de alguma forma antes de adentrar o portal da vida. Ou se participavam, ao encarnar não viviam muito, morrendo muito cedo.

E nos trabalhos de *Iworíbogbe*, a única força que pode quebrar essa maldição, os pais da criança, quando captam a informação de que o filho será uma dessas pessoas Imere, precisam fazer os rituais, caso queiram que eles permaneçam mais tempo aqui. Esses indivíduos chamados também de Igbokhuan, escolhem pagar uma visita rápida no mundo. Assim, não haveria virtualmente nada que se pudesse fazer para prolongar a vida de tal pessoa na Terra, exceto em raras circunstâncias, aonde seu guia divino pode modificar o destino propenso e por meio de Iworibogbe, claro, pois este Odu é um dos mais velhos discípulos de Orunmilá. Assim ele revelará mais tarde a influência em nossas vidas da divindade chamada Infortúnio.

A pessoa que é chamada de Imere veem para o mundo por umas poucas horas, dias, semanas, meses ou anos e morrem quando chega a hora escolhida. E apenas o Odu citado pode mudar essa sina. Mas, o que é Iwori Bogbe? É um Odu poderoso capaz de reorientar os ciclos reencarnatórios – Outros nomes ou apelidos: IWORI Ogbé, IWORI BODE. A mística neste Odu é a seguinte: Orunmilá e sua esposa foram viver no dossel da ceiba. Este era o lugar onde Odu Ifá teve que pedir a ele (Iwori Bogbe) para Elegba. Neste Odu nasceram as grandes transformações de Olokun. Neste Odu foi nascido o segredo que nos revela porque têm-se a necessidade e obrigação de aprender Ifá. Este é o Isalayé Odu de Bronsia.

A natureza desse segredo é que esses nativos (os nascidos neste Odu) trazem a força ou simbologia das formigas. O social e o individual neste Odu revela-nos a possibilidade de insultos e ofensas aos nativos dessa força. Neste Odu, podem nascer com doenças causadas pelo sistema nervoso descontrolado transitório e loucuras. Já o pensamento social, o segredo é que não se pode questionar a palavra de Ifá. Você pode ouvir, mas, só deve olhar o que acontece por trás das paredes ou seja, sem se envolver diretamente.

Bogbe Iwori veio à Terra, foi com um desejo de querer mudar, remover todos os elementos do mal e coisas viciosas da Terra. Para realizar sua tarefa, ele pediu a Deus um poder especial sobre a vida e a morte. Deus concedeu o seu desejo. Dominado pelo poder dado a ele por Deus, veio ao mundo rapidamente. Passou por frustrações e entrou em melancolia por não saber porque tudo dava errado. Quando retornara ao céu, foi para o seu anjo da guarda que lembrou o conselho dado a ele antes de deixar o céu.

Na época, foi acordado por adivinhação, onde ele foi informado que deveria fazer sacrifícios para Elenini e santos antigos. Então ele fez sacrifícios e, posteriormente, voltou para a terra para ser mais prolífico e gratificante na vida. Ou seja, o que fica claro pra nós, através deste Odu, é que, como já alegamos aqui neste livro, anteriormente, é que não lembramos do que foi dito a nós antes de encarnarmos e, por isso, a grande importância dos oráculos sagrados. Sendo essa a principal mensagem desse livro, ou seja, relembrar ao mago, ao iniciado e ao buscador, a importância dos oráculos divinatórios. Assim como o Ifá, o Tarô, a Astrologia, o oráculo dos hebreus, o I-Chig ou qualquer outro.

Porém, o segredo deste Odu é claro, pois ele expressa que o nosso anjo da guarda preserva, carrega e pode nos repassar os segredos, nos orientando durante a vida. E assim o anjo guardião é que carrega a chave pra vencermos o destino ruim, desafios e ainda evoluirmos. Por isso é que tem grande importância cuidarmos de nossos guardiões, ancestrais e acima de tudo de nosso tutor maior – nosso Orixá de cabeça. E essas citações dos mitos yorubás, Odus e sinas, é pra dizer até onde nosso livre-arbítrio age, como funciona e se realmente podemos mudar nosso destino. E pelo o que nos contam os ensinamentos sagrados do Ifá, quando somos prudentes e aplicados, podemos mudar sim. Mas, tem regras, ritos e provações pra tudo. É por isso que existem os oráculos, para nos orientar.

Sabe-se que o único que descobriu o segredo de como prolongar as vidas de tais pessoas destinadas a uma vida curta na terra foi Orunmilá por meio de seus Odus sagrados. E assim ele revela-nos através dos Odus, ou melhor, deste Odu relatado (Bogbe Iwori) aqui. Porém, os pais da criança que vinha com a maldição, precisavam ser capazes de descobrir pelo oráculo com boa antecedência, que o nascimento da criança seria **Imere**.

Um ponto significante para se ter em mente é que ninguém alguma vez relembra suas frases reveladas no céu, antes da partida para a Terra. Por isso é que muitas vezes repetimos os mesmos erros em várias vidas na Terra. Tanto pelo fato dos pecados se tornarem vícios, por serem os humanos teimosos e propensos a errar mais do que aceitar; como também por esse fator de não nos lembramos do que deveríamos evitar na vida. Elenini (Ido-Boo) é o guarda da Câmara interna do Palácio divino de Deus, aonde todos vamos nos ajoelhar para fazer os pedidos e juramentos para a nossa permanência no mundo. Deus não nos conta o que vai ou não vai acontecer conosco ou nos dar algum desígnio especial. Tudo aquilo que vemos, desejamos fazer ou transformar, Ele simplesmente abençoa e diz "– Que assim seja minha criança!".

Exu mantém as chaves que abrem e fecham nosso inconsciente e atuam no portal do subconsciente. E ele é um dos responsáveis da nossa preparação antes de descermos para a Terra. É o guardião que milita das sombras para a luz. Fecha e tranca nossos segredos, os quais só nosso Anjo Guardião mantém uma cópia pra nos auxiliar e nos guiar ao longo da vida. Assim Exu usa o período de espera no Erebus (ÉREBUS a Escuridão, outro filho de KHAOS.) e o processo da infância para apagar (bloquear) toda memória do que nós somos no céu e o que planejamos fazer na Terra.

No início dos tempos, a pélvis em todos os animais como nas plantas era na cabeça (Segundo nos revelam os mitos yorubás.), mais especificamente na testa e também não era reconhecida nem respeitada, tanto nos animais como nos seres humanos. E dizem que foi Exu, o Senhor dos Portais, que fez mudanças importantes nos órgãos reprodutores das pessoas. A pélvis, que era um organismo vivo no céu, foi para a divinação e lhe foi dito para fazer sacrifício com um bode preto para Exu, e assim foi feito.

Depois disso, o Senhor dos Caminhos pediu à fêmea para abrir suas pernas e tirou a pélvis para fora de sua testa e a posicionou entre as pernas dela. Ele então extraiu uma parte do couro do corpo do bode com o qual a pélvis havia lhe feito o sacrifício, e Exu usou-o para revestir a pélvis completamente no seu novo domicílio entre as pernas femininas.

Dizem ainda os sábios yorubás que depois de fixar a vagina da mulher num novo lugar, Exu foi até a fronteira entre o céu e a terra e a bloqueou para sempre com uma escuridão total. Aquela parte do sistema planetário a qual se aproxima na mitologia grega do chamado Erebus. Então, como já mencionamos, foi Exu quem bloqueou permanentemente e ordenou que fossem guardados os portões do céu, permanentemente ocupados por viajantes vindos da Terra para pedir por crianças no céu. Assim, a pélvis e o útero de todas as fêmeas foi feita para simbolizar a escuridão e o mistério da passagem pelo Erebus.

E a atração mútua entre os órgãos reprodutores de macho e fêmea veio caracterizar a base de toda a existência. O pênis e a pélvis por um lado e o óvulo e o espermatozóide no outro, fizeram o sacrifício para tornar possível a eles cooperarem para dar à luz uma criança do céu. Antes de vir para o mundo, todos os seres humanos fazem seus próprios pedidos em comprometimento no Palácio Divino de Deus. Quando nós fazemos nossos pedidos no altar divino no Palácio de Deus, o servo favorito de Deus, chamado Infortúnio, a mais poderosa das divindades, é a única presente.

Por falar em órgãos sexuais, aproveito para analisar aqui a questão da liberdade que temos durante a vida para fazer escolhas. Ou seja, nós já somos gerados desde o início numa espécie de cárcere. Desde os testículos de nosso pai que a vida de um novo ser está fechada no escuro e presa. Daí, passamos por meio da vagina para o útero, que encontrará um óvulo que também estava aprisionado nos ovários da mulher. Então ficamos cerca de 9 meses dentro da barriga de nossa mãe e quando nascemos passamos por um momento de total necessidade de cuidados dos outros para que continuemos vivos. Então, como querer afirmar que:

> "Somos totalmente livres?". Na verdade, desde o início a existência humana sempre foi difícil, cheia de limitações e prisões. Mas, aí é que está o valor, as dádivas e as bênçãos, pois as escolhas por meio dos bons instintos é que trarão o que realmente precisamos. E não é à toa a comparação de Exu sobre vagina com a escuridão por onde as almas vão e vem do Orun.

E por falar em destino e livre-arbítrio, temos que concluir, baseados nesses mitos, que o destino vem primeiro e livre-arbítrio vem depois. Podemos até entender que o livre-arbítrio serve para aceitarmos, reorientarmos ou até contestarmos, mas, sobre um projeto pré-elaborado pelos senhores do carma. Percebam os teimosos que alegam serem livres pra tudo que não escolhemos quando vamos nascer, onde e de quem vamos nascer. Nem sequer nossos próprios genitores podem afirmar, quando e como nos geram. Que fisionomia teremos, se seremos saudáveis, belos, se teremos sorte, boa inteligência ou boa índole. Na verdade, há um jogo o tempo todo, entre destino e livre-arbítrio, e podemos dizer que os bons jogadores são os maiores afortunados.

Diante das antigas declarações de Einstein, que costumava dizer que "Deus não joga dados com o Universo.", parece cair por terra minhas declarações anteriores quando digo que é um "jogo". Mas, concordo com a afirmação de Deus não jogar, porém o que eu creio é que ele seja o dono do jogo e quem joga com as peças e regras impostas pelo Criador, somos nós.

Analisando essa frase de Einstein, o cientista Agnóstico declarado, **Stephen Hawking** resolveu não só comentar, como consertar a frase do alemão: "Então, Einstein estava errado quando disse que 'Deus não joga dados.'; considerando o que os buracos negros sugerem, Deus não só joga dados, como Ele às vezes nos confunde jogando-os onde ninguém os pode ver.". E Hawking disse mais: "Todas as evidências mostram que Deus era, na verdade, ótimo em apostas, e que o Universo é um grande cassino, onde os dados são jogados e as roletas giram para qualquer ocasião.".

Lendo essas frases dos cientistas, nos lembramos ainda do livro de Alberto Cousté[23], onde ele avalia o caso de Jó que teria acontecido sob a mesma autorização divina. O Satã infligiu perdas e sofrimentos ao rico e fiel Jó. Segundo o autor: "No desenrolar de uma aposta na qual Jeová jogou todas as fichas na lealdade do seu servo.". Vemos assim que ele tem opinião parecida com a do cientista citado acima, sobre "Deus jogar". Só que aqui Deus teria sido estimulado pelo Diabo. Alberto Cousté faz uma verdadeira radiografia do adversário de Deus ao estudar os seus hábitos e costumes, sua natureza, seu comércio sexual com os humanos e o seu desejo de redenção em todas as épocas e culturas.

Novamente, afirmo que não acredito que Deus jogue, mas, que tem projetos traçados para todos os seres viventes. Nós é que jogamos, estamos sempre em combate com forças misteriosas, sombrias e poderosas, tanto interna, quanto externamente. Além de termos um destino pré-traçado, que traz uma margem para modificação ou ajustes, um livre-arbítrio à disposição e o poder de pensar, temos sem dúvida as influências que tentam nos puxar para o bem ou para o mal.

---

23. COUSTÉ, Alberto. *Biografia do Diabo*. Rio de Janeiro: Editora Record, 1996.

É por isso que os oráculos têm tanta importância para nós. Tanto para nos orientar, quanto para nos trazer firmeza mental e autoconfiança. Porque ao conhecer as regras, nosso potencial oculto e nossas metas, fica mais fácil desenvolver uma autoconfiança que nos levará com maior precisão ao sucesso. E assim como Cousté falou em adversário de Deus, podemos concluir que se até o Criador tem adversário, imagina os pobres mortais! Por isso se cercar de todas as ferramentas que nos deixe mais prontos e fortes pros combates é importantíssimo.

Um aspecto muito importante do destino de uma pessoa é a divindade dominante de sua vida. Como indicado anteriormente, antepassados dos homens vieram a este mundo sob a liderança de uma ou outra divindade.

A quem veio sob a orientação de Orunmilá será requerido que seja bem sucedido servindo Orunmilá no mundo. Da mesma forma que se vier por ordem de Javé, de Alah ou de Tupã, terá todo compromisso com seu Deus, sua fé e seus desígnios. O mesmo é verdade para todas as demais divindades como Ogum, Xangô, Olokún, Oyá, etc. Do mesmo modo, é a pessoa que veio sob a orientação de Orixá Orixalá (Representação personificada de Deus.) que irá prosperar seguindo o caminho da religião moderna.

Existe a possibilidade de tragédia na existência do homem quando um seguidor de uma divindade observa os seguidores de outras divindades, felizes e contentes em sua própria facção, e por inveja, cobiça e ira, ele acredita que ele seria igualmente bem sucedido, abandonando os serviços de sua própria divindade pelo serviço de outra. Há pessoas que passam através da vida como se estivessem envolvidas em uma busca sem fim por um porto seguro, só passando de um lado para outro, mudando de estratégias, querendo usurpar o que é do outro e nunca conseguem achar seu próprio caminho.

A advertência para tais pessoas é irem a algum tipo de oráculo, pois eles têm a função e autorização para descobrir suas divindades orientadoras que lhes darão maior noção do que elas realmente são e o que devem fazer nessa vida. Tão logo isso seja desvendado, uma proporção considerável do tamanho de seus problemas terá sido resolvida.

Segundo dizem muitos filósofos, o Destino é uma divindade cega e inexorável, nascida da Noite e do Caos. Todas as outras divindades estavam submetidas ao seu poder. Os céus, a terra, o mar e os infernos faziam parte do seu império: o que resolvia era irrevogável; em resumo, o Destino era por si mesmo essa fatalidade, segundo a qual tudo acontecia no mundo.

Dizem os mitos que Júpiter, o mais poderoso dos deuses, não pôde aplacar o Destino, nem a favor dos outros deuses, nem a favor dos homens. As leis do Destino eram escritas desde o princípio da criação em um lugar onde os deuses podiam consultá-las. E os seus ministros eram as três Parcas encarregadas de executar as ordens.

Horóscopo e Mapa Natal

Todas as abordagens sobre a interpretação do horóscopo podem ser divididas em dois grandes grupos: abordagens gerais e abordagens detalhadas. Abordagens gerais são úteis para a avaliação inicial do horóscopo e para uma representação imediata.

A abordagem detalhada estuda os aspectos específicos da vida. Por exemplo, para a perspectiva de um casamento, leva-se em conta apenas as casas e os planetas, que são mais relevantes, e todo o resto vai ser percebido como mais ou menos secundário. Esta é uma abordagem frutífera nos casos em que o astrólogo sabe exatamente o que ele deve descobrir.

Os horóscopos são todos iguais, mas a abordagem de cada pessoa é diferente. Abordagem sequencial é a leitura de um horóscopo por ordem das casas. Cada casa é uma das áreas da vida humana, e descrevê-la, de acordo com regras específicas de cada uma, é de fato, dizer sobre a vida de uma pessoa.

Se o Mapa Natal mostra todo o seu potencial como pessoa, mostra também o tipo de acontecimentos que você pode esperar na vida.
Até mesmo a maneira como você está recebendo essa afirmação pode ser deduzida do seu Mapa Natal. Se você é um otimista com ênfase no elemento fogo, já se entusiasmou com as enormes perspectivas que o futuro lhe reserva. Se for um pessimista com muita energia em terra, já está se conformando em aceitar as coisas como elas são mesmo.
A palavra destino tem seu significado especial. O mapa expressa seu potencial como pessoa, e isso é destino. Você não pode ser o que não

está no seu mapa de nascimento, assim como não pode ir contra o que apresentam seus Odus ou querem seus Orixás. Mas, com seu Mapa Natal em mãos, o que você realmente vê são alguns símbolos que representam o céu em volta de você no momento do seu nascimento e no lugar em que nasceu.

O certo é que a Astrologia, objeto de estudo há tantos séculos por pessoas que dedicaram suas vidas a decifrá-la, não pode ser reduzida a banalidades, como apenas querer saber seu futuro profissional, sobre seus amores e ambições. Ou reduziria à banalidade experiência humana. O mapa de nascimento não mostra a personalidade e a vida materializadas, mas o "suco" energético que preenche essas personalidade e vida.

Karma

"E eu vos destino o reino, como meu Pai mo destinou."
Lucas, 22:29

Karma nada mais é que a passagem da potência ao ato do que está contido no ser, no que o define como tal e não como outro. É baseado em uma espécie de dualismo irredutível, com o "bom" de um lado e "mal" no outro, entrando em luta pelo controle do Universo.

Karma está intimamente ligado ao espírito, o princípio animador de estar envolvido na ação. Duas ações aparentemente similares fora do karma podem estar produzindo muito diferente. Tudo, em última análise, depende da natureza do ser que o produto e, assim, a determinação das qualificações que ele traz para o mundo.

Karma liga-se à roda da existências, mas também pode ficar livre para a atividade ritual. Enquanto leva força externa, em primeiro lugar, para não realizar a atividade ritual é a função essencial do ser humano e, por outro, a transgredir as leis do karma involuntariamente.

Por não compreender o significado deste mundo, o homem libertou escuridão e realmente acreditou em servidão. Escravo de seus desejos, sua visão, a partir do exterior, escondendo por trás das aparências falsas, dedicado ao vazio espiritual, a promoção de ações de negligenciar o estado de espírito, ele é deixado a esperar ansiosamente a morte, vivendo em uma pseudo alegria infantil pontuada com decepções. Ignorância e desrespeito da lei para não fazê-lo desaparecer, mas, no mínimo fazê-lo sofrer.

As estrelas e os signos do Zodíaco são apenas símbolos das leis que regem o nosso mundo mais elevado, o Dharma. Seu movimento está ajudando a representar o Karma.

Isso forma o pivô entre as duas áreas, combinando as qualidades de um e outro determinado até certo ponto no passado e em vez de "preparação" do futuro. Únicas leis que levam a encontrar e aplicar a ele podem ser conhecidos, a aplicação plena permanece velada até o tempo de efetivação. Todas essas leis que regulam o destino e livre-arbítrio são aquelas que definem o indivíduo e o curso ao seu destino. O futuro pode ser descrito simbolicamente, bem como correspondente ao que o indivíduo é mais permanente: sua relação com o céu.

E o livre-arbítrio?

"Não tenhas inveja do homem violento, nem escolhas nenhum dos seus caminhos." Provérbios, 3:31

Na Astrologia, os três pilares, caráter, personalidade e temperamento, representados no Sol, Lua e Ascendente, são os pontos chaves para que o homem se compreenda e tente domar seus instintos. Lembre-se que anteriormente eu citei que o homem nasce com o poder de livre-arbítrio pra escolher entre maus e bons instintos. E essas afirmações de James são muito desanimadoras. Só que nós espiritualistas temos a esperança na alma de que podemos sim, tanto nos iluminar e vencer traços ruins, como também nos libertar das amarras do caráter, sendo elas as marcas do carma que temos que eliminar.

Talvez haja de fato as energias e os elementos da natureza que os antigos hindus escolheram chamar de "devas" e estas energias podem ser refletidas na jornada celestial dos corpos iluminados, os planetas. Os devas, através do espaço, estão diretamente ligados com as influências astrológicas. Simplesmente para fornecer a nós mortais alguma direção e dicas sobre a melhor forma de fazermos nossas escolhas (Uma presunção bastante egocêntrica e, portanto, humana, pela maneira!), é preciso separar os ponteiros do relógio (planetas) do 'tempo' que mostram estas influências dos devas.

Se continuarmos a pensar em devas como uma espécie de figuras piedosas folheadas em ouro e seda com uma aréola radiante brilhando em torno de suas cabeças, rapidamente há o risco de alienar os "professores" entre nós. Mesmo quando esses números são relatados como tendo sido visualizado por alguns, eles representam uma forma de conceituação, realmente. Não há nada que nos impede de pensar neles como forças da natureza ou alguma forma de energia que é não-física, provavelmente relacionado de alguma forma à energia não-física "pensamento".

Certa porção maior desta energia serviria para atuar como gatilho, possivelmente em nossas mentes um acidente como consequência de um trânsito que descarrilar a nossa consciência e atenção ou julgamento. Ou uma influência direta que leva a algo físico, como uma calamidade natural, um terremoto ou furacão que tem o poder de mudar nossas vidas para sempre. Efeitos sobre as nações e política ainda são combinadas influências sobre grupos de seres humanos desde o gatilho que atua sobre uma massa coletiva de pessoas ao invés de um indivíduo.

A força de evocação simbólica extraordinária que a Astrologia tem fascina o homem desde o início do pensamento humano. É nisso que acredito e carrego em meu coração. O trabalho astrológico veste uma máscara científica por causa de um saber que é pouco, quando existe, e que não é de ordem astrológica, mas do âmbito de outra ciência, a Astronomia. Mas a Astronomia não fornece ao astrólogo somente o Mapa Natal. Ela também o abastece com os meios de se projetar no futuro, pois ela é capaz de dizer antecipadamente, e com grande precisão, onde estarão os planetas em tal ano ou tal dia.

Astrólogo que conhece os símbolos, sem muito esforço, fica como um sábio que detém o poder de decifrar os sinais de um mundo celeste que se pretende mais real que este. Na verdade, o astrólogo é sim um sábio, pois é alguém que conhece os mecanismos do Cosmos, conseguindo ler todos os códigos, através de um alfabeto fantástico chamado Zodíaco. A carta astrológica é, sem dúvida, o emblema, a insígnia do astrólogo. O cliente do astrólogo não precisa jogar nada, cortar ou escrever coisa alguma; muito pelo contrário, tudo já está colocado de antemão, automaticamente a partir de coordenadas de nascimento que não se escolheu.

A carta natal é uma espécie de estrutura única em seu gênero que, segundo afirmam insistentemente, representa somente um ser; o que só pode encher de satisfação o cliente, que procura o astrólogo, quase sempre, quando está em dificuldade, e que por isso mesmo não está seguro se seu ego tem alguma realidade, mesmo virtual. O aspecto cripto-enigmático de um tema natal é uma figura que impressiona fortemente não só pelo seu aspecto simbológico, mas também por tudo que ele pressupõe e contém implicitamente. Saber montar uma carta astrológica, compreender as posições dos planetas, usar uma escritura particular para desenhar os sinais dos signos e dos astros, são ações iniciais que fundamentam e impregnam a relação do astrólogo com a sociedade.

Destino e livre-arbítrio são parte da vida. No entanto, assino um maior nível de livre-arbítrio do que muitos Babalawos e ao mesmo tempo, alerto para nunca descartarmos o destino, como querem fazer certos psicalistas e até astrólogos. O que quero deixar aqui nesse trabalho é a possibilidade do caminho do meio.

Eu acho que o básico inclui coisas como as leis físicas do nosso Universo (Por exemplo, a gravidade, a necessidade de respirar, comer e dormir.), mas mesmo estes foram superados, em certos momentos por alguns indivíduos. Eu prefiro trabalhar com a hipótese que não é positivo dizer que, se alguma coisa, é predestinada e insuperável. Isso sempre me dá a opção de mudança e as circunstâncias melhoraram. Mas, ter o como superar, não quer dizer que os desafios, obstáculos e coisas marcadas não existam em nosso trajeto, apenas que nada é em definitivo!

Em nível físico, temos algumas coisas das quais não podemos fugir, como a velhice e a morte, sendo essas quase impossíveis de serem vencidas, mas, se elevarmos a um nível espiritualizado da questão surgem novas possibilidades. Enfim, vemos que temos coisas como certas e outras que apenas vão se revelando ao longo de nossa caminhada pela vida, mas, o que quero dizer é que nem tudo é destinado a acontecer de uma forma já escrita e determinada antes de nascermos. Na verdade, há uma margem em que fluímos entre as duas coisas: destino e livre-arbítrio.

A analogia que mais gosto é a de que estamos todos a flutuar no rio da vida[24] (Aliás, este rio é citado no Livro da Revelação.[25]). Acredito que estamos "predes-

---

24. Apocalipse 22:1 E mostrou-me o rio puro da água da vida, claro como cristal, que procedia do trono de Deus e do Cordeiro.

25. O livro da Revelação é também chamado de Apocalipse de João, um livro da Bíblia – o livro sagrado do Cristianismo e o último da seleção do cânon bíblico que foi escrito pelo Apóstolo João. A palavra apocalipse, do grego αποκάλυψις, apokálypsis, significa "revelação", formada por "apo", tirado de, e "kalumna", véu. Um "apocalipse", na terminologia do Judaísmo e do Cristianismo, é a revelação divina de coisas que até então permaneciam secretas a um profeta escolhido por Deus.

tinados" a certas questões em cada vida, em virtude de quem somos, mas, tudo com uma boa margem para reajustes ou mudanças de percurso e é aí onde surge a importância do livre-arbítrio.

Nossas atitudes e ações criam o nosso Karma e determinam nosso destino, ou transformam, dependendo da bagagem que trouxermos de vidas anteriores. Se formos de uma natureza briguenta, vamos continuar a nos envolver em brigas e discussões até que mudemos a nossa natureza. Se formos excessivamente doces e agradáveis, vamos continuar a atrair outros que usam e abusam do nosso poder contra nós, até que mudaremos também a nossa natureza se percebermos que estamos tendo mais prejuízos e abusos do que vantagens.

Astrólogos, mais do que qualquer seita de adivinhadores, tendem a não gostar de ser colocados junto aos médiuns e seu gênero. Isso é lamentável e talvez desnecessário. Aqueles que não perdem de vista o fato principal de que a Astrologia está sendo usada para ajudar os outros, acabam sendo mais úteis do que aqueles que fazem uma busca acadêmica do mesmo. Mas, como eles dizem – cada um na sua.

Há algo que é místico, se não mágico, sobre Astrologia em ação. Em alguns dias, um gráfico (Mapa astrológico, mostrando a posição dos planetas no céu.)[26] revela mais e em outros dias muito menos. Existe certo grau de bem afinada articulação que se passa entre um horóscopo e o astrólogo. Isso tudo é anedótico, obviamente, mas um padrão que eu tenho visto repetidamente em muitos astrólogos.

Pode parecer muito esotérico para alguns, mas deve haver uma base cármica para se tornar um astrólogo; e o desenho (mândala do mapa astral) na maioria das vezes, mostra um segmento de nativos ou uma subpopulação de natividades, para quem o astrólogo dado detém a 'resposta' para interpretá-lo. Incrível e até mesmo improvável que possa parecer, mas a verdade é que entre a maioria de nós (estudiosos e conhecedores da Astrologia) como exemplo de astrólogos apenas um pequeno subconjunto de toda a população de alguns milhões de nativos (Muitos mais, se contar às almas que partiram ao longo dos séculos.) que existem neste

---

26. Quando citar gráfico ou desenho, refiro-me ao mapa astrológico. O astrólogo trabalha com gráficos, posições de planetas, signos e elementos. Evitei muitas descrições para não ficar muito extenso!

mundo, tem essa capacidade de interpretação apurada ou eficiente. Mas, o certo é que astrólogos no planeta é uma pequena parcela da humanidade!

E não é tendência natural pura e primitiva quem se manifestará na maneira de ser da pessoa, mas sim, estas mesmas tendências domesticadas e aculturadas. Uma conduta instintiva pura é praticamente impossível manifestar-se em condições psíquicas normais. Tais impulsos primitivos se diluem pelas pressões das circunstâncias e pelas peculiaridades afetivas de cada um e, se mascaram de tal forma, que acabam ficando dissimuladas pelo caráter do indivíduo.

Durante toda sua existência o indivíduo é compelido a atender estas tendências naturais, basicamente as mesmas em todos nós. As maneiras pelas quais tais tendências serão atendidas mostrarão as diferenças entre as pessoas, entre as gerações e entre os povos.

O instinto do poder, por exemplo, pode se manifestar de diversas maneiras nas diferentes pessoas; prazer em ter poder, em sentir-se superior aos demais nos mais variados aspectos existenciais. A busca do prazer deve atender certos anseios pessoais em concordância com determinadas circunstâncias sócio-culturais, mas, de qualquer modo, o fenômeno da busca do prazer com suas mais variadas apresentações é observado universalmente entre os homens. Como por exemplo, o intelectual que conquistaria seu prazer percebendo-se o mais erudito em sua área, o poder do saber ou o amante, através do poder de cativar, o poder material do rico, a autoridade do político, a coragem do soldado, o qual teme mais a opinião de seus camaradas que a arma do inimigo, e assim por diante.

Quando estamos olhando para uma determinada combinação, o tema óbvio e dominante continua a ser estabelecido em nossa mente, mas existem outras nuances de fatores a ser levados em consideração simultânea que deixam uma impressão não muito forte e constituem lacunas em falta, mas importante na análise e síntese reconstruída de uma leitura. Isso varia de indivíduo para indivíduo e é uma lacuna que deve ser mantida em mente.

Astrologia, ferramenta valiosa para a correção de Itá

"Uma é a glória do Sol, e outra a glória da Lua, e outra a glória das estrelas; porque uma estrela difere em glória de outra estrela." 1 Coríntios 15:41

Itá é a legenda dos Orixás. Os Orixás falam através de 16 búzios jogados por alguém conhecedor deste método de adivinhação sofisticada. Cada vez que os búzios são lançados, dependendo do número que saíam marcam uma letra, signo ou caminho (Odu). Cada letra tem algumas frases e histórias associadas com ele; existem 16 letras grandes e 256 combinações totais. A primeira vez que os búzios são lançados, eles são lançados duas vezes, para marcar um Odu.

Em seguida, eles são lançados várias vezes para mergulhar mais profundamente no que os Orixás estão dizendo. Um consultor e conhecedor dos mistérios pode saber especificamente os problemas enfrentados pela pessoa que solicita a consulta e oferece conselhos sobre como resolver essas questões, através dos emblemas ou Itá que são apresentados no jogo oracular.

As consultas poderão ser procuradas pelos iniciados e os não iniciados. A consulta mais importante que uma pessoa recebe na sua vida é a consulta com todos os Orixás principais, depois de uma iniciação. Esta consulta diz à pessoa do passado, presente e futuro, e oferece orientação sobre como mudar a sua abordagem à vida, a fim de cumprir o destino da pessoa.

A simples menção de qualquer dos Itá dos Orixás pode ser corrigida através da Astrologia. Na verdade, em se tratando de religião, nada é imutável, a não ser as Leis Eternas e os códigos cósmicos. Mas, tudo que foi inserido pelos homens são passíveis de mudanças, adaptações e extensões do saber. Por isso o extremismo é um retrocesso e não uma defesa da fé! Radicalidade vem de raiz, por isso ser radical é não aceitar que a raiz cresça, dê frutos e se renove.

A verdade é as quatro colunas que sustentam o sacerdócio iorubá (fé, razão, humildade e paciência) estão desmoronando e, aparentemente, a *razão* está o caindo mais rápido. Todos aqueles que estão com o espírito cheio de puritanismo, intolerância e extremismo, saibam que essa história de querer separar os movimentos afro-brasileiros é negativo, pois, dividir é sinônimo de enfraquecer quando o assunto é fé! A Umbanda pode ter sim elementos do Candomblé, assim como inseriu elementos do Espiritismo e do Catolicismo. O que não pode é usar coisas que enfraqueçam a tradição, os ensinamentos ancestrais ou que sejam coisas falsas.

Mas voltando novamente para a questão da Itá e Astrologia, mapas natais nos permitem separar o ruído do sinal emitido pelo céu dos deuses iorubás. É claro que para isto temos que deixar os velhos fundamentalismos da religião que tentam implementar como verdade absoluta que "Isso pode, aquilo não pode.". Assim, com a leitura direta da casa do céu, uma conjunção entre planetas ou qualquer outra configuração de um mapa astrológico.

Claro que uma análise profunda do mapa como um todo é necessária, mas, veja que foquei logo o portal do destino, ou seja, o compromisso, dons ou missão desse nativo em seguir seu destino. Os homens de má-fé mentem para o sacerdócio iorubá (O código de ética de Ifá proíbe, mesmo assim, os inescrupulosos não atentam para as leis morais, por isso, não informam com sinceridade.), porém o céu e as estrelas não mentem, pois não se encontram contradições nas verdadeiras fontes de energia Orixá, e não somente no rio, montanha, no mar ou uma palmeira. E se também persistir o erro, é por incapacidade do consultor e não do livro das estrelas!

O importante, e principal, é que a regra é seguir a intuição e a prática, ou seja, cada ser humano é único e cada Mapa tem uma codificação diferente, por isso não queira aplicar sempre a mesma regra pra todo mundo. Esse é o principal segredo da Umbanda Astrológica e dos oráculos. Como você pode imaginar, caro leitor, um Mapa Natal nos dá possibilidades de milhões de combinações, assim como o Ifá nos dá pelo menos num nível alcançável 4096 combinações ou códigos de Odus, no mínimo o usual de 256 Omó Odus, mas, que vão gerando Odus filhos e se multiplicam em milhares. Então é impossível, ou não recomendado, querer assimilar tudo num único livro.

Para quem quer compreender os segredos aplicados aqui, assim como todo estudante da Astrologia Tradicional ou do Orunmilá-Ifá, deve se aplicar incansavelmente nos estudos, pois, ninguém aprende nenhum segmento num único livro!

O que deixo aqui é a base dessa nova filosofia, mostrando novos métodos acessíveis aos não adeptos dos templos e terreiros ou que tenham envolvimento direto com a magia e oráculos. E assim, para facilitar, vou explicar mais sobre Odus e Umbanda Astrológica mais adiante.

Traduzir a Palavra Divina jamais foi uma tarefa fácil em qualquer época da humanidade, pois a fonte pura pode facilmente perder suas qualidades em contato com mãos impróprias. O homem é essencialmente Divino. Contudo, ele se vê como um indivíduo limitado e temporário porque está emaranhado nas características dos Cinco Elementos, ou seja, som, toque, forma, sabor e odor.

Esse erro ocasiona alegria e sofrimento, bem e mal, nascimento e morte. Livrar-se dessa ligação aos elementos, libertar-se das influências de suas características é o sinal de Libertação, chamado em sânscrito Kaivalya-Moksha ou Mukthi. Os nomes podem variar, porém o objetivo alcançado é o mesmo. O livro *Upanishad vahini*[27] de Bhagavan Sri Sathya Sai Baba, do qual retirei informações

---

27. Os Upanishads são uma continuação da filosofia védica e foram escritos entre 800 e 400 a.C. Eles elaboraram como a alma (Atman) pode ser unida com a verdade última (Brahman) através da contemplação e da mediação, bem como a doutrina do Karma – os efeitos cumulativos das ações de uma pessoa.
Nesse livro sagrado encontram-se as narrativas da vitória de Rama sobre o brâmane "Ikshaůku, chefe da Dinastia Solar. O "Rawhôn" que se chamava Daçaratha, "Nonnus, em suas Dionisíacas, consagrou vinte e cinco cantos à sua descrição". Existem registros irrefutáveis do contato entre esses povos e da formação do tronco indo-europeu neste período. Estes fatos estão descritos em detalhes na odisseia de Rama, personagem ariano que travou uma batalha épica no sul da Índia, antiga Barat Versh, nas centenas de versos registrados pelo ilustre sábio Valmiki no livro sagrado dos brâmanes, o Upanishads.

sobre Sanyasa/Sanyaasa, traz informações de como fazer todos os rituais ou pelo menos fala de todos que envolvem os elementos e a magia.

A Coroa Planetária e Zodiacal da Palavra, no Arqueômetro, tem muitas particularidades e diferentes maneiras de manifestar a mesma coisa. Isso nos ajuda a compreender como funciona este maravilhoso aparelho; uma delas são as regências planetárias sobre os signos, seu movimento no céu do zodíaco e as relações com os quatros elementos.

Mas, como o leitor já está ciente, a Umbanda Astrológica não se baseia apenas no Arqueômetro, mas, em muitos outros conhecimentos, entre eles o Ifá. E o trabalho de da Matta também foi impressionante ao alinhar o Arqueômetro à Umbanda Iniciática. No entanto, ficou uma lacuna, já que não foi feita a comparação com o dialeto Iorubá.

Falando através de suas formas, delineadas pelo ponto, a linha, o ângulo, o quadrado e o círculo, a partir desta premissa e da Astrologia iniciarão os estudos deste maravilhoso selo sagrado. O estudo feito por Saint Yves de todo esquema zodiacal é comum a muitas civilizações, pois outros instrumentos semelhantes foram encontrados por arqueólogos em escavações de diversas culturas.

Primeiramente temos que entender que este estudo feito pelo Mestre Yves está disposto em uma mândala astrológica, que exprime, a partir de seu centro (Que representa tanto o Planeta Terra, como o próprio homem e seu "Eu Interior".), a criação do Universo e a manifestação divina sobre as formas e a matéria.

O ser humano raramente crê em algo que não pode constatar, por isso assevere-se aqui a importância dos aspectos científicos contidos nestes aparelhos (Arqueômetro, Astrologia e Ifá.), quero deixar claro que não me atenho exclusivamente ao estudo do Arqueômetro para elaborar a Umbanda Astrológica, por dois motivos: o primeiro é que certas pessoas se consideram donas dos conhecimentos de Umbanda Esotérica, o que já é mais do que normal no Brasil, pessoas se achando donas de tudo, mas, que na verdade tudo tem origem em outras raízes.

Não vou me aprofundar aqui nesse assunto, pois, não quero contendas; respeito todo mundo, e como viram, citei respeitosamente todos aqueles que considero grandes mestres no país (Apesar de que quando busquei contato nenhum me respondeu, todos inebriados no seu egocentrismo, "superioridade".), mas, não desanimei por isso!

Ritos antigos e originais das raízes africanas – o Obi

"Todas as horas do dia têm os seus próprios demônios."
Docteur Azoth Kalafou

Voltando ao estudo dos Orixás, temos que nos aprofundar bem mais que os conhecimentos ameríndios. Assim, temos que buscar nos cultos africanos mais primordiais respostas e conhecimentos. Assim vamos ao Continente Africano, desde o Oeste do continente até o Egito antigo onde encontramos algumas descrições. E em torno do mundo do sobrenatural, o oculto, e as medidas multi-turbilhões de coisas espirituais, que existem nas tradições, as quais chegaram até nós por ancestrais místicos, xamãs, anciãos tribais, magos, feiticeiros, adivinhos, necromantes, bruxas, e todos os outros tipos controladores e fornecedores de habilidades ocultas.

Geralmente, a manifestação mais comum da Obi encontrada hoje, embora talvez não praticada de forma individual, é misturada com a adoração do Orixá. Orixá é uma fé monoteísta trazida para as Américas através do tráfico de escravos e mais comumente associada com iorubá. As duas principais frações de Orisha no novo mundo são Orixá espiritual e Orixá de batismo, os quais, na Terra, realizam um trabalho sobre os médiuns mexendo na energia deles e também na aparência quando incorporados.

O "Obeah", ou Obi, não era e nem é hoje uma religião no sentido clássico. Ou seja, não existem pontos de encontro, tais como igrejas, mesquitas, sinagogas ou outros edifícios religiosos ou santuários, muito menos qualquer infraestrutura subjacente para replicar o tal do sistema. Nem há qualquer tipo de congregação ou líder religioso que comande um grupo organizado, embora haja relatos do que pode ser chamado de seguidores, embora dispersos.

O Obi é, na verdade, uma aplicação concentrada de "poder oculto" tocando a fonte de acesso do "próprio Deus". Esse conhecimento secreto e magístico pode ser empregado sem sanção para facilitar ou induzir feitiços, chamar respostas, prever o futuro, ajudar ou ter conhecimento de outros planos que não são convencionais. É implementado através da habilidade individual, astúcia e talento do praticante (mago) Obi e este mago precisa conhecer bem os segredos desses ritos, além das orientações de bruxaria tradicional, feitiçaria, vodu, xamanismo (Voudon), ou magia tribal. Como vemos, é uma arte pra poucos dominarem.

Obeah é uma das tradições mais desconhecidas e obscuras de Feitiçaria dos africanos. Enquanto a Santeria, Umbanda e Candomblé estão recebendo uma reputação mais ampla e mais abrangente, Obeah ainda é velado em um grande segredo. Isso é compreensível quando você verifica a complexidade nesta ritualística que é quase uma religião, muito ligada à Terra e aos segredos ancestrais.

Obi é uma palavra auto-encoberta e em sigilo absoluto, só revelada aos grandes iniciados e quem têm coragem de adentrar um mundo sombrio, altamente perigoso, poderoso e desafiador. O significado mais compreensível da palavra pode ser traduzido em "poder oculto" que significa um motor potente usado para capacitar os feitiços de bruxaria, bem como outras formas de magia prática e de comunicação com os deuses.

Agora, a origem da palavra é realmente obscura e nebulosa, principalmente porque Obi, como indicado acima, é em si envolta em profundo segredo, sendo o remanescente de um mistério ancestral, uma vez muito poderoso e celebrado. Mesmo assim, lentamente, ao longo dos anos surgiram indícios de que indicam que seja uma *Ordem secreta religiosa* em particular emanada de uma área geográfica determinada no Continente Africano.

Essas pistas apontam fortemente para o fato de que a Ordem se originou em torno de uma área onde o idioma egípcio nasceu, era dominante ou usado pelos sacerdotes ou classe religiosa da mesma forma que o latim é usado por certas ordens religiosas do Ocidente (Obeah jamaicano, salientando aspectos mágicos e minimização de práticas religiosas, com extratos de W. Somerset Maugham e Azoth Kalafou.).

Serpentes

Eu acredito que os relatos sobre a Serpente, tanto a do Mal quanto a que se revelou a Moisés, não têm origem na simbologia do Inconsciente Coletivo do Egito. Não é à toa que no primeiro contato de Moisés com a Divindade, ao jogar seu cajado no chão[28], ele transformou-se numa serpente. Inclusive lemos em Números capítulo 21, 8-9, que Moisés, a pedido do Senhor, chegou a criar uma serpente de metal, pra que servisse de cura para o povo no deserto.

E cerimônias envolvendo serpentes sempre fizeram parte de ritos em toda parte, em variadas culturas e épocas. Na verdade, tudo que envolve magia, cura e misticismo tem a simbologia da cobra inserido.

Uma das primeiras codificações de informações astrológicas foi compilada na Babilônia, no segundo milênio antes de Cristo. Trata-se do *Enuma Anu Enlil*[29], um catálogo de deuses celestiais gravado em placas de argila. As placas que foram descobertas faziam parte do acervo da biblioteca do rei Assurbanípal, líder assírio do século VII a.C., que tomou a precaução de fazer cópias dos escritos babilônicos originais[30].

Confirmando minha afirmação e crença de que o Egito deu origem a vários oráculos, Astrologia e inclusive aos cultos mediúnicos africanistas, Houston Drusilla diz: "Um sacerdócio parecia ter governado a Terra. O chefe de Estado era um sacerdote. Os livros sagrados dos hindus falam de uma "Raça Velha", que veio do Alto Egito e povoados do delta. Eles mencionaram as Montanhas da Lua e do Nilo que corre através de Barabra.".

Heródoto diz em seu segundo livro: "Eles dizem que no tempo de Menes todo o Egito, exceto o distrito de Tebas, era um pântano, e que nenhuma parte da Terra

---

28. Êxodo, capítulo 4: 2-4
29. BERLINSKI, David. *O Segredo do Céu*. Rio de Janeiro: Editora Globo, 2005.
30. RIBEIRO, Anna Maria. *Conhecimento em Astrologia*. São Paulo: Hipocampo, 1986.

já existente abaixo do Lago Myris foi, então, acima da água. Para este lugar do mar é de sete dias, até a passagem do rio.".

Dizem que Ele proibiu, em nome de Deus, os israelitas até mesmo de saber mais sobre o demônio Ob[31], que é traduzido no testamento primeiro como um necromante, mago ou adivinho[32]. Mas, o culto dos hebreus sempre estiveram ligados à magia simbolizada pela serpente, começando pela que tentou Eva no Éden. Porém, pelo que podemos compreender, há um segredo profundo envolvendo esses conhecimentos, pois se em alguns momentos podemos compreender uma serpente que representa uma magia poderosa e transformadora, em outros momentos vemos que há também uma forte simbologia nela que representa o mal.

Isso fica claro no Novo Testamento, como lemos em "Pegarão nas serpentes." (Marcos, 16:18), fazendo uma analogia entre as serpentes e o mal, representando demônios. E ainda no primeiro livro do Profeta Samuel (28,7-25), temos citações sobre uma feiticeira que tinha o poder do Ob: Em lugar de buscar o arrependimento, quando Deus recusou-se a responder-lhe, Saul saiu à procura de uma mulher que tivesse o espírito de feiticeira (lit. "uma mulher possuída de Ob").

Quando Moisés duvidou que ele estava realmente a ouvir a voz de Deus, perguntou o que ele estava segurando em sua mão. Quando respondeu que ele estava segurando uma vara, mandaram-no para jogá-la ao chão. Quando o faz, a vara se torna uma serpente. Quando ele pega, torna-se uma vara novamente. Mais tarde,

---

31. O termo Obeah, Obiah ou Obia pode ser tomado como adjetivo, e Obe ou Obi como substantivo. Então os homens e mulheres Obiah são os praticantes do Obi. Uma etimologia provável do termo: "A serpente, na língua egípcia, era chamada Ob ou Aub."; "Obion é ainda o nome egípcio para serpente."; "Moisés, em nome de Deus, proíbe os Israelitas de mesmo perguntar sobre o demônio Ob, que é traduzido em nossa Bíblia, encantador ou mago, divinator aut sortilegus."; "A mulher de Endor é chamada Oub ou Ob, significando pitonisa, e Oubaios (citado de Horus Apollo) era o nome do basilisco ou serpente real, emblema do sol, e uma divindade oracular ancestral da África." Entretanto, apesar da possível origem do termo ser egípcia, as evidências apontam que estes cultos ofídicos africanos não são derivados dos cultos egípcios, mas são autóctones.

32. Deuteronômio 18:9-1: "Quando entrares na terra que Iahvéh, teu Deus, te dá, não aprendas a fazer as abominações daquelas nações. Não se achará em ti quem faça passar seu filho ou sua filha pelo fogo; nem encantador, nem feiticeiros, nem agoureiro, nem cartomante, nem bruxo, nem mago e semelhante, nem quem consulte o necromante e o adivinho, nem quem exija a presença dos mortos.".

Ritos antigos e originais das raízes africanas – o Obi

sob a direção de Moisés, quando Aaron joga sua vara diante de Faraó para baixo, torna-se uma cobra também. (Êxodo 7:1-16).

Essa demonstração de poder por parte da divindade já encontrou no trabalho de diversos pesquisadores muitas interpretações. Para alguns, este acontecimento seria apenas uma visão desencadeada pelas imagens e símbolos que continham no inconsciente, como também no subconsciente de Moisés, causado por tudo que ele viu nos templos do Egito, como também nas iniciações pelas quais teria passado por lá.

Por um lado é até aceita essa ideia, pois eu creio que a Divindade entre em contato com o homem através de uma conexão formada pelo Inconsciente, Sub-consciente e Consciência – essa é uma conclusão minha, como também já li muitas teorias sobre o assunto.

O próprio Moisés carrega uma grande importância em todas as traduções, incluindo o direito até este dia com Obi. Mesmo que Moisés proibisse inquérito sobre Ob, que são diversas formas de magias e ocultismo, entre seu povo, ele é visto como o melhor encantador de serpentes e entre o maior dos mágicos.

O Antigo Testamento contém ecos de mitos mais antigos sobre a serpente misteriosa, sendo que alguns trechos eu cito agora: Nos Salmos, fica claro que o Senhor vence o Leviatã, a serpente veloz "O dragão que está no mar." como afirma Isaías (27,1). E sobre Leviatã lemos ainda que Deus criou Leviatã e pôs sobre o mar (Salmos 104:26). "Ali andam os navios; e o Leviatã que formaste para nele folgar." Deus também feriu Leviatã, conforme está escrito em Salmos 74:14. "Fizeste em pedaços as cabeças do Leviatã, e o deste por mantimento aos habitantes do deserto". Isaías também afirma: "Naquele dia, o SENHOR castigará com a sua dura espada, grande e forte, o Leviatã, serpente veloz, e o Leviatã, a serpente tortuosa, e matará o dragão, que está no mar (Isaías 27:1)".

No livro de Jó capítulo 41,1 lemos também uma citação sobre essa temida serpente: "Poderás tirar com anzol o Leviatã, ou ligarás a sua língua com uma corda?". Assim podemos perceber que Leviatã pode ser tanto uma forma de filosofia da Bíblia, ou um monstro que existiu antes do dilúvio, ou a própria personificação do Diabo, que é representado por uma serpente, assim como a própria Mulher foi enganada por uma serpente.

A maioria dos comentaristas, no entanto, com base na narrativa da própria Bíblia e do Talmude, acreditam que necromantes nos tempos antigos, por vezes, possuíam poderes ocultos, e este fato não deve ser negado apenas porque tais fenômenos não estão dentro do reino de nossa própria experiência moderna.

Como prova disso, dois mágicos do Faraó foram capazes de transformar as varas deles próprios em serpentes, como Moisés tinha feito, embora a serpente de Moisés engolisse até as dos magos de Faraó (E. 7:10-12). Eles também foram capazes de transformar água em sangue, cópia dos milagres de Moisés. Lemos: "Então os magos de Faraó fizeram com os seus encantamentos "artes secretas"[33], e coração de Faraó se endureceu (E. 7:19-22)."

No mundo de hoje a manifestação mais comum da Obi é misturada com o culto dos Orixás. Orixás são espíritos da natureza, bem como antepassados poderosos que têm suas rezas poderosas usadas para pedir a intercessão dessas entidades quando se precisa. E em certos casos, na verdade, esses espíritos tomam posse dos praticantes. Entre os Orixás mais importantes e que fazem parte dos Sete Poderes Africanos, usa-se outra palavra para o *ob* e serpente relacionada com a magia, bem como, é relacionada a Obatalá. Sua cor é branca, literalmente "chefe do pano branco", a integração de todas as cores em uma só. Corresponde a Damballah, a serpente primordial; serpente-céu, ele é o Orixá da paz, harmonia e pureza e é dono do mundo. Quando ele possui seus filhos, eles se movem no chão em forma de cobras.

A palavra Obi no Candomblé se refere a um fruto de noz de cola fresca nativa da África, especificamente o OBI ABATA. Variando da claridade do branco, a escuridão do vermelho. É dito que o Obi veio ao Aiê (Terra) com duas irmãs, Obi Abata e Obi Gbanja. Obi Abata, é o tipo de Obi usado em obrigações para os Orixás. Este Obi é usado para adivinhação, e é um dos principais ingredientes usados na maioria dos rituais do Orixá no Ifá.

O Obi Gbanja, também é usado em adivinhação, mas, serve também para o consumo. Por isso é usado por razões seculares, especialmente pelo seu alto teor de cafeína. Assim é usado como estimulante e facilmente achado em lojas.

---

33. Além dos bíblicos cinco livros de Moisés (Pentateuco), existem outros escritos atribuídos a Moisés (pseudepigraphically, sem dúvida). Os chamados livros Sexto e Sétimo de Moisés, em particular, consistem em uma coleção de textos que se propõem a explicar a magia em que Moisés ganhou o concurso de magia bíblica com os egípcios sacerdotes-magos, abriu o Mar Vermelho, e outros feitos milagrosos.

No entanto, as pessoas devem ter sempre muito cuidado pra não confundir um Obi com ou outro, especialmente para ritual, pois muda completamente o caráter magístico do ato magístico.

Embora muitas vezes associada à magia negra e maldições, feitiços para Obi tem desejos positivos e negativos. Não há nada inerentemente mau ou ruim sobre Obi, mas sim, Obi é uma tradição mágica que contém os bons e os maus, como qualquer outra tradição. Apesar disso, Obi tem magias muito fortes em relação a ambos causando doença e curas de doenças.

Estou falando aqui do Obi original, de raiz, mais antigo que já se ouviu falar no Continente Africano, pois os rituais que conhecemos hoje nos cultos afro--brasileiros, são importantes e também poderosos, mas não parecem ter a mesma função de quando surgiu nos rituais dos magos africanos! Na verdade Obi é uma forma de Caraíbas[34] a magia que tem suas raízes antigas na África. Obi é muito comum ao longo das Índias Ocidentais, incluindo Jamaica, Haiti, Ilhas Virgens, Belize, Barbados, assim como Trinidad e Tobago. Cada um desses locais pode hospedar uma variedade de médicos Obi que mantiveram tradições mágicas, rituais e feitiços da África.

A característica distintiva do Obi, a sua maçã de ouro, é a capacidade de não apenas curar, mas para ressuscitar os mortos. Uma primeira parte de ritos e correspondência de Obi, não costuma ser vista hoje, envolve o assassinato (sacrifício) de um membro da congregação do praticante do Obi. Durante este ritual, a pessoa é morta e ressuscitada, através do poder do homem ou a mulher Obi.[35]

---

34. Oralitura. Na época da escravidão, durante a noite, o contador relatava essas histórias feitas dos vestígios do passado. Palavras noturnas que diziam dos sofrimentos dos escravos e conformavam uma contra-cultura oposta ao sistema de escravidão. A oralitura foi assim o lugar que representou a forma estética da resistência, da cimarronagem na plantação mesma. Ela foi também o lugar onde se misturaram elementos diversos, da África, animais como o tigre ou o elefante, da Europa, personagens como o Diabo, Deus e ainda elementos vindos dos Caraíbas, dos Indianos, dos Chineses.

35. Neste ritual, ele compromete-se a demonstrar sua arte e mata uma das pessoas presentes: arremessa-a para cima, asperge vários pós sobre a vítima, dança em volta dela e obriga-a a beber um licor. Finalmente, o feiticeiro e seus assistentes prendem a vítima e a giram rapidamente até que perca os sentidos. O homem então chefe Myal profere gritos altos, corre para fora da casa com gestos selvagens e frenéticos, e esconde-se em um bosque vizinho. No fim de duas ou três horas, ele retorna com um grande pacote de ervas; algumas ele aperta o suco

O praticante Obi é capaz de capturar a alma do falecido recentemente e devolvê-lo imediatamente para o corpo, assumindo que não há danos significativos ou veneno dentro do corpo.

Ophiuchus (pronuncia-se off-ee-YOO-cuss) representa um homem com uma cobra enrolada ao redor de sua cintura. Ele segura a cabeça da serpente em sua mão esquerda e sua cauda em sua mão direita. A cobra é representada pela constelação Serpens. A constelação foi chamada Ophicius (em grego) e Serpentarius (em latim). Ambos os nomes significam "cobra-suporte", e referem-se à Pitonisa, a sacerdotisa dos templos da deusa. O símbolo deste signo, uma mulher de seios nus segurando cobras, ocorreram na Suméria; Minoan, e outras culturas do período arcaico.

Assim, eliminou-se o mês da Deusa, para não desorganizar os meses zodiacais. Os gregos optaram por remover uma das Treze constelações originais do Zodíaco, a fim de realizar seu desejo de ter cada regra de signo com o mesmo tamanho de 30° (graus) do céu, para que eles pudessem fixar apenas os 12, tiveram que incluir o Ophiuchus do sistema zodiacal pretendido, e assim esse signo seria selecionado apenas como símbolo ou porta para estudos ocultos, usado por magos.

Os povos dos tempos antigos (Mais tipicamente os pitagóricos, mas outros também.) tinham uma lenda em que um tipo de Luz, descrito como um "fogo vivo", fluiu através de todas as coisas vivas. Guardando esta chama foi à serpente Ophioneus, muito semelhante em aspectos ao seu homônimo Ophiuchus. Foi dito pelo Criador para colocar a serpente enrolada nas *Águas da Vida*. Se alguém obstruísse ou dificultasse a Luz da Chama, Ophioneus subiria para fora da água como um monstro para consumi-los. Lembre-se bem caro leitor, que há aqui também uma forte semelhança com a serpente Leviatã, descrita nos livros da Bíblia.

O Pherecydes, filósofo grego (cerca de 600-550 a.C.), escreveu muito sobre Ophioneus, tendo obtido as doutrinas dos fenícios, também conhecido como Ophites (Grécia foi primeiro colonizada por Ophites, adoradores da serpente de

---

na boca da pessoa morta, com outras ele unge os olhos e manchas nas pontas dos seus dedos, acompanhando a cerimônia com uma grande variedade de ações grotescas, e cantando algo que varia entre uma música e um uivo, enquanto os assistentes dançam lentamente em volta da vítima em um círculo, batendo no chão com os pés bem alto para manter o tempo com este canto. Decorrido um tempo considerável antes que o efeito desejado seja produzido, o corpo se recupera gradualmente, sobe do chão perfeitamente recuperado, e a dança Myal conclui.

ambos Egito e Fenícia). Ofitas, venerada uma serpente pela divindade Ab-título, rendida às vezes Ob e Aur, o que significa Pai.

Essa serpente era descrita como a procriadora de Tudo. Eles também tiveram a serpente da água Leviatã ou Thiavat, que é o mesmo que Ophioneus. Tudo isso em laços Abaddon que aparece em Apocalipse como o Anjo do Abismo. Não está claro se as forças do Abismo são totalmente boas ou más de qualquer forma. As forças *Obic* que guarda a Luz e mantê-lo a fluir, aparentemente, tomá-lo por todos os meios necessários e devolvê-lo de volta para onde ele pertence, quando uma pessoa não consegue deixá-la fluir ou tentar obstrui-lo.

Em última análise, somos todos africanos. Estudos de DNA mitocondrial têm provado que todos os seres humanos são descendentes de uma população pequena (menos de uma centena de indivíduos) que emergiu da África cerca de 60.000 anos atrás. O primeiro texto escrito religioso bem como a religião monoteísta primeiro documentado também desenvolveu na África. Durante as idades escuras europeias, muitos manuscritos antigos foram preservados em bibliotecas africanas em lugares como a Etiópia e Timbuctu.

Segundo a tradição, o iorubá acreditava que em tempos antigos Abate Obi (noz de cola) serviu como um método de comunicação entre os Orixás (Irunmole), e as pessoas. Abate Obi (Cola acuminata), traduzido na língua do iorubá significa noz de cola. Este é o mais simples e tradicional oráculo Africano. Mas, percebemos que essa tradição iorubá, mesmo tendo a mesma origem do Obi que citei acima, tem particularidades diferentes e provavelmente já é um ritual mais simplificado.

E a ligação entre a Divindade e os Astros, os ancestrais e a numerologia sagrada das estrelas não se destina apenas a África, Egito ou Babilônia, mas, a todos os povos antigos! Na religião judaica ouvimos falar de um Deus (Jeová) que fez certas promessas a um homem chamado Abraão. Ele prometeu que faria a semente de Abraão tão numerosa como as areias do mar; e nos diz como tratou o neto de Abraão, Jacó, que estava casado com quatro esposas, das quais teve 12 filhos e uma filha. Estes são considerados os pais da nação judia.

Esta é também uma alegoria astronômica referente às migrações dos corpos celestes, como se comprova com o capítulo 49 do Gênesis e o capítulo 33 do Deuteronômio, nos quais as bênçãos de Jacó a seus filhos mostram que estes estavam identificados com os 12 signos do Zodíaco: Simão e Levi representavam o signo de Geminis e o Signo feminino; Virgo, o atribuía Jacó a sua única filha Dina; Gad, representa o signo de Áries; Issachar, Touro; Benjamin, Câncer; Judá, Léo; Asher, Libra; Dan, Escorpião; José Sagitário; Naftali, Capricórnio; Rubens, Aquário; e Zebulom, Piscis. As quatro esposas são as quatro fases da Lua e Jacó é o Sol.

"O pássaro do céu" é um pássaro que desce do céu quando troveja, e é encontrado no barro do lugar onde o raio caiu. Os médicos, ao observar o céu, colocavam um vaso grande de Amassi (banho de folhas maceradas) misturado com vários medicamentos perto de uma piscina ou fonte natural, como frequentemente encontrou-se sobre os cumes dos montes, o que é feito para atrair os raios, que podem atacar naquele lugar.

Os médicos permaneciam em observação, e quando o raio o atingia (para-raios), o pássaro descia, e eles corriam para frente e buscavam matá-lo. Diz-se ter um projeto de lei vermelha, pernas vermelhas, e uma cauda curta vermelha como fogo, suas penas são brilhantes e deslumbrantes, e é muito gordo. A ave é cozida por causa da gordura, que é misturada com outros medicamentos e usada pelos médicos, com o sopro em seus próprios corpos (Pepeta), para ungir os seus para-raios, para que possam ser capazes de agir sobre os poderes do céus sem prejuízo para si próprios (ser atingido por um raio). O corpo do pássaro é utilizado para outros fins como a Medicina. Em certos tempos, algumas penas de pavão foram vendidas a um preço alto entre os nativos, sendo suposição de serem as penas desta ave sagrada.

Observem, prezados irmãos, que o Culto do Amassi, vem de longe, não é da Umbanda como alguns pregam, ao menos da Umbanda Popular Brasileira, mas, da Umbandn Iniciática Ancestral. Perceba também que a mania de observar os céus, respeitar os elementos da natureza, os eventos meteorológicos e conhecer de Astrologia também eram costumes dos antigos.

Percebam ainda, caros irmãos, que na Bíblia também se cita a descida de um pássaro na hora em que João batiza Jesus. Ou seja, as crenças se interligam, o Sagrado aparece aqui e lá e ao contrário do que se pensa, não são alucinações! Já nos mitos e lendas Bantu de Alice Werner (1933), os Zulus parecem ter reconhecido um distinto deus-céu Unkulunkulu. Isso parece reforçar a probabilidade de que o nome Unkulunkulu não é como o pensamento negro, idêntico ao Mulungu, desde o último nome para o Deus altíssimo, em algumas línguas realmente significa "céu".

Candomblé e Umbanda: religiões afro-brasileiras em mudança constante e que descendem da mesma raiz

"A ciência sem a religião é manca, a religião sem a ciência é cega". Albert Einstein

Existem citações na teologia africana que Oduduwa era Nimrod, o conquistador caldeu primo de Abraão e neto de Caim, que foi designado por Olodumaré para levar a remissão e a palavra de Olurún (Deus) aos filhos de Caim que, amaldiçoados, viviam na África. Este fato data de 1850 a.C. Sendo que Caim pode ter vivido entre 3100 a 3300 a.C. Então, este seria mesmo apenas um descendente – Oranian, neto de Oduduwa, viveu em 1500 e seu filho Xangô por volta de 1400.

Na verdade, os iorubás dizem que os seres humanos são eniyan, uma contração de eni ayan: "escolhidos". O conflito entre Obatalá e Oduduã, o banimento e retorno depois de três dias no inferno, seu retorno triunfal e a celebração que uniu ambos parece que é o mesmo relato bíblico da rejeição do Salvador pela humanidade, a Sua morte e ressurreição depois de três dias, e voltam a reinar na terra como a eniyan.

Perceba aqui novamente, como já citei diversas vezes, a ligação da África com a tradição judaica ou do Oriente Médio. As coincidências existentes nos rituais africanos, como a Kaballah hebraica, são imensas, e vêm provar a tese da estreita ligação entre Abraão, pai dos semitas, e Oduduwa (Nimrod), pai dos africanos. Na verdade, o símbolo de um Elemental africano chamado Dan, a serpente, e uma das 12 tribos de Israel, cujo nome é Dan, e seu símbolo, a serpente telúrica. E lembre-se das citações anteriores da Serpente Sagrada em ritos antigos originais e primitivos (citações minhas).

Há também um conto que fala que Obatalá teria se embriagado com vinho de palma, e que por isso teria criado distraidamente seres humanos deformados como albinos, aleijados, anões, e outras deficiências.

Olodumaré percebeu isso e, em seguida, enviou Oduduwa, justamente considerado pelo Yorubá como uma divindade, para realizar a tarefa de reajustes da criação que ele fez. Enquanto isso, Obatalá tinha acordado de seu sono de ressaca. Também houve conflito entre Obatalá e Oduduã que é celebrada durante o festival Itapa.

Oduduã venceu Obatalá e foram banidos juntos para o submundo do qual surgiram ressuscitados, triunfantes e voltaram para a terra dos vivos, e ambos forma celebrados. A fase de ficar bêbado parece ser símbolo do estado da humanidade antes do dilúvio, quando havia um monte de corrupção, enquanto a vinda de Oduduwa significa o processo de seleção dos escolhidos – os que descem dele (Oduduwa é Abraão) e aqueles que são enxertados herdando sua semente e restauram a terra.

Magia, divindade, desejo e poder

"A sede da alma é onde o mundo interior e o mundo exterior se encontram." Joseph Campbell

"Sincronicidade revela as conexões significativas entre o mundo subjetivo e objetivo." Carl Jung

Desejar é "poder de Deus". Desejar é em sânscrito *manoratha*, literalmente o veículo da mente ou da psique, o que significa desejo e fantasia. Nietzsche fala do homem como algo para superar, para alcançar o Overman, que é nosso destino e verdadeira natureza, que só pode ser alcançado seguindo a nossa felicidade.

A Magia nada mais é que a crença numa força sobrenatural apoiada pelas tradições, em que algo se manifesta, conseguindo o homem alcançar o domínio sobre a natureza; a Magia é a "Grande Ciência", que através da natureza pelos quatro elementos, que nós bebemos da mesma fonte mágica, disponível a todos os iniciados, se manifesta harmonicamente com um quinto elemento. Não há como pensar em ciência e religião sem pensar na magia. Isso porque a busca do homem através dos tempos por descobertas e conhecimentos sempre teve um toque da magia.

Na religião, por exemplo, todas as histórias apresentadas e seus cultos são compostos de mitos e lendas. Neles sempre vemos a presença de elementos mágicos, seres fantásticos e revelação de poderes metafísicos e manipuláveis por divindades que estão num plano superior e mais evoluído que o nosso. Mas, sempre tentaram desqualificar a Magia, extingui-la ou simplesmente ignorá-la, colocando-a num segundo plano como se ela não fosse necessária nem fizesse parte dos processos de criação e comunicação com o Sagrado. E isso é um terrível engano.

No fundo, todos nós sabemos que a magia sempre existiu no seio da raça humana e está em todas as transformações da Natureza. E desde o passado distante ou início da civilização, quando ela começou a tentar compreender os fenômenos a sua volta, o pensamento mágico era o único elo capaz de explicar o mundo e seus fenômenos aos nossos antepassados. E não tenho dúvidas de que a Astrologia nasceu através da busca dos magos em estudar os ciclos do Cosmos pra perceber o tempo certo em que a magia opera no Universo. Portanto, a Astrologia é filha da Magia, assim como a Umbanda.

Temos assim o pensamento mágico, o alicerce de todas as religiões e civilizações emergentes. Para nós espiritualistas, a primeira manifestação da mente humana foi pensar na magia do mundo e os fenômenos incompreensíveis ao nosso redor. E com esse pensar é que se desenvolveram as artes e ciências. Eu me atrevo a afirmar que a magia é a mãe da Arte e da Ciência. E mesmo vendo o interesse de muitos em banir o pensamento mágico, notamos um grande interesse de toda humanidade, a qual está tão centrada em seu renascido interesse pela magia que tanto fascina desde o homem mais simples ao grande pensador cientista.

Isso ocorre por simples instinto de sobrevivência, como também pelo despertar dos valores mais profundos de nossa alma que sabemos bem, é eterna e se deparou com a magia em muitas ocasiões de sua existência. Assim, minha conclusão é que o fim da magia seria o fim da própria humanidade. Afirmo isso porque acredito que nenhuma cultura sobreviveria sem a magia e o desaparecimento do pensamento mágico seria a dissolução desse que é o mais arcaico modo de pensar.

E o que é a magia se não a manipulação de elementos, forças e transformações por meio de influências criadoras inteligentes. Nesse caso, não há como se explicar conceitos religiosos sem o estudo das ciências sagradas e ocultas. Do mesmo modo, não se chega a conclusões sem entrar em contato com o pensamento mágico. E é seguindo esse caminho que eu desenvolvo esse trabalho, usando os ensinamentos da Tradição e complementando o pensamento mágico da fusão com outras tradições e conhecimentos sagrados. Notemos que mesmo com o trabalho de muitos tentando desqualificar a magia, vemos o grande interesse da sociedade moderna por ela.

Vimos há um tempo o grande sucesso no cinema do filme *O Senhor dos Anéis*, que bateu todos os recordes de bilheteria e, recentemente foi repetido esse sucesso com filmes da saga de um aprendiz de feiticeiro (*Harry Potter*) da britânica J. K. Rowling. E o que esses filmes são, senão a representação de um mundo onde a Magia está presente a todo o momento? Mesmo a sociedade tentando banir a Magia, como se fosse uma coisa perniciosa, tentando apagar os registros de nossa origem mágica, vemos, no entanto, a presença de elementos mágicos que são tão intrínsecos ao homem presente nos livros de ficção reaparecendo como universos criados, para que lembremos de que precisamos colocar a magia em nossa existência, pois, ela nos liga diretamente ao Criador.

A Epopéia de Gilgamesh, um poema épico da Mesopotâmia que está entre as primeiras obras sobreviventes da literatura, remonta a um período de mais de cinco mil anos, conforme nos atesta as 12 tabuinhas de barro gravadas por escrita uniforme e que dizem ser o primeiro livro de magia conhecido. Dizem que este fantástico acervo pertencente à fabulosa biblioteca do rei assírio Assurbanipal, que viveu no século VII antes de Cristo, fascinou muita gente. Elas foram encontradas em escavações arqueológicas (alguns dos melhores exemplares foram descobertos nas ruínas da biblioteca) em meados do século XIX. A epopeia de Gilgamesh, que remonta à época dos sumérios, refere-se à história literária de Gilgamesh e começa com cinco poemas independentes sumérios sobre 'Bilgamesh' (sumério para Gilgamesh), rei de Uruk. Quatro deles foram utilizados como fonte de material para um épico combinados em acadiano.

A história gira em torno de uma amizade entre Gilgamesh e Enkidu, que é um homem selvagem criado pelos deuses igual Gilgamesh para distrai-lo de oprimir o povo de Uruk. Juntos, eles viajam para a Cedar Mountain para derrotar Humbaba, seu guardião monstruoso. Mais tarde, eles matam o Touro do Céu, que a deusa Ishtar envia para punir Gilgamesh para desprezar seus avanços. Como punição para essas ações, a Enkidu sentenciou deuses à morte.

O homem sempre ficou fascinado com os fenômenos da Natureza e ao perceber os movimentos da natureza e quando se "via" sons no correr do regato, no balançar das árvores, no andar dos bichos no ribombar das tempestades, nos golpes de luta no rolar das pedras, todas essas entidades estavam tão vivas quanto ele próprio.

A partir da observação de todos esses sons, assustadores e incompreensíveis, uma série de símbolos sonoros pode ser criado na tentativa de reproduzir eventos naturais, o que fez surgir a linguagem. Então, temos convicção que antes da escrita a magia rompeu a aurora. Pensamento e linguagem são totalmente permeados por magia. Possivelmente o homem antigo pré-histórico percebia em seu mundo uma fusão incompreensível de fenômenos sonoros atrelados às suas imagens.

James Frazer e Bronislaw K. Malinowski[36] disseram que: "A magia assemelha-se mais à ciência do que à religião, e que as sociedades com crenças mágicas frequentemente têm crenças e práticas religiosas em separado". Segundo o dr. Phillips Stevens Jr.[37], antropólogo, o pensamento mágico envolve vários elementos, entre os quais uma crença na interconexão de todas as coisas através de forças e poderes que transcendem conexões tanto físicas quanto espirituais.

Segundo Phillips, "A grande maioria das pessoas do mundo crê que existam conexões reais entre o símbolo e aquilo que ele representa, e que um poder real e potencialmente mensurável flui entre eles.".

Ele acredita existir uma base neurobiológica para isso, embora o conteúdo específico de qualquer símbolo seja culturalmente determinado. Um dos princípios guias do pensamento mágico é a ideia de que coisas que se parecem com outras são conectadas casualmente de alguma maneira que desafia o teste científico. Outro princípio guia é a crença de que "coisas que estiveram em contato físico ou em associação espacial ou temporal com outras coisas retêm uma conexão mesmo após serem separadas".

O pensamento mágico investe de poderes e forças especiais muitas coisas que são vistas como símbolos.

---

36. MALIOWSKI, Bronisław. *Magic, Science and Religion and Other Essays*. USA: Anchor Books, 1954. p. 90.

37. STEVENS, Phillips. *Pensamento Mágico em Medicina Complementar e Alternativa*. 2001.

Oráculos sempre existiram em todas as Civilizações

É muito difícil falar de coisas não palpáveis, as quais não podemos provar. Além do mais, num mundo onde não se acredita em nada que não esteja acessível o complexo mundo da Fé e da Religião é cheio de contradições para o homem. Pois, além de ser inacessível aos sentidos naturais do homem, como olfato, paladar, tato e visão, os quatro pilares que se manifestam no homem para ligá-lo ao Universo Criado em muitos aspectos foram deturpados.

A Bíblia nos dá um belo exemplo nos evangelhos, quando nos mostra Satanás tentando enganar ao Cristo vindo até ele para tentá-lo em forma de um Anjo de Luz. Então eu tomo por base o ditado dos Antigos Mestres que diziam: "Nem tudo que reluz é ouro.", ou ainda "Nem tudo é o que parece ser.".

Pode ter certeza, meu caro irmão de fé, que constantemente descem nos templos e terreiros muitas entidades mentirosas que se fazem passar por outras. Isso acontece porque através das incorporações é impossível identificar uma entidade camuflada. Isso porque poucos têm uma mediunidade com múltiplas potencialidades, ou seja, alguns podem sentir, mas, não podem ouvir, outros podem ouvir e sentir, mas, não podem ver.

Temos ainda os que podem ver, mas não conseguem se comunicar e assim por diante. Na verdade se mantém a fé, com a definição dos adeptos falando em kiumbas e Eguns, mas, muitos apenas falam o que aprenderam com outros, só que não podem comprovar nada! Além disso, sabemos que muitos são os dons e que a revelação chega ao homem através de variadas formas. Portanto, tenho certeza de que muitas são as formas de mediunidades doadas aos homens. E sem falarmos da grande quantidade de charlatões que militam os terreiros mundo a fora!

O Urim e o Tumim, entregues por Moisés a seu irmão Arão, que eram assim como um tipo de jogo de búzios, um oráculo divinatório, para se conhecer a vontade de Deus ou para se consultar sobre coisas importantes do dia-a-dia. Esse fascinante oráculo foi usado para ler o que a Divindade queria, ao contrário do que pensam os que pouco conhecem as histórias dos Patriarcas Hebreus e pensam que conhecem a Bíblia! Aqui é provavelmente a melhor palavra sobre o Urim e Tumim

O sacerdote poderia usar o Urim e Tumim para determinar a vontade de Deus em uma situação particular. Nós não somos exatamente o que o Urim e Tumim eram, mas o sacerdote carregava em seu peitoral talvez dois paus ou pedras, uma branca e outra preta, que dariam uma resposta sim ou não a uma pergunta específica. Israel deve se preparar para a batalha, eles, de alguma forma sacudiam ou atiravam as varas. Se eles apareceram a preta os israelitas não iria para a batalha, e se fosse a branca que iria continuar a batalha com o conhecimento de que eles estavam na vontade de Deus.

Essa é uma forma de adivinhação que Deus permitiu que no Antigo Testamento. Lemos em Êxodo 28:30: "Também colocou o Urim e o Tumim no peitoral, assim eles podem ser sobre o coração de Arão sempre que ele entra na presença do Senhor. Assim Aaron vai sempre ter os meios de tomada de decisões para os israelitas sobre o seu coração diante do Senhor."

Muito tem sido feito do Urim e Tumim pelos místicos modernos, que querem encontrar neles a chave para a mente divina. Muitas explicações foram apresentadas, por exemplo, que as pedras brilhavam quando usadas para obter uma resposta que tinha palavras secretas gravadas sobre elas, ou que elas eram artefatos antigos com poderes mágicos. No entanto, deve notar-se em Samuel 28:6 uma clara resposta definitiva nem sempre foi obtida, de modo que não pode ter sido tão simples como jogar duas pedras no solo.

Moisés não utilizava, pois elas foram dadas para o alto sacerdote para ajudar aqueles que não podiam encontrar a orientação de Deus de outra maneira. Quanto a não obter uma resposta definitiva, sabemos que isso ocorre com qualquer oráculo, especialmente se for usado de forma imprudente, egoísta ou por simples curiosidade. E principalmente se o consultor não tiver a outorga de Astral Superior.

Alguns traduzem o Urim e Tumim como portadores de palavras para significar "maldição" e "bênção", para outros significa simplesmente "escuridão" e "luz", embora a tradução literal parece ser "luz" e "perfeições." Não há nenhuma prova de que havia apenas dois itens, alguns rabinos acreditavam que o Urim e Tumim foram uma série de pedras com caracteres hebraicos sobre eles porque o Senhor poderia soletrar uma mensagem para o sumo sacerdote, nessa versão é a que eu mais acredito.

No entanto, a maioria dos estudiosos acreditam que eles sejam dois paus ou pedras, talvez pedras preciosas mesmo, que Deus usou de uma forma milagrosa para revelar a Sua vontade. Eles foram usados para decisões nacionais, como ir para a guerra, e para assuntos sacerdotais.

Os profetas participavam da corte celestial de Deus e comunicavam as mensagens de Deus para os tribunais em Jerusalém e Samaria. Analisando o Antigo Testamento, parece indicar que o o oráculo das pedras sagradas, desapareceu de uso durante os primeiros dias da monarquia de Israel, e só se referia a ele uma vez depois do exílio babilônico. Imagina-se que os profetas que revelaram a palavra de Deus para o rei substituiram o Urim e Tumim. Porém, lê-se que Esdras usava este dispositivo para determinar a ancestralidade dos sacerdotes que retornaram do exílio como lemos em Esdras 2:63. Após esta passagem, a Bíblia não menciona o Urim e Tumim novamente. Eles são mais um subsídio de Deus para ajudar o seu povo em um determinado ponto da história.

Mas por que isso seria necessário, num tempo em que Jeová falava diretamente às pessoas, ou enviava tantos profetas, ou já estava assentando por escrito sua vontade na Escritura Sagrada de pedra? Bem, porque nem sempre podemos acessar o Sagrado diretamente, como também não é toda hora que a Divindade quer ser importunada com nossas inseguranças e questionamentos!

Na verdade, ao contrário do que muitos pensam que há muitos segredos, além do que pensam os que não querem se aprofundar no lado místico da Bíblia. Esse tipo de adivinhação, por exemplo, deve ser tão esquisito (Considerando o que as religiões dizem contra a adivinhação.) e é tão incômodo para quem lê (e acredita) na Bíblia, como livro que "é contra" a todo tipo de oráculo! E o que dizer da tal água que a mulher grávida devia beber para provar se ela cometeu adultério ou não. Outro ponto incômodo para os cristãos ortodoxos, que condenam o jogo como adoração do deus da "Boa Sorte", é a respeito das "sortes" que foram lançadas pelos apóstolos na escolha do discípulo que substituiria Judas Iscariotes.

Figura (montagem minha) [מירואה סימתהו], hā-'ūrīm weha-tummīm. Objetos usados para determinar a vontade divina quando questões de importância nacional que necessitavam de uma resposta de Yehowah.

Em questões de importância nacional, que necessitavam de uma resposta de Jeová, consultava-se o oráculo para determinar a vontade divina. Podemos atestar esse uso no livro de Levítico 8:8, quando Moisés, depois de colocar o peitoral em Arão, pôs o Urim e o Tumim sobre o peitoral. E lemos ainda em Êxodo 25:16 ao se falar de colocar as duas tábuas de pedra na arca do pacto. (Êx. 31:18).

Também existem menções de que o Urim e o Tumim eram as 12 pedras afixadas no peitoral, que a meu ver tem toda ligação, tanto com as tribos de Israel que eram do mesmo número, quanto com os signos do Zodíaco. Na cerimônia de investidura do sacerdócio, o peitoral completo, com as 12 pedras costuradas nele, foi colocado em Arão, e depois o Urim e o Tumim foram colocados no peitoral.

As duas pedras de ônix colocadas sobre as ombreiras do éfode do sumo sacerdote lemos, numa comparação de Êxodo 28:9, 12, 30, refuta a teoria de que consistiam (Êx. 28:9-14). É evidente que se tratavam de objetos distintos. Mas, sem dúvida, oraculares.

Destinavam-se ainda aos "julgamentos dos filhos de Israel" e em questões de importância para os líderes nacionais, como também para a nação quando estes precisavam de uma resposta de Jeová, que era visto como o Legislador de Israel e que daria uma resposta ao sumo sacerdote sobre o proceder correto a seguir em qualquer assunto, é o que lemos em Êxodo 28:30. Assim, percebemos que mesmo sacerdotes do Senhor de alto grau não usavam incorporações e sim métodos oraculares, mas, de certa forma o homem sempre buscou o contato com a divindade e na maioria das vezes, por não poder fazer diretamente, usa os métodos oraculares para obter respostas.

O mais certo para mim é que talvez fossem duas pedras achatadas, brancas num lado e pretas no outro. Quando lançadas, dois lados brancos significariam "sim", dois lados pretos "não", e um preto e um branco significariam nenhuma resposta. Em certa ocasião, quando Saul indagou por meio do sacerdote se devia prosseguir no ataque aos filisteus, ele não recebeu resposta. Achando que alguém dentre os seus homens havia pecado, ele suplicou: "Ó Deus de Israel, dá Tumim!" E Saul e Jônatas foram tomadas, mas o povo fugiu. ". (1 Samuel 14:41).

Ao que parece, os profetas e os sonhos eram usados em ocasiões especiais para transmitir a vontade de Deus ao povo, ao passo que o sumo sacerdote, com o Urim e o Tumim, estava sempre presente junto ao povo. Seu uso cessou em 607 a.C. Jeová tornava conhecida a sua vontade a Israel por meio de sua palavra escrita, também por meio de profetas e de sonhos Jeová providenciou sabiamente o Urim e o Tumim e colocou-os nas mãos do sumo sacerdote. Evitando-se a concentração de demasiado poder nas mãos do rei e a tornava necessária a cooperação entre a realeza e o sacerdócio. (Núm 27:18-21).

O uso do Urim e do Tumim pode ter cessado quando Jerusalém foi desolada e seu templo foi destruído, em 607 a.C., pelos exércitos babilônios sob o Rei Nabucodonosor (Talmude Babilônico, Sotah 48b). Este conceito é apoiado pelo que lemos a respeito destes objetos nos livros de Esdras e de Neemias (Esd 2:61-63; Ne 7:63-65). O sacerdócio levítico funcionava como uma força superior orientar, educar o povo na lei de Deus, o sumo sacerdote tendo o Urim e Tumim para consultar a Deus sobre questões difíceis.

As pedras brilhavam sempre que o Shekhinah estava presente em um sacrifício ou quando o exército começava a batalha. A visão mais geral, realizada hoje, é que o Urim e Tumim foram dois lotes sagrados, um indicando uma resposta afirmativa ou favorável, o outro uma resposta negativa ou desfavorável. É notável que o Urim e o Tumim eram para ser sobre o coração de Arão, quando ele ia "a presença de Jeová", referindo-se, sem dúvida, a Arão em pé diante do Santo a indagar Jeová antes da cortina do compartimento Santíssimo.

Sua localização, "sobre o coração de Arão", parece indicar que o Urim e o Tumim foram colocados no aprisco, ou bolsa, formada pela construção dobrada do peitoral. Eles foram para "os julgamentos dos filhos de Israel" e eram usados quando uma questão de importância para os líderes nacionais e, consequentemente, para a quanto própria nação precisava de uma resposta da parte do Senhor.

A pessoa as coloca no bolso, chacoalha e faz uma pergunta. Se sair a preta, a resposta é não e se sair a branca, a resposta é sim. Tem que ser uma pedra especifica. E dizem que elas revelam a vontade Dele, mas foram consideradas místicas de mais na Idade Média e a Igreja proibiu seu uso, e não fez muita questão de difundir isso. É comum que os viajantes do caminho de Santiago ganhem um URIM e TURIM para a peregrinação. Alguns comentadores da Bíblia acreditam que o Urim e o Tumim foram muitos. Eles são chamados de "os lotes sagrados" na tradução de James Moffatt.[38]

Alguns supõem que consistiam em três pedaços, um inscrito com a palavra "sim", com um "não", e o outro em branco. Estes seriam atirados, dando a resposta para a pergunta, a menos que a peça fosse desenhada viesse a branca. Já mencionei numa ocasião, que Saul indagou por meio do sacerdote sobre a possibilidade de retomar um ataque aos filisteus, e ele não recebeu resposta.

Sentindo que alguém dentre os seus homens havia pecado, ele pediu o auxílio por meio do oráculo. Saul e Jônatas foram selecionados, dentre os presentes, e depois os lotes foram lançados para decidir entre os dois. Nessa ocasião o apelo:

---

[38]. James Moffatt (1870-1944) – Intelectual escocês, teólogo, professor da Mansfield College em Oxford e do Union Theological Seminary em Nova York. E mais conhecido por sua tradução inglesa da Bíblia, de Êxodo 28:30.

"Não dá Tumim.", parece estar muito separado do elenco, embora possa dar indicação de que havia alguma conexão entre os dois.

Várias traduções modernas corrigem esse texto claramente errôneo baseadas na Septuaginta e Vulgata para ler: "Por isso Saul disse: "Ó Senhor, Deus de Israel, por que você não respondeu teu servo neste dia? Se esta culpa está em mim ou no meu filho Jônatas, ó Senhor, Deus de Israel, dá Tumim. Mas se esta culpa está em Israel, teu povo, dá Tumim. E Jônatas e Saul foram tomados, mas o povo escapou.".

Vemos neste oráculo uma semelhança muito grande com o Ifá e outros oráculos do mesmo segmento, quando sacerdotes ou oraculistas, usam-no para decifrar um mistério, especialmente em momentos de aflição ou busca espiritual.

O texto massorético simplesmente não faz sentido e, obviamente, em algum momento, um escriba ignorou toda a linha ou mais do texto. Isso é óbvio, por causa da referência ao Urim e Tumim, que eram dois objetos usados pelo sacerdote do Antigo Testamento para discernir a vontade de Deus em questões como o descrito em 1 Samuel 14. E é referido ao sacerdócio Aarônico em Deuteronômio 33:8-10, que diz: "Seu Tumim e o seu Urim pertencem ao homem leal a você.".

A referência a estes como pertencendo "ao homem leal para você [Jeová]" talvez alusão à lealdade da tribo de Levi (Da qual o sacerdócio Aarônico veio.) que foi demonstrado em conexão com o incidente do bezerro de ouro. Ex 32:25-29.

Tudo indica que estas duas pedras ficavam luminosas quando se fazia a consulta a Deus. Quanto a Urim, que significa no hebraico "luzes", se iluminava, a resposta de Deus era "não". Se fosse o Tumim, que significa "perfeições", que se iluminava, a resposta de Deus era "sim". Ambas palavras hebraicas estão no plural – característica das palavras terminadas em "im". O Sumo Sacerdote era envolvido pelo espírito de inspiração divina. Ele ao olhar para o peitoral, e meditando sobre os santos nomes de Deus, o sacerdote era capaz de receber a resposta através de uma visão profética, as letras nas pedras do peitoral, que brilham em seus olhos de uma maneira especial, soletrando a resposta para a pergunta.

Em Num 27:21 "E ele se apresentará perante Eleazar, o sacerdote, que deve pedir conselhos para ele após o juízo de Urim, perante o Senhor: as suas palavras sairão, e conforme a sua palavra entrarão, ele, e todos os filhos de Israel com ele, e toda a congregação.". 1Sm 28:6 "E perguntou Saul ao Senhor, o Senhor não lhe respondeu, nem por sonhos, nem por Urim, nem por profetas.".

Algumas opiniões, expressão *urim v'tummim* achando que não se referem às pedras para o peitoral, mas ao nome místico divino de Deus, que foi escrito em um pedaço de pergaminho e inserido no vestuário, o peitoral, sendo duplicado, fazendo um bolso interno. A presença do nome facilitou a recepção da orientação Divina através do brilho de letras específicas sobre as pedras.

Uma tradição diz que Moisés recebeu no Sinai a revelação de que todas as 22 letras do alfabeto hebraico devia estar presente nas pedras. Porque todas estas letras não são encontradas nos nomes dos filhos de Jacó, diz-se que várias outras palavras também foram gravadas nas pedras: "Das tribos de Jesurum" os nomes dos patriarcas, Abraão de Isaac e de Jacob, e as palavras sagradas. Numa dessas opiniões, diz-se que as palavras de Abraão, de Isaac e de Jacó apareceu no topo da primeira pedra, sobre o nome de Rúben, e as outras palavras sobre a última pedra. E outros dizem que todas essas cartas extras foram divididas entre as pedras.

A questão toda pode ser um daqueles mistérios que foram proferidos a Moisés no Monte Sinai pelo próprio Deus. Quando o Tabernáculo original foi erguido no deserto, Moisés tomou o v'tummim urim original, e colocou-o dentro do peitoral do juízo, após Aaron colocar o éfode. Podemos ler isso no Lev 8:7 e 8.

Uma passagem da Midrashic diz que quando as tribos de Israel encontram graça aos olhos de Deus, cada pedra respectiva brilha fortemente. Mas quando os membros particulares de qualquer tribo estavam envolvidos em uma transgressão, a pedra que se refere àquela tribo parece manchada e esmaecida. O Sumo Sacerdote verificava isso, e entendendo sua causa consultava o oráculo. Ele, então, lançava sortes nesta tribo, até que o culpado fosse revelado e julgado.

No livro *As Chaves de Enoch – O Livro do Conhecimento*[39], que faz referências precisas e bem detalhadas com respeito ao oráculo, lemos: "Urim e Tumim são cristais Santificados que formam uma grade para a comunicação usando a luz sagrada e padrões sonoros que formam geometrias de trabalho com harmônicos em dadas grades magnéticas. Poderes do Urim circuitos cristalinos equilibrados com a mente.".

---

39. PUGLIESI, Marcio. *As Chaves de Enoch – O Livro do Conhecimento*. São Paulo: Hemus, 1998.

Os ocultistas e cabalistas, tanto da Golden Down, por Aleister Crowley, como da Sociedade Teosófica de Helena P. Blavatsky[40] e principalmente no grande movimento ocultista do final do séc. XIX e início do séc. XX na Europa estudaram e relacionaram o conhecimento relativo a esses cristais em seus trabalhos iniciáticos. A Golden Down por Aleister Crowley com sua Mulher Escarlate e da rainha Elizabeth tribunal astrólogo John Dee e seu vidente, Edward Kelley, que deu os comprienção Enochianos e seus anjos correspondentes.

Smith e seus seguidores tentaram equacionar o procedimento oracular com o dispositivo a partir do Antigo Testamento (Urim e Tumim), alegando que o anjo Moroni deu-lhe duas pedras de vidente, que foram concebidos para o efeito por Deus. Em 1823, Smith disse que um anjo Moroni lhe contou sobre a existência, com as placas, de "duas pedras em arcos de prata" presas a um peitoral, que o anjo chamado Urim e Tumim e que ele disse que Deus tinha preparado para traduzir as placas. Sua mãe, Lucy Mack Smith, descreveu-os como um cristal "duas suaves de três pontas de diamantes". Oliver Cowdery disse que as pedras eram "transparentes".

Smith e seus contemporâneos mórmons parecem ter usado os termos "pedra de vidente" e "Urim e Tumim" alternadamente. Embora Smith sempre se refere ao Livro de Mórmon "intérpretes", como o Urim e Tumim, ele pode ou não ter a intenção de fazer uma distinção entre esse dispositivo e as pedras de vidente que ele usou em receber revelações.

Em 1827, Smith disse que ele tinha sido visitado novamente pelo anjo que já havia revelado a localização das placas de ouro, juntamente com outros itens, como o Urim e Tumim, e que esses objetos foram enterrados em uma colina próxima. Smith disse que, após a tradução do Livro de Mórmon, ele devolveu as placas eo Urim e Tumim para o anjo, que ele identificou como o ressuscitado Moroni. Joseph Smith teria dito a Orson Pratt que o Senhor lhe deu o Urim e Tumim quando ele era um tradutor inexperiente, mas que, como ele cresceu na experiência, ele não precisava mais assistência.

---

40. Ver *A doutrina secreta e Isis sem véu*.

Em estado de êxtase, os sacerdotes ativavam os URIM e THUMMIM, fazendo previsões e acelerando seus estados vibracionais atingindo profundos níveis em estado alterado de consciência. O "Urim e Tumim" se originou no Egito, e simbolizava as duas verdades, duas figuras de Ra e Thmei sendo gravada no peitoral do Hierofante e usado por ele durante as cerimônias de iniciação. Diodorus acrescenta que este colar de ouro e pedras preciosas foram usados pelo Sumo Sacerdote quando entregam julgamentos. Thme (THmin plural) significa "verdade" em hebraico.

Eram elementos que combinados apresentavam muitas qualidades, especialmente oraculares, astrológicas e teúrgicas. A Septuaginta traduz Tumim como a Verdade "(Bonwick). Proctor O Sr. tarde, o astrônomo, mostra a ideia judaica." derivado diretamente dos egípcios". Mas Filo Judeus afirma que Urim e Tumim eram "as duas pequenas imagens de Revelação e Verdade, colocadas entre as dobras duplas do peitoral", com suas 12 pedras tipificando os doze signos do Zodíaco. Nos cristais eram gravados os doze filhos de Yakhov[41] (Jacó) que representavam os signos do círculo zodiacal.

Trago todas essas informações aqui neste livro, que é destinado à Umbanda e à Astrologia, tanto pelo fato da fina ligação desses segmentos com a magia, quanto para lembrar aos caros irmãos que o poder ancestral é forte na Umbanda e agiu sempre da mesma forma na Astrologia. E também pra mostrar a semelhança na forma de se buscar contato com a divindade e na importância dos oráculos em todas as culturas e cantos da Terra.

---

41. Oração judaica que também se refere à Rosa de Jacob (Shoshanat Yakov) como um símbolo para o Israel místico. A filha de Jacob ou Rose refere-se à Dinah, que é a única filha e décimo terceiro filho de Jacob. A Rosa 13 pétalas foi assim o símbolo de todo o Israel e da Mulher de Israel. Dinah foi a avó de Efraim e Manesseh. A mãe Asenat (Anate) era a esposa de José e filha de Diná e o Príncipe de Shekhem (Sekhemkhet noivo de Shekhem). Jacob mais tarde identificado por sua neta Asenat a marca de nascença. Rose teve na forma do mems dois do Magen David. O número 13 tornou-se associado com o neto de Dinah Manesseh e um clã matriarcal dos Manessehites foi chamado a Tribo ou Filhas de Dinah (Dana). Eles foram mais tarde confundidos com a Tribo de Dan, devido a seu casamento com alguns dos danitas na Grécia. Filha de José e Asenat de Antkaes casado Unas Khety Meriyibre e sua filha foi chamada Khentkaes Iput. Irmã Khentkaes Iput foi o belo White Rose (Sheshet / Sesheshet Neferu) a mãe de Teti I. Assim como a Rosa de Jacob refere-se a Jacó e Dinah, para fazer oração judaica associar a Rosa de Jacob com Esther e Mordechai. Esther e Mordechai viver na cidade de Susã ou na Cidade da Rosa quando lido em um nível místico.

Culto à Orunmilá

Em se falando de oráculo, nenhum dentre os Orixás tem maior importância que Orunmilá. Até mesmo Exu ou Oxum ficam abaixo em termos de importância. Também em se tratando de culto, vimos que o Candomblé e a nossa Umbanda esqueceu boa parte dos Orixás importantes como Obatalá e Oduduã. Ou se não esqueceu, passa seu tempo ignorando. Mas, hoje em dia, graças à Nova Era (Aquário), a qual o Senhor do Destino é o regente máximo, as pessoas estão voltando mais a sua energia os seus conhecimentos.

Orunmilá é muito importante, assim se um homem fizer algum tipo de pedido ao todo poderoso Olorun (Senhor dos Céus), esse pedido só poderá chegar até Ele através de Orunmilá ou Exu, mais precisamente por intervenção do Orixá do Destino do que do Senhor dos Caminhos, pois este segundo é apenas um mensageiro, enquanto o primeiro é um revelador.

Ainda sobre Orunmilá, vale ressaltar que somente ele e Exu possuem para si um culto individual, onde são feitas adorações totalmente específicas para os mesmos. Também são eles os únicos que podem possuir um sacerdote específico para cuidar somente do seu culto. Isso só é possível por causa dos poderes delegados por Olorun a eles, pois os demais Orixás são totalmente dependentes de Ifá e Exu, enquanto que eles não dependem de nenhum dos Orixás para desenvolverem sua própria evolução.

Orunmilá é o senhor dos destinos, é aquele que tudo sabe e tudo vê em todos os mundos que estão sob a tutela de Olorun. Ele sabe tudo sobre o passado, o presente e o futuro de todos habitantes do Aiê e do Orun, é o regente responsável e detentor dos oráculos. Orulá, Orunlá ou Orunmilá é o Orixá da sabedoria e do destino.

Como os outros Orixás, Orunmilá existia antes do homem e foi o único Orixá que testemunhou a criação, razão pela qual Orunmilá conhece o destino de cada homem, mulher ou criança. E da mesma forma que Metatron é chamado de "deus menor", Orunmilá é uma divindade menor de todos criados por Olodumaré antes da criação da Terra. Mas isso não tira sua grandeza, poderes e importância. Ambos estão ligados aos conhecimentos velados, à magia e ao destino.

Orunmilá foi chamado para a Terra quando o homem estava em uma encruzilhada, tempos difíceis de grandes decisões que poderiam afetar o resto de suas vidas. Da mesma forma que Metatron foi enviado pelo Criador pra resolver certas pendências, desarranjos e missões importantes na Terra. Acredita-se que Olorum passou e confiou de maneira especial toda a sabedoria e conhecimento possível, imaginável e existente entre todos os mundos habitados e não habitados à Orunmilá, fazendo com que desta forma o tornasse seu representante em qualquer lugar que estivesse.

Receber ou pedir Orunmilá, as pessoas podem aprender o seu destino, tanto no mundo físico como espiritual, de saber quais são as dificuldades que ameaçam, ajuda a buscar o equilíbrio através da dica de sacrifícios, entre outras coisas. Exu, o Orixá das encruzilhadas, estava lá, sempre ao lado de Orunmilá, para auxiliar no momento, como se supõe que Metatron estava com Yaweh na Criação.

Foram tantas vezes que Orunmilá foi chamado para o benefício da humanidade, que o seu trabalho tornou-se muito. É por isso que a Orunmilá, Olodumaré deu um meio para se comunicar e revelar a cada destino. Este meio é Ifá. No Aiê Olorum fez com que Orunmilá participasse da criação da Terra e do homem, fez com que ele auxiliasse o homem a resolver seus problemas do dia a dia, também fez com que ajudasse o homem a encontrar o caminho e o destino ideal de seu Ori.

Também Orunmilá fala e representa de maneira completa e geral todos os Orixás, auxiliando por exemplo, um consulente o que ele deve fazer para agradar ou satisfazer um determinado Orixá, obtendo desta forma um resultado satisfatório para o Orixá e para o consulente.

No Orun lhe ensinou todos os conhecimentos básicos e complementares referentes a todos os Orixás, independente de serem Irunmolé, Imolè, Ebora,

Onílè, Ìyámi Àjé ou Egungún, pois criou um elo de dependência de todos perante Orunmilá, todos devem consultá-lo para resolver diversos problemas, como por exemplo, a vinda de Orixalá à Terra para efetuar a criação de tudo aquilo que teria vida na mesma, porém o grande Orixá não seguiu as orientações prescritas por Ifá, e não conseguiu cumprir com sua obrigação caindo nas travessuras aplicadas por Exu, ficando esta missão por conta de Odudwa.

O Ifá é o corpus e também conhecido como a parte feminina de Orunmilá ou sua esposa. Ifá corpus literário é aquele que contém todos os destinos do homem, bem como suas realizações e transgressões. Só os sacerdotes de Orunmilá, chamados Babalaôs ou AWOS têm autoridade para falar por Orunmilá. É o poder de sacrifício para conseguir algo que de outra forma pode parecer impossível.

Muitas pessoas o confundem com Ifá. Orunmilá é a divindade, é o mais alto sacerdote do Santuário Sagrado de Olodumaré, no entanto, Ifá é a informação divina e revelada, é a maneira de lidar com a essência sagrada de Olodumaré. Então, é o epítome de toda a sabedoria e conhecimento.

Ele é o profeta do Santuário Santo de Olodumaré. É recomendável a todo buscador de sua força ancestral, seja pela Umbanda ou Candomblé, cultuar Orunmilá e Ifá, pois felizes aqueles que a ele adoram e veneram como sua entidade e fonte de energia e sobrevivência. Ter a proteção deste portentoso Orixá com certeza nos facilitará alcançar a sorte, a felicidade, a inteligência, a sabedoria e o conhecimento. E o principal, alcançarmos um destino ideal juntamente, com sabedoria e equilíbrio. Ele é o Ipin Elerii, a Testemunha do Destino.

IGBA Odu é o componente feminino de Olodumaré e é através desta que os 16 anciãos que emergem pra dar assistência física e espiritual para Orunmilá, e destes 16 maiores emergentes do Odu Àmúlù 240 são gerados. Há um Odu, Òsetúrá, nascido de uma deusa terrena chamada Oxum, e, portanto, dá a posição do Odu 17.

Os 16 primeiros são os principais caminhos espirituais e Òsetúrá na parte terrena está relacionado a eles. Na mitologia da religião iorubá como praticado na diáspora africana, incluiu uma trindade de Olodumaré, Olorum e Olofi, reflete o deísmo, porque não Olodumaré adorado e é a semente do monoteísmo em uma religião pré-cristã africana.

Olorum é identificada com o Sol, Olofi é identificado com Jesus Cristo, este produto do sincretismo dos Orixás com santos católicos, esta trilogia é uma rara combinação de Trindade Católica com uma tríade de deuses pagãos iorubá, o que acaba confundindo os sacerdotes iorubás, sacerdotes de Ifá.

No signo de Ika Ifa Kana, descrevem as três faces de Orunlá: Orun, Ifá e Orunmilá, dos quais o menor Orunmilá, tacitamente entendido que Orunmilá é o resultado da união entre o céu e a Ifá. Este aspecto da trindade, incluídos nos códigos de Ifá da diáspora africana e foi possivelmente tirada do universal cosmogonia Helênica, que foi descrita por Hesíodo em sua obra *A Teogonia dos deuses*, de Urano (Orun), ou seja, o céu, uma ordem hierárquica do que os planetas no céu (IFÁ) e Cronos (Orunmilá arquétipo).

Bem, se nós separamos a reflexão teológica da igreja primitiva de Saulo de Tarso, em Ifá, e aceitar a origem pagã descrita no Ika Kana, predominantemente pensamento helênico e temos em conta a hierarquia do Universo de acordo com Hesíodo, o Deus iorubá (Orunmilá) parece ter sido o testemunho da criação. Mas o testemunho do destino do homem, como Cronos ou Saturno (Assim chamado pelos romanos.) é um sólido arquétipo, descreve Orunmilá e este planeta no céu (Orun) o nosso destino pessoal através de Ifá. Estes são os Ikines que Orunmilá esquerda na Terra passou de geração em geração e usado apenas uma vez por ano, no momento da inauguração a orientação para governar o mundo no solstício de verão. Mas os Odus 239 restantes são vibrantes amálgamas das forças originais celestiais, nascidos Odu IGBA.

IGBA é a fêmea contrapartida de Odu Ifá e teve uma breve vida na Terra; foi consorte observando que Orunmilá, apesar de seu poder transcender mais que isso. Enquanto Ifá são os olhos de Olodumaré, IGBA Odu é a sua voz. Orunmilá era uma das divindades que mantiveram contato próximo com Olodumaré na sua missão terrena para o espírito humano.

Através da palavra, Odu Olodumaré comunica a toda a humanidade. Orunmilá tinha uma estreita amizade com Exu durante a experiência terrena, igualmente com Ossaim, que ajudou nas artes da Medicina natural. Graças a sua grande virtude, temos a precisão para encontrar a melhor decisão na vida, tanto no campo e no de modo material pessoal e espiritual. Portanto, quando receber orientação através do Ifá Odu que descrevem nossas vidas a partir do momento em que desceu até o chão até ter que dizer adeus a ela, assim podemos tomar como aconselhado por Orunmilá, ficamos com mais facilidade em obter mais benefícios e estabilidades na Terra.

Orunmilá é o apoio que nos permite clareza e certeza de nossas ações, é o companheiro fiel, que não julga e aconselha. Só ele sabe o nosso destino e o único a ir aos caminhos grandes e ruidosos da vida. Todos nós deveríamos consultar Ifá antes de tomarmos qualquer atitude e decisão em nossas vidas, pois com certeza iríamos errar menos. Os Yorubás consultam Ifá antes de tomarem qualquer decisão, como por exemplo, antes de um casamento, antes de um noivado, antes do nascimento e até mesmo na hora de dar o nome à criança, antes da conclusão de um negócio, antes de uma viagem, etc.

Além disto, Orunmilá é também quem tem a vida e a morte em suas mãos, pois ele é a energia que está mais atuante e mais próxima de Olorum, podendo ele ser a única entidade que tem poderes para suplicar, pedir ou implorar a mudança do destino de uma pessoa. No entanto, o homem também tem que caminhar com as próprias pernas, tomar suas próprias decisões e guerrear suas próprias batalhas, por isso, o certo mesmo é só buscar os oráculos em momentos importantes da vida, onde não se sabe o que fazer ou se vê numa encruzilhada.

Orunmilá é quem apresenta o destino ao reencarnante por ocasião da sua concepção (kadara) e, mediante a aceitação do Ori individual, o libera para o nascimento. Ele é o Orixá senhor da sabedoria (ogbon) e do conhecimento (imo), que tendo adquirido o direito de viver entre o Orun e o Aiê, tudo sabe e tudo vê em todos os mundos. Por isso recebeu o título de gbaiye gborun – aquele que vive tanto no céu como na Terra, transcendendo espaço e tempo. Os oráculos são baseados no sistema binário e comportam 256 combinações matemáticas que definem os caminhos de Odu, com seus milhares de itans (mitos) e owe (parábolas).

Orunmilá condiciona-se, muitas vezes, ao poder do Orixá Elegbara/Exu – o transmissor do axé, representante da autoridade divina no âmbito cósmico e das leis da física. E todo o corpo filosófico da religião yorubá se resume nesses signos de Ifá – os Odus, que por sua vez se subdividem em caminhos com os respectivos itans, que são mitos de instrução, orientação e aconselhamento.

Sendo o eterno movimento com suas constantes transformações, Elegbara propicia toda a existência do Universo manifestado. Está na vibração dos elétrons e na órbita dos astros. Orunmilá utiliza-se, então do axé e funções de Elegbara para atuar e se expressar. Independente da modalidade utilizada, para cada caminho há um itan a ser interpretada e o respectivo ebó (sacrifício) a ser, ou não, realizado.

O oráculo Merindilogun (popular jogo de búzios) foi introduzido pelo Orixá Oxum. No jogo de búzios utilizam-se 16 kawri (búzios) no qual respondem os 16 Odus principais, num total de 70 caminhos e os Orixás que falam através deles. Com a anuência de Elegbara/Exu, os diversos Orixás se posicionam no jogo, respondendo, influenciando nas respostas e revelando-se como Eledá (Orixá dono da cabeça) da pessoa que a ele recorre. Da mesma forma que só se toma remédio quando se adoece, só se efetuam ebós, iniciações ou obrigações quando o oráculo prescreve.

O dia de Orulá é 04 de outubro, para o qual se deve trazer dois cocos, um inhame, duas velas, todas as frutas para presente, bolos ou alimentos. A primeira palavra do nome do Deus dos hebreus (YHVH), seu nome não pode ser pronunciado de forma alguma seria a letra Y, chamada IOD e significa o número 10. Dez é o princípio da criação: eles representam: o início (1), e o final (0), são os dedos, são o espermatozóide e o óvulo, etc. Eyiogbe e Oyekun mellitus[42] – que vem da soma dos 8 Odus criadores, multiplicados por 5, o qual nos revela o número 40.

Cada letra do alfabeto hebraico, por sua vez, tem 4 pares de dez anos, eles chamam uns aos outros de colunas arcano. O nome de Deus seria, então, o número 40 e diz que 40 são os Ikines (coquinhos) de Orunmilá e cada letra é de 2 números que faria um total de quatro pares ou 8, como também que: 40 = 4 + 0 = 4, 4 = 1 + 2 + 3 + 4 = 10.

Eledá: esta palavra significa o Criador. O nome indica que o Ser Supremo é responsável por toda a criação, bem como a própria existência e a fonte de todas as coisas.

Alaayé: é poder vital. O ser supremo sempre vive tal como concebido pelos iorubás ainda vivo e eterno. Nunca morreu. É por isso que as pessoas dizem: "A ibo ki Iku." (Nunca ouvi falar da morte de Olodumaré.).

Elemií: o mestre da vida. Indica que todos os seres vivos devem sua respiração para ele. Quando Elemií tirar o fôlego de um ser vivo, o ser morre. Assim, uma abordagem iorubá: "Ko Ba Bi Ëlémìí. GBA para, emi tabi EYI èyìinì Yoo" (Se o vencedor não leva a minha vida, eu posso fazer isto ou aquilo.).

Olofin ou Olofi: é a terceira manifestação de Olodumaré. Seu palácio é o céu e sua corte real, os Orixás. Olofin é aquele que está em contato indireto com os

---

42. O Odu que gera açúcar no sangue. Em desequilíbrio, gera diabetes (diabetes mellitus).

homens através do Orixás, é ele quem dirige e supervisiona seus trabalhos. Nada pode ser alcançado sem sua mediação. Mora longe e raramente desce à Terra. Olofin é quem distribui a cada Orixá o Axé (Sua relação com as energias da natureza.) e tem os segredos da criação.

Classificando as pessoas

Nem todas as pessoas têm o mesmo comportamento frente aos desafios, sentimentos ou situações iguais ou parecidas. No entanto, o homem objetivou ao longo do tempo classificar as pessoas, conforme determinados tipos de comportamentos e atitudes. Mas, pra isso foi preciso criar-se um conjunto complexo de representações simbólicas e filosóficas para oferecer uma classificação para o comportamento das pessoas, claro que nem sempre satisfatório, pois o ser humano é mais complexo do que se pensa. Além do mais, o homem é livre para pensar e cada um enxerga o mundo a sua volta de uma maneira própria.

Os Yorubás com seus cultos aos Orixás, a Astrologia, baseada no movimento do Sol, da Lua, dos Planetas e constelações do Zodíaco, a Cabala com seus estudos místicos e os sistemas oraculares divinatórios como por exemplo o Ifá, se tornaram em uma ferramenta importante na busca por essa compreensão ou classificação de cada indivíduo.

Assim, cada pessoa foi alinhada a um signo astrológico, uma divindade ou um código de interpretação. Por exemplo, se uma pessoa é do Signo de Escorpião, ela poderá ser mais fechada, misteriosa e talvez mais ciumenta que as demais pessoas de sua família, dependendo, claro, de quais configurações são formadas dentro desse signo. E como na tradição dos yorubás, também temos na Umbanda e Candomblé uma definição do indivíduo baseada no Orixá que é identificado como sendo o Orixá ancestral ou protetor dessa pessoa.

Cada pessoa é filha de Orixá e herda as características do mesmo em sua personalidade. Por exemplo, filhos de Oxum tendem a serem sedutores e carinhosos, ao mesmo tempo que cultivam a vaidade, o gosto por joias, conforto e riqueza.

Na Astrologia, os signos do Zodíaco não são classificados por um único fator. Na verdade, quem assim tenta proceder, estará sujeito ao erro ou a uma gama de informações superficiais ou muito limitadas. Assim, classificar uma pessoa apenas pelo signo solar, posições dos planetas ou pelos elementos da natureza não irá fornecer uma informação abrangente do ser analisado. Analisar um nativo segundo os elementos constituintes da matéria – Terra, Ar, Água e Fogo, até mostra muito do indivíduo analisado, mas, não é o suficiente.

Por exemplo, saber se uma pessoa tem muito ou pouco fogo no mapa não é o suficiente para concluirmos se esta pessoa será pouco ou muito ativa na vida. Na verdade, para saber onde ela gastará o elemento em predominância no Mapa Natal ou quanto um elemento escasso no mapa lhe fará falta, dependerá de uma análise geral do horóscopo da pessoa, como por exemplo, casas, posições dos planetas, aspectos entre esses planetas, regentes, dispositores e quais pontos do mapa cada elemento tem mais ou menos ação.

O conceito de quatro elementos foi bem incorporado à medicina hipocrática (Hipócrates, 400 a.C.), que acreditava que as pessoas reagiam a secreções orgânicas ou humores: fleuma, bílis amarela, bílis negra e sangue. Com o tempo esta teoria foi aperfeiçoada por Claudio Galeno (129-201), que classificou os quatro temperamentos humanos: fleumático, sanguíneo, colérico e melancólico.

Posteriormente, surgiram outros sistemas de classificação tipológica com base em superstições e estereótipos sociais. E constata-se que na Astrologia Médica essa técnica tem uma aplicação satisfatória, porém até mesmo neste ramo da Astrologia é preciso observarmos o mapa como um todo.

Primeiramente Jung, e Sigmund Freud (1856-1939) definiram duas atitudes (introversão e a extroversão), em seguida definiram as funções psíquicas: sensação e intuição, pensamento e sentimento. Nas atitudes, as pessoas extrovertidas são aquelas que geralmente focam sua atenção no mundo externo de fatos, coisas, pessoas. Pode apresentar-se ao mundo com impulsividade e ser também um indivíduo muito superficial. Já as pessoas introvertidas podem ser deslocadas para o seu mundo interno de impressões, emoções e pensamentos. Podem ter poucos amigos e não gostam de tomar decisões.

Já as pessoas com funções psíquicas guiam-se pelas sensações dos órgãos dos sentidos, são pessoas voltadas para o aqui e agora, quase sempre mostrando-se com práticas realistas. Elas apresentam bom controle psicomotor (controle do próprio corpo) e são muito objetivas. Porém, as que se pautam pela intuição veem o todo e não apenas as partes. São pessoas mais criativas e inovadoras, mas que têm dificuldades para lidar com a realidade concreta de maneira prática.

E os que se guiam pelo pensamento não permitem a interferência de valores pessoais. Apreciam a organização e a lógica, baseando seus julgamentos em padrões universais e coerentes. Os que se direcionam pelo sentimento, preferem tomar decisões com base no sentimento, utilizando-se de seus próprios valores pessoais. Sempre levarão em conta o que sentem em relação a alguém ou uma situação. São receptivas e boas para lidar com pessoas. Têm também forte apego pela tradição.

Aspectos planetários

Ao colocar em discussão as regências planetárias dos Orixás de Umbanda, esse esquema do Sistema Solar com as referências da Astrologia corrente pretende que os irmãos pensem sobre qual Orixá teria relação direta com os planetas (É óbvio que segundo o que cada um aprendeu fez-se várias correlações mentais.). Dentre essas concepções, no meu entender, ainda hoje a que mais revela mistérios é a da corrente esotérica. Na Antiguidade os planetas transaturnianos: Urano, Netuno e Plutão não eram conhecidos e depois de suas descobertas pela Astronomia a Astrologia já adaptou os signos a novas regências. Por isso, buscando esclarecimento de fundamentos velados nos vêm o essencial.

A estrela dos Orixás pelo comando de Oxóssi, lembrando que todos os Orixás têm uma estrela de cruzamentos iguais a esta. (Montagem: Carlinhos Lima)

Aspectos humanos

Os sete chacras que traduzem poderes e virtudes próprias de modo que as entidades espirituais atuem de forma mais incisiva sob o chacra relativo a seus poderes e afinidades. E eu acredito muito na mediunidade mental intuitiva que age através da força do Orixá sobre esses pontos de energia em nosso corpo, aliás, em muitos movimentos de cultos de divindades, quase sempre não há incorporação, mas, outros tipos de contatos mediúnicos.

Correlações entre as entidades atuantes com os chacras

Das milhares de forças que atuam em nossa corrente nervosa agindo sobre o nosso organismo físico, os sete plexos principais com assentamento em determinadas glândulas se relacionam aos sete centros de força que existem em nosso corpo astral, é por onde os Orixás agem sobre nós. Percebam que apresento aqui uma correlação de Arcanjos diferente da apresentada por W. W. da Matta e Silva, pois prefiro a Cabala como fonte:

Áries	Arcanjo Samuel	21/03 a 20/04
Touro	Arcanjo Anael	21/04 a 20/05
Gêmeos	Arcanjo Rafael	21/05 a 20/06
Câncer	Arcanjo Gabriel	21/06 a 21/07
Leão	Arcanjo Miguel	22/07 a 22/08
Virgem	Arcanjo Rafael	23/08 a 22/09
Libra	Arcanjo Anael	23/09 a 22/10
Escorpião	Arcanjo Azrael	23/10 a 21/11
Sagitário	Arcanjo Saquiel	22/11 a 21/12
Capricórnio	Arcanjo Cassiel	22/12 a 20/01
Aquário	Arcanjo Uriel	21/01 a 19/02
Peixes	Arcanjo Asariel	20/02 a 20/03

Culto à Orunmilá

Plexos	Orixá	Arcanjos
Coronário	Oxalá	Miguel
Frontal	Iemanjá	Gabriel
Laríngeo	Ibêji	Rafael
Cardíaco	Xangô	Saquiel
Esplênico	Oxóssi	Anael
Solar	Ogum	Samael
Genésico	Obaluayê	Cassiel

Na verdade, há muitas vertentes que divulgam diversos arcanjos e correlações diferentes com os signos do Zodíaco. Para mim esta é a mais aceita. Pois aqui estamos tratando da Umbanda Astrológica e pegamos os nomes, segundo nos repassa não apenas o *Arqueômetro*, mas, o sistema que mais se adequa a esse novo conceito que mescla a Umbanda com a Astrologia. Também quero deixar claro que assim como afirmo a regência de 10 planetas e não apenas 7, acredito na regência de 7 Arcanjos como mencionado no *Arqueômetro*, mas, também outros três completando a atuação como nas dez Sephirots da Árvore da Vida.

Os Espíritos Olímpicos e Anjos dos Sete Planetas

Imagem de um Dicionário dos Anjos: Incluindo os Anjos Caídos por Gustav Davidson. Inclui seus sigilos e outros sinais.
Referência: WAITE, Arthur Edward. *O Livro de Magia Cerimonial*. 2002.

Embora este sigilo seja tecnicamente do anjo Anael existe documentação suficiente, teorias e livros que sugerem que ele pode ser usado como uma "substituição" adequada ou estudo de comparação para o Arcanjo Uriel. O nome "Ariel" é compartilhado por ambos os Anael e Uriel na pesquisa e isso é em parte o que essas teorias são baseadas já que não há sigilo "verdadeiro" para o nome específico "Uriel". Existem "acampamentos" de ambos os lados que geram debate desta questão, por isso deixo para o leitor.

\multicolumn{3}{c}{CORRELAÇÕES ASTROLÓGICAS – ELEMENTOS & FORÇAS SUTIS[43]}		
Signo	**Elemento**	**Força Sutil**
Leão	Fogo	Espiritual
Áries	Fogo	Hídrica
Escorpião	Água	
Touro	Terra	Eólica
Libra	Ar	
Sagitário	Fogo	Ígnea
Peixes	Água	
Capricórnio	Terra	Telúrica
Aquário	Ar	
Gêmeos	Ar	Etérica
Virgem	Terra	
Câncer	Água	Natural

Oxumaré – Escorpião

Além dessa tabela (fixa) devemos entrar no mundo mais vasto do conhecimento africano com seus Orixás diversos e escolher entre o panteão os mais aceitos e conhecidos da Cultura Afro-Brasileira (Por isso, não só pra estudar a Umbanda

---

43. Fonte: Umbanda Esotérica, em diversos livros desse segmento, tanto de W. W. da Matta e Silva, quanto de Rivas Neto, Itaoman e outros.

Astrológica, mas, todos os cultos afro-brasileiros é importante conhecer bem os Orixás, com suas lendas, mitos e histórias sagradas.).

Temos então nascimentos diurnos e noturnos. E nos planetas transaturnianos, a ação dos raios, em Urano a Oitava Superior de Mercúrio, em Netuno a Oitava Superior de Vênus e em Plutão a Oitava Superior de Marte. E em termos de Orixás, podemos ver essa ação de raio em oitavas como nos planetas. Assim vemos Logun-edé agindo no mesmo raio de Oxóssi, Oxum no mesmo raio de Iemanjá, Oxumaré no mesmo raio de Ogum etc.

E por aí vai se desvendando a ação das entidades nos Raios Cósmicos. Adentrando a Cultura do Candomblé encontramos diversos Orixás que são muito conhecidos também na Umbanda e que às vezes são rebaixados e não recebem a devida importância que deveriam. Um desses Orixás é Oxumaré, também conhecido pelo nome Dã, filho de Oxalá e Nanã, era um Orixá cultuado no Daomé. Segundo as lendas, Oxumaré foi o responsável pela ordenação de todas as coisas no mundo, antes da criação dos homens. Foi ele quem reuniu as terras e escolheu onde as águas deveriam permanecer. Desta forma, Oxumaré é apresentado como uma força que governa o movimento.

Portanto, eu considero esse Orixá o regente do signo de Escorpião, quando o Planeta Plutão se encontra mais forte no mapa de uma pessoa, ou por uma junção de vários outros fatores somados no Mapa Natal. Por exemplo, Escorpião ocupando uma das casas que vai da 7 a 12. Já da casa 1 a 6 ao invés de Oxumaré, teríamos Ogum. Ou, sendo um signo de predominância do elemento feminino, podemos encontrar aqui, Ewá, Nanã ou até Iansã.

Além do mais, ele é um Orixá de água e ar, e assim mais apto a reger Escorpião, quando o signo se encontra numa casa regida por um desses dois elementos e não em casas de Fogo ou Terra. Ele é também um Orixá ligado à transformação e o movimento como Plutão e está também ligado à magia carregando o símbolo da Serpente que é atribuído também a Escorpião.

Diz-se que uma de suas manifestações – Dã Aido Huedo, o arco-íris – apertou o mundo recém criado, evitando assim que se separasse. Enquanto gira em torno da Terra, faz com que os corpos celestes se movimentem. Eu já percebi muitos escorpianos que tem todas as características de Oxumaré e não de Ogum e que as cartas do Tarô e outros oráculos, ou em centros confirmaram que eles eram filhos de Oxumaré.

Diz-se que Dã/Oxumaré transportou o "pai criador Mawu-Lisa" de um extremo a outro da Terra, e elevava montanhas em cada lugar em que repousavam. Também foi ele quem traçou o curso dos rios, fazendo com que as águas não ficassem paradas, mais um símbolo de movimentação que caracteriza o Orixá. Também surge como um elo entre o céu e terra através do arco-íris, cuja imagem é algo que sai da Terra, sobe até atingir o céu, para então retornar à Terra.

Sabemos bem que Escorpião é Fixo, mas, este movimento citado acima, refere-se a transformação, vida e morte, como também a transmutação. Mas, para detectar um Orixá como regente de uma pessoa é necessário bem mais que o signo, também se observa configurações de aspectos, decanatos, posições dos planetas, além dos graus e Odus.

Dizem também que este Orixá não pode ser definido como masculino ou feminino. Na verdade, ele é as duas coisas, como uma representação também do bem e do mal contidos em sua força e poder. Uma versão da lenda diz que ele é masculino por seis meses, e feminino por outros seis. Sua forma masculina seria representada pelo arco-íris, que teria assim a função de levar a água até o castelo de Xangô, no céu. Daí vem a atribuição do poder de controlar e regular as chuvas e secas.

O arco-íris, como tudo o que se relaciona com Oxumaré, também é um símbolo tanto de fertilidade quanto de renovação e transformação, significando a continuação da vida. Sua presença indica a existência da chuva que garante a vida, assim como a ascensão da água aos céus implica na continuidade do movimento de chuva, e a água que deverá retornar à Terra. Nos seis meses como ser feminino, assumiria a forma de uma cobra.

A maioria dos estudiosos entende que todas essas concepções, tanto a da cobra ou serpente que se movimenta agilmente sobre a terra e sobre as águas, quanto a própria capacidade de assumir as formas masculina e feminina, representam simplesmente a afirmação de Oxumaré como o Orixá responsável pela transformação, pela dualidade das coisas: bem e mal, dia e noite, masculino e feminino etc., mas, não creio que represente a homossexualidade, pois, acredito na sua transformação em serpente e não em Ewá. Pra mim, Ewá é sua irmã gêmea e um Orixá distinto que se apresenta regendo este signo, quando a Lua se encontra nele; quando Escorpião está na sexta casa, na quarta ou na terceira.

Algumas vezes a forma feminina da cobra é associada ao mal, mas, hoje em dia acredita-se que essa deva ser apenas uma "ocidentalização" do mito. Em termos físicos, mais terrenos, também é difícil enxergar a cobra como um elemento de mutação constante, através de seus períodos de troca de pele, como um renascimento e transformação. No entanto, Oxumaré é representado muitas vezes pelo símbolo da cobra que tenta engolir o próprio rabo, ação explicada pela agressividade que o Orixá possuiria em algumas ocasiões.

E por essa característica ele é confundido muitas vezes com Ogum. Notem que no sincretismo onde ele é correlacionado com São Bartolomeu e reverenciado no dia 24 de agosto, os adeptos do sincretismo o ofertam junto com o senhor Exu Tranca-Ruas, que é o Exu de Ogum, mostrando assim que trabalham pela mesma corrente.

A Umbanda nos mostra que Oxumaré é o par de Iemanjá, mas, o que estou mostrando aqui não é a dualidade da linha, mas, a ação dos Orixás planetários por elas. Analisando também a lenda que nos fala dos seis meses masculinos e seis meses femininos, observamos que entre o signo de Áries e Escorpião se encontram seis signos. Longe de ser um sinal de destruição, a cobra que engole o rabo, pois, esse é mais um símbolo de movimento e continuidade. Dessa forma, entende-se que, ao engolir a cauda, a cobra representa o movimento de rotação da Terra e dos astros no céu. O fim desses movimentos é o fim da vida, daí a importância de Oxumaré.

Em se falando de par vibratório, também afirmo que um escorpiano pode ser sim filho de Iemanjá, Obá, Iansã (Especialmente quando a Lua está no decanato lunar do Escorpião.) ou qualquer outro Orixá, dependendo da configuração do horóscopo. Aqui mais uma diferença entre a Umbanda dita esotérica e a Umbanda Astrológica, pois, não levo em consideração somente a posição do signo, para identificar o Orixá atuante, mas, também a posição por casa, por decanato e os aspectos recebidos pelo Sol. Como também a configuração geral da Carta Natal e a harmonia com Ascendente e Lua, que são juntos a Trindade Cósmica atuando no mapa. Mas, sabemos que os 7 Raios são os que vibram no comando Astral.

Outras versões dos mitos dizem que, nos seis meses em que é serpente, Oxumaré manda nas florestas e em todas suas riquezas. Nos outros seis meses, transforma-se em Bessém, um ser das águas, e este seria o período onde ele conviveria com Iemanjá ou com sua mãe Nanã.

Atribui-se a ele também uma sabedoria na arte das curas, e que teria aliviado o próprio Olorum, muito satisfeito com sua atuação, resolveu não mais separar-se dele, porém permitindo que Oxumaré retornasse à Terra de vez em quando. É nessa época então que Oxumaré brinda os seres humanos com riqueza e felicidade. Nesse ponto, esse Orixá também se alinha a Escorpião, pois como sabemos na Astrologia, Escorpião governa junto com Plutão as riquezas ocultas.

Das capacidades de Oxumaré vêm as características atribuídas aos seus filhos, como a clarividência, a capacidade de ver coisas que na estão visíveis a olho nu. Claro que, com tudo isso, as características dos filhos de Oxumaré não poderiam ser outras que não a capacidade, ou tendência, à renovação e mudança constantes. Sendo então apresentados como pessoas que, de tempos em tempos, rompem com todo seu estilo de vida, sendo capazes de abandonar tudo, desde o emprego até as amizades, para começar um novo ciclo.

A tendência à bissexualidade nos filhos de Oxumaré é citada por alguns estudiosos, mas, nem todos a aceitam tranquilamente. Eu em particular não aceito a definição de um Orixá andrógeno e nem que os filhos deste Orixá têm tais tendências, há não ser que existam fortes influências no signo da pessoa. Além do mais, acredito mais em um Orixá com um ciclo de mudanças e não com uma natureza misturada e desordenada. Eu acredito que como os nativos do signo de Escorpião esses nativos também tenham muita disposição e inclinação para o sexo e que eles sabem aproveitar o prazer muito bem.

Eu estou citando as características desses Orixás que trago como regentes dos signos os quais eu acho mais compatíveis, para que o caro leitor amigo possa avaliar, julgar e ver se concorda comigo ou não. No entanto, a característica dos Orixás mais tradicionais eu só trarei no meu próximo livro no qual vou abordar exclusivamente esse assunto, ou seja, da característica de cada divindade.

E pra concluir sobre Oxumaré, afirmo que ele também rege o terceiro decanato de Peixes e o segundo decanato de Câncer, por isso vemos que quem é filho de Oxum, Iemanjá ou Nanã sempre terá a influência bem próxima de Oxumaré. Aliás, Nanã também se mostra com aptidão e muitas vezes também reger o signo de Escorpião. E como eu já disse, 7 são os raios, mas, os Orixás, podem atuar por qualquer um deles, através das doze portas do Templo Cósmico. Percebam, queridos irmãos, que o importante é conhecer bem os conceitos astrológicos e os Orixás.

Mas, para os leigos, basta observar as leis interpretativas que estou passando aqui. Por exemplo, uma pessoa que nasceu com o Sol em Escorpião, sempre vai ter Oxumaré com alguma função em sua vida. Mas, para saber qual a real função e se ele é o Orixá de cabeça, pai de cabeça ou Orixá do destino, somente observando as configurações da carta natal.

Porém, dando dicas simples para qualquer leigo tirar proveito mesmo sem conhecer sua carta, podemos dizer que cultuar Oxumaré lhe trará magia de transformação, sorte nos negócios e poder sexual. Mas, terá Xangô como real regente das finanças, Oxóssi como regente do amor, Oxalá como regente do destino e Orunmilá como regente da ancestralidade, com Odudwa regendo a família e Ibêjis a sexualidade.

O signo de Peixes e Sagitário

Peixes é regido por Olokun. Porém, como citado sobre Oxumaré em Escorpião, o signo de Peixes também apresenta seu reino e seu rei, dependendo das configurações. Xangô tem mais ligação com Sagitário pela forma impetuosa e tempestiva de sua natureza. No entanto vemos também a ação de Iansã como regente feminina de Sagitário dependendo dos elementos no mapa do nativo. Por exemplo, se o mapa é feminino, se tem mais elementos femininos e se o Sagitário se encontra entre as casas 1 a 6; já da 7 a 12 é Xangô. Também observar quais elementos predominam, pois fogo e terra é Xangô. Já ar e água é Iansã. Observam-se também os nascimentos diurnos e noturnos, quadrantes, elementos etc.

Ao afirmar que Oxum tem forte afinidade com Câncer, não estou descartando a regência de Iemanjá, a predominante e preferencial deste signo, mas tudo dependerá da posição da Lua no mapa. Se ela estiver exaltada em Touro o regente de Câncer é Oxum, mas se ela estiver domiciliada será Iemanjá o regente desse signo. Além disso, muitos outros fatores devem ser avaliados no Mapa Natal, como, os aspectos e os elementos (fogo, água, terra e ar).

Iansã tem muita relação com o signo de Sagitário e por muitas vezes já identifiquei sagitarianos que são filhos desse Orixá (Como falei, observando-se bem a configuração do mapa.). A senhora dos raios tem tudo a ver com a natureza dos sagitarianos, além disso se assemelha com a simbologia deste signo em predominância do feminino na carta. O arco e flecha tem uma simbologia com o raio, pois dispara um elemento veloz em direção ao centro do Universo. Mas tudo dependerá dos fatores do horóscopo, pois, como eu afirmei antes, vários são os Orixás que agem sobre os raios e também se devem levar em conta os elementos e os decanatos.

Diz a lenda que Iansã obteve seu poder e sua força quando foi enviada por Xangô para contatar feiticeiros de outro reino e trazer-lhe uma poção mágica que a tornaria capaz de soltar fogo e vento pela boca e nariz. Iansã resolveu experimentar a poção antes de entregar-lhe, e assim conseguiu seus poderes. Hoje em dia, no entanto, é costume atribuir-se a Xangô o poder exclusivo dos raios e trovões, e a Iansã o dos ventos. Assim, a associação dos dois é que produz as tempestades violentas. Essa busca ao estranho e a viagem em busca de novos poderes e conhecimento com certeza se encontra na natureza dos sagitarianos.

Logun-Edé, quando homem, tem as características de seu pai Oxóssi. Embrenha-se nas matas, torna-se ermitão, caçador e vive ausente de sua tribo, rodeado por poucos amigos. Quando mulher, passa seis meses dentro da mais pura vaidade, vive somente na água, recebendo e dando carinho a sua extremosa mãe Oxum. A ligação desse Orixá com o signo de Peixes, se dá com a exaltação de Vênus em Peixes, o elemento água, e na lenda que diz que seis meses ele assume a forma de peixe. Assim com Vênus exaltado em Peixes e Sol em Touro, temos Logun-Edé. E com a Lua exaltada em Touro e Sol em Peixes, também poderemos encontrar este Orixá como regente do nativo pisciano analisado.

Temos ainda Logun-Edé no terceiro decanato de Peixes, ou seja, Sol no terceiro decanato e Marte em Libra. Também podemos encontrá-lo com o Sol no segundo decanato de Escorpião, Marte em Peixes e a Lua em Touro. Já o Orixá Iroko que é o Orixá do tempo, se revela com Saturno em Câncer, Sol em Capricórnio e Lua no signo de Peixes. Um Saturno em Capricórnio Lua em Câncer e Sol em Peixes também pode nos revelar Iroko, assim como um Saturno em Peixes, Sol em Capricórnio e Lua em Peixes.

O arquétipo dos filhos de Logun-Edé é de pessoas alegres, saltitantes, comunicativas, extrovertidas, que tem a faceirice à flor da pele. Condizente assim com a exaltação de Vênus em Peixes. Deixo claro aqui nessas explanações que todo horóscopo está interligado, por ângulos, elementos e junções.

Assim, cada raio poderá agir por mais de uma casa, por isso a necessidade de se analisar com cuidado o horóscopo inteiro. Como eu disse, as configurações são muitas, dependem muito do olhar atento e a sensibilidade do consultor, somada à experiência e o preparo. É impossível colocar todos os códigos num único livro. Por isso aquele que quer se especializar na análise do Orixá, precisa estudar, estudar e estudar de novo!

Para os leigos que não conhecem a Astrologia e os Orixás profundamente, podemos dizer, que todo pisciano terá a força de Olokun. *Olokun é o Orixá Senhor do mar*, é andrógino, metade homem e metade-peixe, de caráter compulsivo, misterioso e violento. Tem a capacidade de transformar. Seu nome vem do iorubá Olo: proprietário – Okun: *Mar*.

Babá *Olokún* é um *Orixá* que governa as profundezas dos oceanos, designado por Olorun. Assim tem um psiquismo profundo, mediunidade, sonhos, poder artístico e magia revelada pelo poder mental. Com Ogum regendo as finanças dos piscianos, Ossaim regendo o amor (No caso das mulheres Ewá.). Xangô regendo o destino, Ibêjis a família e ambiente. Oxum a vida sexual e Oxóssi o trabalho.

Regência de Gêmeos e Virgem

Com predominância de elementos masculinos, encontramos em Ossaim uma maior relação com o Signo de Virgem. Essa relação se dá por vários motivos. Um desses motivos é a determinação de Ossaim em cuidar da saúde, área regida por Virgem e Mercúrio. Outro motivo é a habilidade com o uso das plantas, mostrando assim toda técnica do signo de Virgem. Além do mais, seu símbolo é muito semelhante ao Caduceu de Hermes que na Astrologia e Mitologia é atribuído a Mercúrio, o planeta que rege a Medicina.

Esse é mais um Orixá considerado andrógeno, outros dizem que não, que ele é masculino, outros dizem que é feminino. Na verdade existe o macho e a fêmea. E como gosta de se enfiar nas matas e ser um deus não muito sociável, está relacionado com os celibatários como alguns nativos do signo de Virgem.

Outro Orixá que podemos encontrar regendo o signo de Virgem é Obá, especialmente quando Mercúrio e Virgem estão fracos ou até negativos, pois esse Orixá tem tendência à obsessão por amor impossível, e falta de habilidades criativas ou se prestar a servir os outros por amor. A obsessão pode se apresentar através de maus planetas no signo oposto a Peixes e a falta de habilidade pela quadratura de planetas a Mercúrio e Ascendente em Virgem aflito.

O arquétipo dos filhos de Obá é facilmente reconhecido, os ciúmes existem em todo ser humano, mas, em alguns só se manifestam ao se sentirem traídos ou ao perceberem que estão sendo deixados pra trás. Já nos filhos de Obá, os ciúmes estão estampados em sua face retesada.

Esse é mais um fator que liga esse Orixá ao signo de Virgem, pois esse signo é um dos que formam um aspecto chamado de quincunce com o ascendente. E ainda por serem muito francos, esses nativos são diretos em seus assuntos, tornando-os austeros e agressivos, e com isto quase sempre arrumam muitos inimigos que não gostam que se jogue no rosto suas próprias verdades. Encontra-se ainda falta de diplomacia e cordialidade. Tudo isso influência do elemento terra.

Através desse signo também podemos encontrar a regência de um outro Orixá, que aliás se dá muito bem com Obá e tem forte companheirismo com ela. Esse Orixá é Euá. Na fase mulher de Oxumaré pra alguns é a própria serpente que desce pelo arco-íris em busca de sua mãe Nanã Buruku, pois somente ela pode desfazer o encanto e transformá-la no homem Oxumaré. Sua ligação com Virgem se dá porque Euá representa a castidade, tendo se arrependido de suas relações amorosas e preferindo o celibato. Segundo dizem os pesquisadores, as filhas de Euá não podem ter marido.

Aos filhos de Euá são atribuídas características como saúde debilitada e uma personalidade que se sente incomodada na presença de homens. Vemos então a ligação cósmica entre Virgem e Escorpião em suas posições no Zodíaco sendo eles formadores de um Yod, sendo Virgem o formador do quincunce inferior e Escorpião do quincunce superior. Assim temos em cima no zodíaco Oxumaré homem e em baixo a Serpente Euá mulher.

Vemos ainda a integração com Escorpião pelos caminhos da morte, pois dizem que Euá após ser expulsa de casa por seu pai Olofi, passou a viver no cemitério, onde ela entrega à Oyá os cadáveres trazidos por Obaluaê. Mas, essa integração se dá levando em conta as qualidades virginianas que é ligada à limpeza e o dom da faxina e purificação. Então como podem ver, depende de uma observação geral do mapa, pra se identificar a atuação do Orixá, mas, tendo sempre como base o regente natural, nesse caso Yori (Ibêjis), ou seja, caso não aja outras indicações este é sim o regente.

Mas, como identificar? Bem, como eu já disse é impossível colocar todos os códigos num livro, mas, estamos dando as principais chaves ou desvendando importantíssimas chaves pra que possa se identificar vibrações e Orixás atuantes, num conceito mais moderno, mais aberto e mais abrangente do horóscopo de Umbanda. Vamos então a alguns exemplos.

Com Mercúrio forte no mapa, ligando-se ao Sol teremos para o signo de Gêmeos Ibêjis, como também o Sol em Gêmeos, na casa 3 ou no Ascendente. Mas, se Mercúrio está ligado à Lua, está na casa 4, Vênus junto ao Sol e Leão no Ascendente a regência de Gêmeos será Oxum. A mesma regra de intepretação se aplica a Virgem, que poderá revelar Ossaim, Ewá, Obá, Erês ou até Omulu que é um Orixá ligado à saúde também.

Ossaim está focado nas configurações entre Sol, Vênus e Mercúrio. Obá, nas configurações entre Sol, Mercúrio e Lua. Já Omulu, em configurações Sol, Mercúrio e Netuno, como também nas intervenções de Saturno. Este último ao transitar na casa 6, junto com o Sol, configurando-se com Mercúrio ou se apresentar um peso importante no mapa. E Erês ou Ibêjis, encontra-se na configuração com o Sol, na ligação com a Lua e depende muito da posição do signo nas casas, como por exemplo, Virgem na casa 3 ou Gêmeos na casa 1, é a representatividade dessa vibração.

Na verdade, a principal regra, assim como na ritualística magística utilizada nos templos de iniciação é estudar, depurar e tirar provas, consultando oráculos complementares ou alinhados com a análise, como o Tarô, os búzios, a numerologia e a interpretação dos Odus. E pra concluir, quero também deixar mais uma revelação sobre a casa 6, pois ela é por onde Exu faz seu trabalho.

É nesta casa que o grande Elegbara faz seus serviços para os outros Orixás. Por isso, através desse portal, também poderemos encontrar e identificar o Exu atuante observando nossa carta natal. Poderemos saber por exemplo, o elemento dele, qual sua faixa vibratória, sua vibração atuante e se há cruzamentos ou embaraços, como também tarefas e deveres a cumprir.

Conhecendo mais o portentoso e poderoso Orixá da cura Ossaim (Ko Ko Si Ewe-se Orixá.[44]), a palavra Ossaim é derivada das palavras iorubá: "Que melhora a saúde de fogo.", ò, Shan (melhorar a saúde), Yin (ao fogo). Ossaim é a entidade ou divindade das plantas medicinais, sua importância é fundamental, sem cerimônia no Ifismo pode ser feito sem a sua ajuda, ele é o detector de força, vitalidade e poder

---

44. Saudação ao Orixá.

de realização, sem a qual os deuses não podem passar. Esta energia encontra-se em diversas folhas e ervas, os nomes dessas folhas e plantas e sua utilização é a parte mais secreta no culto ritual de Orixá.

Cada divindade tem as suas folhas individuais e plantas, o uso de uma lâmina contra poderia ter efeitos deletérios, a recolha é feita com extremo cuidado. Sempre em um lugar selvagem, escova ou floresta, onde as plantas crescem livremente, que são cultivadas em jardins deve ser descartada porque a vida Ossaim na floresta. Os sacerdotes deste Orixá levantar-se cedo pela manhã, sem ter tido relações sexuais no dia anterior e siga para a floresta sem que ninguém saudação em seu caminho. Eles oferecem encantamentos para tirar as folhas, raízes, frutos de casca e depósitos fora da floresta antes de sua oferta à divindade, que inclui moedas, búzios, etc.

Esses sacerdotes conhecem as folhas utilizadas como sinônimos, entre eles, podemos notar que há lâminas com virtudes pra colher ervas que sirvam pra coisas especificas como, a folha da fortuna, da felicidade, da alegria, da fertilidade, da fama, da sorte, do frescor, da flexibilidade, da paz, da longevidade, da coragem, pra ser usadas nas roupas, no corpo, nos pés, etc.

Mas há também folhas de febre e miséria e mais temível. As folhas surgem na forma de decocções, a purificação em banhos, concebido para formar um lago mágico entre divindade e certos objetos que estão consagrados, incluindo o sangue de um animal específico. O uso das folhas é essencial, pois estas mesmas folhas usadas para criar pó divino para divindade e receber deles uma força crescente que cria um forte vínculo de interdependência entre o futuro e o iyawô Orixá.

Ossaim é um médico por ordem divina, possui profundo conhecimento de botânica e doenças que afligem o homem. É responsável pela preparação de medicamentos para atendimento pré-natal de crianças ou criaturas.

Ossaim é a divindade de feitiçaria ou bruxaria, a que em tempos de contrastes, discórdias e brigas, os seguidores buscam para atacar seus inimigos. Este é um equívoco duplo, primeiro porque a chave para viver sem ser atacado não é atacar, na verdade, segundo porque não é Ossaim agressivo ou belicoso, simplesmente é a divindade de medicamentos dentro do sistema planetário, que é usado para curar e sanar a doença dolorosa que a ciência ainda não superou.

Um bom exemplo do uso de encantamento foi oferecido por um curador experiente e sacerdote de Ifá, que sustenta que se uma pessoa está desesperadamente à procura de um emprego deve fazer uma preparação de ervas a ser utilizada conforme as instruções. As pessoas devem usar influência para conseguir um emprego. Segundo a crença popular, quem quiser usar a fórmula (plantas) com magias, como conseguir um emprego com segurança. Depois de sacrificar um esquilo ao deus Ossaim, utilizando gin e raízes de cola, depois de trinta e quatro dias, o consulente teve o emprego e voltou para a casa do sacerdote, com novas ofertas de gratidão.

Por outro lado, outra testemunha nos diz que uma mulher que sofria de dor intensa causada pela acumulação de pedras na vesícula estava procurando a ajuda de um sacerdote de Ifá conhecedor do culto de Ossaim após o seu médico lhe dizer que a cirurgia era iminente e inevitável. O sacerdote deu-lhe uma preparação de ervas, algumas das quais esfregou em seu lado direito e o outro se ofereceu para beber gin diluído ao oferecer o encantamento a Ossaim com o sangue de uma pomba.

Eles contaram que quatro dias depois de o sacerdote ter feito a intervenção na mulher ela urinou muito escuro. Com medo, o irmão pediu o seu internamento médico para intervenção cirúrgica achando que o auxílio do sacerdote não tinha surtido efeito e que só a medicina convencional funcionaria. Porém, pouco antes de ir para a sala de cirurgia o médico mandou-a deitar-se para fazer radiografias e para espanto de todos, não tinha uma única pedra na vesícula biliar. A mulher em gratidão deu ao sacerdote de Ifá muitos presentes trazidos da Itália, França e Escócia. Isso depois de fazer viagens a esses países, que também tinha sido previsto, pelo sacerdote de Ifá.

No entanto, também sabemos de um evento desastroso que um homem estava à procura de um sacerdote para seu irmão expropriar os bens de uma casa e o trabalho foi feito. Foi chamado e foi sacrificado a Ossaim. Enquanto isso, o irmão foi em busca de adivinhação que Orunmilá lhe disse para fazer um sacrifício para Exu e Ifá. Ele realizou o sacrifício. Este fato ocorreu com sucesso e nove anos depois os dois irmãos viviam juntos na mesma casa que queriam expropriar.

Vemos nestes exemplos que a balança da justiça é sempre preterida em favor da verdade, por isso aconselhamos os seguidores e sacerdotes que trabalham no culto de Ossaim, mas, com prudência e acima de tudo, se tiverem a outorga. Porque não é qualquer um que consegue atingir um alto grau magístico e a resposta positiva dos Orixás. Nunca use o poder dos deuses contra o seu próximo, pois esta é a quebra de leis de Ifismo que dizem "para não atacar nossos semelhantes".

Na África, Ossaim é conhecido como Èlésìjé, que significa "Rei dos Esie". Esie é uma aldeia ao norte de Yorubaland, no estado de Kwara da Nigéria, onde Ossaim, tornou-se rei. Ossaim, era o irmão mais novo de Ifá. Orunmilá o pai e Ossaim foi seu último filho.

Orunmilá carregou Ossaim consigo por muitos anos. Acredita-se que Ossaim nasceu com o conhecimento sobre ervas e plantas trazido do céu, porque não foi ensinado por outros Orixás. Existem muitos tipos de Ossaim. O chamado Ossaim Elese-kan, com um perna, é o mais feroz e sabe muito sobre Medicina e na cultura ameríndia se assemelha a Caypora, o protetor das matas.

Para o leigo que está estudando este trabalho, podemos garantir que todo virginiano terá a proteção e a atuação de Ossaim e Ewá, preferencialmente Ossaim para os homens com Virgem das casas 1 a 6 e de Ewá com Virgem das casas 7 a 12. Se o mapa é negativo, tenso e com muita violência em evidência, Exu pode se apresentar como regente. E assim terão os virginianos Oxum como regente das finanças, Olokum regente do amor, Ogum regente do sexo e Ibêjis regente do destino.

Já para os geminianos, eles sempre terão Ibêjis como Orixá protetor, com Iemanjá regendo as finanças e Xangô regendo o amor e Iansã regendo o destino.

Oriki Ossaim (Louvando o Espírito de Medicina de ervas)

Os filhos deste Orixá são livres, passionais, desconfiados, generosos, ciumentos, observam tudo ao seu redor, têm tendência ao isolamento e são caprichosos no que realizam.

PAÓ[45]: 3 batidas de palma, bem espaçadas, levantando-se uma mão de cada vez fechada para frente e para cima, lentamente. Em seguida, 7 batidas lentas para frente e as 3 vezes de reverência, ainda mais lentas, seguindo o Adobalé[46].

---

45. O Paó (pronuncia-se paô) é um gesto que serve como sinal de que se é preciso comunicar alguma coisa, mas não se pode falar. Isso ocorre muito no Candomblé quando as iniciandas estão no roncó e não podem falar, daí batem com as palmas das mãos tentando dizer algo, se comunicar por algum motivo. É usado também como saudação para Orixá, e, é diferente de Orixá para Orixá. É uma palavra em yorubá que significa: "pa" = juntar uma coisa com outra; "o" = para cumprimentare a contração de ìpatewó que significa aplauso.

46. Adobalé – Nome dado ao ato de deitar-se no chão para ser abençoado pelo Orixá.

Saudação: "Ewé, ewé ossanhe!", Ewê! Aça!.
Dia: Quinta-feira, no Candomblé, quarta-feira na Umbanda Astrológica.
Cor: Todos os matizes de verde escuro (cor do "sangue" das folhas), e o branco.
Metal: Estanho.
Animais: bode, galo e pombos.
Símbolo: Haste de ferro, tendo na extremidade superior um pássaro em ferro forjado. Esta mesma haste é cercada por seis outras dirigidas para o alto em forma de leque.

Ossaim é a energia mágico/curativa das folhas e por isso divinizada na forma do senhor das folhas e dos remédios. Tornou-se um solitário desde que desceu do Orun (céu iorubá) para cultivar e estudar o segredo das plantas, como também para proteger o reino vegetal.

O segredos mágicos das folhas é o elemento mais importante do Candomblé. Para alguns, Aroni (Uma espécie de gnomo africano.), que tem uma perna só, teria sido o mestre de Ossaim, mas, a verdade é que essa é mais uma das personificações do Senhor das Ervas, pois o conhecimento de Ossaim é natural, já nasceu com ele. As temíveis feiticeiras africanas (ajé) Iyami Oshorongá tomaram forma de pássaros, para enganar e roubar os segredos de Ossaim, por isso alguns deles não deve ter seu nome pronunciado para não atrai-las.

Contam-nos alguns mitos que Ossaim, ao sentir-se sozinho, enfeitiçou Oxóssi, a quem sempre encontrava nas matas e lhe ensinou muitos segredos e pretendia mantê-lo (Alguns mitos dizem que como amigo, outros dizem que como amante.). Ao meu ver, não foi um envolvimento homossexual, mas sua personificação feminina que se envolveu com o Rei das Matas, porque, como já citei anteriormente, o masculino e o feminino agem nos Orixás.

Este envolvimento de Ossaim com Oxóssi não foi bem visto por Iemanjá e Ogum, que não o permitiram, e assim Ossaim teve que voltar a sua solidão. Como vemos nos mitos, a guerra é sempre encontrada nas histórias dos Orixás, assim como brigas por poder, por conhecimento e por vaidade.

Dizem que Xangô, o deus trovão e da justiça, desejando obter os fundamentais poderes de Ossaim, pediu a sua mulher, Iansã, a deusa dos ventos e das tempestades, que ventasse muito no lugar onde morava Ossaim para que as folhas sagradas que guardava em sua cabaça de segredos fossem espalhadas e ele pudesse apanhá-las. Por amor a Xangô, Iansã assim o fez.

No entanto, quando o vento espalhou as folhas, todos os Orixás correram para apanhá-las, sabendo de seus poderes. Ossaim, ao ver o que acontecia, pronunciou palavras mágicas que solicitavam que as folhas voltassem às matas – sua casa e seu domínio. Todas as folhas voltaram, mas cada Orixá ficou conhecendo o poder daquelas que conseguiram apanhar. Só que elas não tinham o mesmo axé (poder, energia) de quando estavam sob o domínio de Ossaim.

Para evitar novos episódios de roubo e inveja, Ossaim permitiu, então, que cada Orixá se tornasse dono de algumas folhas cujo poder mágico, de conhecimento e cura, seria liberado quando lhe pedissem ao retirar as folhas de suas plantas. Em troca, exigiu que jamais cortassem ou permitissem o corte de uma planta curativa ou mágica.

Toda a medicina iorubá se baseia, portanto, nos poderes de Ossaim sobre as folhas-remédio e Obaluaê, o deus que rege as doenças graves. Ambos os Orixás são muito temidos e respeitados, porque também entre os iorubás, o mesmo princípio que cura, mata. Remédio e veneno são questão de grau. O elemento desse Orixá é ar e terra. Seu símbolo é um ramo de folhas com um pássaro pousado, indicando seus poderes de cura e de magia. Já sua comida é milho. Ossaim é a "luz divina", mestre do poder curativo das ervas, que proporciona o Axé das plantas, ou seja, a força vital, imprescindível à realização de qualquer ritual nos Cultos Africanos.

Ossaim é o pai da Fitoterapia; tem influência na Homeopatia, aquele que gera a capacidade de cura pela ingestão ou aplicação de plantas medicinais, nos consultórios, nas cirurgias, na farmácia, nas pesquisas químicas e científicas. Ele é o alquimista, o mágico, o senhor das poções mágicas e curativas, o bruxo, o médico dos Orixás. Toda vez que queimamos uma floresta, cortamos árvores, ou simplesmente arrancamos suas folhas desnecessariamente, estamos violando a natureza e ofendendo seriamente essa força natural que denominamos Ossaim.

Todo Orixá que precisa de uma erva ou planta deve em primeiro lugar pedir a Ossaim, que cobre por estes trabalhos, aceitando como pagamento mel, fumo, etc. Embora cada Orixá tenha se apossado de um tipo de folha, Ossaim evitou que seu poder fosse distribuído a eles, pois só ele conhecia o axé de cada uma delas conservando só para ele o poder sobre elas.

"KO SI ÈWÉ, KO SI ORÌSÁ" (Sem folhas não há Orixá.) e sem Exu e Ossaim não há Candomblé. Em um terreiro só pode haver um Omo Ossaim (iniciado), embora possa, sem problemas, ter vários abians, cujo Orixá principal seja Ossaim. Para alguns estudiosos, ele não teria pai ou mãe, seria um ser incriado, que veio desde a criação. Assim teríamos que aceitar que ele seria filho direto de Olorun. No entanto, seus conhecimentos magísticos, dons mediúnicos para adivinhação e todo bem natural, parecem ligá-lo mais a Orunmilá do que Oxalá e Yemanjá.

Quando é o encantado Aroni, ele é acompanhado pelo seu principal Exu Sasaneji[47]. Este Exu também tem uma perna só e um olho é coberto com uma folha, no seu assentamento usa-se ervas, frutas (colhidas no caminho) e raízes maceradas, vinho moscatel, azeite doce e mel. Como Aroni, diz-se que é um anão (duende), que usa um gorro vermelho, enfeitado com búzios, um cachimbo de barro e pula numa perna só.

A base de seu assentamento é algodão. Suas bebidas preferidas são, o aluá, a água de coco com uma pitada de sal. Come galos brancos, mel, fumo de rolo (desfiado), etc. Para chamarmos Aroni usamos fumo de rolo em cima de brasa e um ovo quebrado.

Aroni é encontrado no mapa de uma pessoa através do contato[48] de Mercúrio com Quíron e Vênus, é quem intui o Babalorixá, a combinação das folhas. As folhas apanhadas no redemoinho são para Aroni. No terreiro Ilé Axé Opo Afon Ossaim é macho, já no terreiro Gantois é cultuado como fêmea e come cabra. Para colhermos folhas, na mata, despachamos o Exu de Ossaim e o da mata. As folhas são colhidas com a mão direita e colocadas numa cabaça com acaçá dissolvido na água qual as perguntas são feitas a duas cabacinhas e suas vozes poderão ser ouvidas. As cabaças também acondicionam além de folhas, mel, fumo de rolo e cachaça, que é um elemento portador de muito Axé.

A colheita das flores deve ser feita com extremo cuidado, sempre em lugar selvagem, onde as plantas crescem livremente. Deve-se estar em estado de pureza

---

47. Este Exu é percebido na posição contrária do regente da casa 6, quando este estiver em aspecto com Mércurio, Quíron, Vênus e Marte.

48. O contato sugerido refere-se à conjunção de Mercúrio com Quíron, especialmente na sexta casa, na décima segunda casa e na oitava casa, sendo que essa conjunção tem que fazer aspecto também com Vênus.

para esta colheita, abstendo-se de relações sexuais pelo menos três dias precedentes, indo a floresta durante a madrugada sem dirigir a palavra a ninguém, tendo que deixar no chão uma oferenda a Ossaim logo que se chegue ao local.

Ossaim usa uma cabaça chamada Igbá-Ossaim. Fuma e bebe mel e pinga. Ele é feiticeiro, por isto é representado por um pássaro chamado Eleyê, que reside na sua cabaça. Ossaim existe em todas as folhas, por isso quando queimam as matas ele fica revoltado com o ser humano, que destrói a força da natureza, que é a cura de todas as doenças que existem e que vão existir. A voz de Ossaim é estranha, pois imita o grito de um pássaro – Atioro.

Qualidades

Ibeneji: É o mais velho, usa mel e favos, etc.

Ikinise: Usa cachimbo e facão niquelado ou de prata, na saída no barracão.

Outras Qualidades: OYNGBO, ONIGBOGBO, ÈWE DUNDUN, ÈWE RINRIN, ÈWE ÀGBÉ. Ibeneji muitas vezes é representado com uma única perna. Trata-se de um dos Orixás mais importantes. Sua data é 5 de outubro e suas frutas são as não cítricas. As bebidas são o aluá, água de coco, gengibre, rapadura ralada, água de coco, cachaça de alambique, vinho tinto ou branco, melaço de cana. A parte do corpo regida por Ossaim é o peito dos pés e a parte da perna entre o tornozelo e o joelho. O sacerdote desse Orixá chama-se Olosaiyn.

Cargos: Sarapebe – homem que comunica o ocorrido de um egbe como relações públicas. Bàbálòrisá/Ìyálòrisá é o Babalosaiyn. O toque é o Ijexá. Usa pilão, veste verde.

Falando um pouco mais sobre o arquétipo dos filhos de Ossaim, encontramos neles pessoas de caráter equilibrado, capazes de controlar seus sentimentos e emoções, daquelas que não deixam suas simpatias e antipatias intervirem nas suas decisões ou influenciarem as suas opiniões sobre pessoas e acontecimentos. Como senhor das ervas faz uso de todas as folhas, porém deve-se usá-las com cuidado, pois cada uma tem uma finalidade específica. Aqui mais algumas dessas ervas dedicadas a Ossaim: QUEBRA-PEDRA; PATIÓBA; NARCISO; MAMONA; GUABIRA; FUMO; ESPINHO CHEIROSO; ERVA VINTÉM; BUCHEIRA; AMENDOEIRA; ALECRIM DO CAMPO; ALFAVAQUINHA; AMENDOIM; AROEIRA; BELDROEGA; CANELA DE MACACO; ERVA DE PASSARINHO; JILÓ; LÁGRIMA DE NOSSA SENHORA; MALMEQUER; MAMONA VERMELHA; PITANGUEIRA; JEQUIRITI; JURUBEBA; OBI.[49]

Signos de Leão e Aquário

Segundo a lenda, Ifá recebeu de Olorum o poder de falar em nome dos Orixás, estabelecendo a relação com os seres humanos, através da adivinhação, bastante conhecida no Brasil como o jogo de búzios. Ele é conhecido também como um dos quinze Orixás que se estabeleceram em Ifé com Oduduwa. Para alguns estudiosos, Ifá surge como uma entidade à parte dos Orixás, acima destes e até mesmo como pai de todos os Orixás.

Leão é a casa astral do jogo, por isso Orunmilá, assim como Oxalá, Odudwa e Obatalá se revelam também por esta vibração. Seu sacerdote é o Babalaô, uma função considerada de tamanha dificuldade que tem diminuído bastante nos últimos tempos, pois são necessários muitos anos e uma dose de renúncia para se chegar a essa função e se tornarem maior do que os demais sacerdotes em poder e conhecimento.

Alguns pesquisadores dizem que Ifá compõe, com Exu, parte de uma trilogia que os aproxima da Santíssima Trindade. Outros dizem que ele é identificado com o Santíssimo Sacramento, com São Francisco e Santa Luzia. Identificam seu tipo com a pessoa que sempre diz a verdade, por mais dura que seja. Também é mostrado como extremamente calmo e equilibrado, sempre procurando estabelecer a harmonia em torno de si. Os nativos que poderão ser regidos por Ifá são aqueles que nasceram com o Signo de Leão muito positivo na quinta casa, pois esta é a

---

[49]. Fontes: DOMINGUES FILHO, Henry. *Oráculo dos deuses africanos*. São Paulo: Madras, 1996; RIBEIRO, José. *Mágico Mundo dos Orixás*. Rio de Janeiro: Pallas, 1988; VERGER, Pierre. *Lendas africanas dos orixás*. Salvador: Corrupio, 1985.

casa do Jogo. Também aqueles com um mapa muito iluminado, e com Leão na nona casa ou no Ascendente e o Sol na quinta casa.

Quando o signo está numa posição bem favorável, ou outros fatores positivos e importantes no mapa favorecem o Orixá principal de Aquário mesmo é Oruminlá, que forma o par vibratório no eixo da luz, sonhos elevados e adivinhação (Ifá-Orunmilá = Casas 5 e 11 ou Leão e Aquário). Porém, não esquecendo, no entanto, que o Raio atuante por Leão é de Orixalá, temos assim Ifá, através de certas posições, como por exemplo Leão na casa 5, com o Sol em Leão e Mercúrio na casa 9 ou 6. Assim nesse eixo poderíamos encontrar um par como, por exemplo, Odudwa também na casa 11 ou em Aquário, formando o eixo com Obatalá (na 5 ou Leão).

Como existe entre vários historiadores uma separação entre Oxalá Novo e Oxalá Velho, a qual eu também concordo, digamos que a entidade mais nova, ou seja, Oxaguiã seria a regente do signo de Leão, quando este se encontrar da casa 1 a 6, já Oxalufã (a entidade mais velha) é o regente de Leão quando o signo se encontrar da casa 6 a 12 (Oxaguã simboliza o sol nascente e Oxalufã o sol poente.).

Além disso, depende-se também de olharmos a ligação do Sol Saturno e Urano (Que revela o mais velho.) ou com com a Lua e Mercúrio (Que revela o mais novo.). Os filhos de Oxaguiã têm tudo a ver com os aquarianos, pois optam por trabalhos ligados a mudanças, como derrubar imóveis velhos e construir outros bem mais modernos, são ótimos detalhistas, arquitetos, desenhistas e até publicitários. Isso mostra que os Orixás também agem pelo signo oposto.

Ou seja, quando percebe-se no leonino a regência de Oxaguiã, em matéria de amor e associações, Aquário é o signo mais indicado pra associar-se. Como também deixa claro que quando Aquário ou Urano estiverem na casa 11, o Oxalá Velho será o Orixá principal dos aquarianos. E ainda se Urano estiver em Leão ou este signo estiver na casa 11, a regência para o aquariano também será de Oxaguiã. Já o arquétipo dos filhos de Oxalufã é o de pessoas extremamente sérias, compenetradas, que impõem respeito só de olharem, semelhante aos leoninos. E como os leoninos, também são amáveis, generosos, caridosos e educados.

Aprofundando-nos mais e mais, encontramos ainda um outro Orixá que às vezes se revela como regente de muitos nativos. É um Orixá que tem o temperamento mutável de acordo com o comportamento da natureza. Este Orixá é representado pela gameleira, árvore sagrada para o Candomblé. Ele se chama Iroko, que aqui no Brasil ficou associado à gameleira-branca. Iroko é a própria árvore em expansão, seus troncos são firmes e decididos no caminho da expansão, é sua raiz firmemente presa ao solo que lhe garante seu crescimento para todos os lados. Essa simbologia de expansão tem muito a ver com o signo de Aquário, ao mesmo tempo em que tem as raízes fixas, pois o signo é um dos fixos do Zodíaco e também tem o poder magnético de Urano (Quando este está na casa 4, em conjunção com a Lua ou no signo de Câncer.).

Os filhos desse Orixá são as pessoas que têm o temperamento mutável, podem estar vivendo verdadeiros temporais seguidos por calmarias. Iroko pode se revelar também como regente de Aquário dependendo da posição deste signo. Mas, sempre em configuração com a energia aquariana e uraniana, como por exemplo, Urano exaltado em Escorpião e com o Sol em Aquário; Aquário como Ascendente com o a Lua em Escorpião e o Sol em Capricórnio. Ou o Ascendente em Capricórnio, Sol em Aquário e Lua em Câncer.

Iroko muitas vezes é confundido com Xangô. É difícil encontrar filhos desse Orixá, ou talvez seja difícil mesmo identificá-lo corretamente, pois nem todos estão aptos para isso. Seus elementos são: ar, terra e fogo, com isso torna-se mais difícil sua identificação, pois ele age por vários elementos da natureza e tem um imenso poder. É aí que entra a importante ferramenta do Mapa Natal, e assim a Umbanda Astrológica ganha suma importância no estudo das regências dos Orixás, pois, podemos somar vários fatores, para que confirmemos a real influência da entidade sobre o nativo.

Como já citei, podemos encontrar este Orixá em Peixes, mas, também no segundo decanato de Sagitário. Especialmente com o Sol em Sagitário, Saturno em Peixes e Lua no signo de Câncer; Sol em Sagitário, Saturno em Câncer e Lua em Capricórnio; ascendente em Sagitário, Saturno em Capricórnio e Lua em Câncer. Ascendente em Peixes, Lua em Sagitário, Sol em Câncer e Júpiter em Capricórnio.

Percebemos também que muitos aquarianos se revelam como filhos de Iansã, tanto pelas características revolucionárias e anárquicas desse Orixá quanto pela simbologia de assimilar ao signo devido à oposição ao poder, ou união a ele. Isso se representa no Zodíaco na oposição de Aquário a Leão. Como também pelo eletromagnetismo de Urano, representado no raio de Iansã. Urano rege a eletricidade assim como Oyá rege o relâmpago. Neste caso, encontramos Iansã regendo

Aquário, quando Urano está na casa 4 oposto ao Sol ou quando Aquário está na casa 4 e a Lua na casa num signo ou casa de água.

Para os leigos, sabemos que Leão sempre terá a regência de Oxalá e Aquário. Orunmilá, variando e dependendo de cada configuração individual. Mas, os leoninos, terão nas finanças regência de Ossaim, no amor Odudwa, no sexo Iemanjá, no destino Oxóssi. Já os aquarianos, nas finanças terão Iemanjá, no amor Oxalá e no sexo Ossaim.

Touro e Libra

Não tenho dúvidas quanto à preferência de ser Oxóssi o regente primordial de Touro, mas lembrando sempre que poderemos encontrar outros regentes dependendo da adaptação cármica do nativo e a soma dos fatores do Mapa Natal. Quanto à Libra, me parece viável também a regência de Oxóssi, como é divulgado pela Umbanda Esotérica. No entanto, este signo tem muitas diferenças em relação à influência dada ao signo de Touro por Vênus. Em Libra podemos encontrar outras regências muito bem acentuadas, como por exemplo, a regência de Xangô, por ser esse o signo da balança e das leis.

Temos ainda uma regência que poderá se sobrepor a Oxóssi dependo das posições planetárias e aspectos, neste caso estou falando de Obaluaê que poderá reger este signo devido à exaltação de Saturno em Libra e também pela regência de Urano no segundo decanato. Isso fica reforçado conforme a posição dos planetas e a casa que o signo ocupa no Mapa Natal, nos mostraria Oxumaré, e assim por diante.

Se o leitor estiver atento, sabe bem que são milhares de configurações, e querer definir os nativos em apenas sete Orixás ou 12 signos é no mínimo simplista demais! Nunca pretenderemos esgotar a discussão, por isso, sendo flexível, deixo em aberto as análises, os debates e estudos que todo e qualquer se destinar a fazer. No entanto, quero deixar firme aqui o propósito de estar sempre na busca por elaborar uma metodologia para compreender melhor a ação dos Orixás e signos sobre o indivíduo.

Então alguém pergunta: "Não são 7 os Orixás conhecidos na Umbanda, como também todos não sabem que são doze os signos do Zodíaco?". E eu respondo: "Não! Mas, como assim?". Você deve está se perguntando. Como eu disse, são 7 os raios cósmicos, assim como estudantes de angeologias pregam que são 7 os arcanos ou 72 o número de anjos da guarda, mas, na verdade, este número não é nem de longe o número real desses seres celestiais.

Na verdade, a Divindade age em forma de hierarquia, partido do "Uno" que é o poder máximo e que vai irradiando seu poder por todas as potências que regem o Universo, cada uma com uma finalidade. O que há na verdade, é uma ordem cósmica. Assim, se temos 7 arcanjos que assistem aos pés do Criador, que representam apenas o número da criação e perfeição, temos milhares de outros, como nos deixam claro os textos sagrados no Talmud, Midrash e na Bíblia.

Da mesma forma, sabemos que os portais do Zodíaco são 12, os raios de Umbanda são 7, mas, quando configurados a todos os pontos de uma carta natal, revela-nos, assim como no Ifá, uma infinidade de códigos pessoais e únicos. As portas grandes ou principais do Zodíaco são 12, mas, os graus zodiacais são 306º, os planetas atuantes reconhecidos são 10 (Incluindo Sol e Lua.). E ainda falamos em eixos que nos revelam casas terrestres e celestes, pontos médios, pontos somados e asteroides que de certa forma, mostram os mistérios do zodíaco, como também da nossa alma.

Na verdade, não é uma tarefa fácil, requer muito estudo e intuição, mas, uma pessoa que sabe observar e tem boa sensibilidade, vai conseguir achar o Orixá da pessoa, até porque poderá questionar o nativo para ir montando um perfil que facilite essa análise. Acima de tudo é estudar bastante, em especial os livros e manuais de Astrologia associados a todos os livros de pesquisas sobre Orixás que puderem encontrar. Um excelente livro de Astrologia que indico aqui é *Os Planetas e o Trabalho* de Jamie Binder[50] – este livro vai ajudar muito o buscador a sintetizar e formular uma análise do mapa astrológico.

Teremos então como regente de Touro, Oxóssi e de Libra, Oxum. Mas essas regências mudam dependendo das casas. Por exemplo, Libra na casa 6 é Ossaim, na casa 12 é Obá. Claro que dependendo da posição da Lua, das configurações e da predominância dos elementos. Mas, para o taurino que tem o Sol em Touro e a Lua em Libra por exemplo, ele terá Oxóssi como pai de cabeça e Oxum como mãe. Enfim, para o leigo, sabemos que além da proteção permanente de Oxóssi, o

---

50. Editora Rocco, 1998.

taurino terá Ibêjis como regente da fortuna, Oxumaré do amor e Xangô do sexo. Os librianos terão Oxumaré nas finanças, Ibêjis do sexo e Oxalá do destino.

Câncer e Capricórnio

Câncer é regido por Iemanjá, mas, dependendo do elemento predominante, pode revelar a regência de Oxum, como por exemplo, quem nasce com o Sol em Câncer e a Lua exaltada em Touro. Também podemos perceber Iansã quando Júpiter está exaltado em Câncer, junto com o Sol ou com a Lua.

Já Capricórnio é regido por Omulu/Obaluaê, com preferência a estes Orixás, quando o signo é predominantemente masculino, mas, quando tem predominância feminina, o Orixá pode ser Nanã e até Iansã. Iansã no caso de Marte está exaltado nesse signo, a Lua domiciliada em Câncer, Júpiter em Sagitário ou a Lua em Sagitário e o Ascendente nesse mesmo signo. Ou Júpiter no Ascendente com o Sol em Capricórnio. Já Nanã se apresenta em Capricórnio com Saturno num signo de água, com Saturno em Câncer ou Plutão em Câncer ou muito forte no mapa.

Para o leigo capricorniano, ele pode saber que sempre terá Iansã regendo as finanças, Iemanjá regendo o amor, Nanã regendo a sexualidade e Oxum regendo o destino. Já os cancerianos terão sempre Iemanjá como protetora, Oxalá regendo as finanças, Obaluaê regendo o amor e Iansã a vida sexual.

Exu e Pombagira

Além de muitos Orixás poderem se apresentar como regente de um signo, deve-se lembrar que Exu também se presta a esse papel e pode ser o dono da cabeça de qualquer indivíduo sozinho, quando é o Orixá Exu (Bará), dependendo do horóscopo desse nativo.

Não é difícil encontrar pessoas que são dominadas e regidas por essa entidade. Na verdade, eu falo aqui não das entidades que são divulgadas de maneira vulgar em certos terreiros e que se assemelham muito com Eguns, mas de uma entidade mais elevada que nunca encarnou e que representa sim a força da terra da fecundação e da manifestação do inconsciente. Mas, esse acontecimento é raro, ocorrendo apenas em algumas pessoas especiais. Claro que os sacerdotes terão o dever, caso seja procurado o tratamento pelo nativo, para harmonizar a cabeça do indivíduo, colocando em regência conjunta com Ogum.

Quando me refiro a Exu, falo dele nas suas duas formas, feminino e masculino. Ou seja, Exu e Pombagira. No entanto, encontramos muitas controvérsias a esse assunto. Alguns dizem ser estes duas entidades distintas, outros afirmam que Pombagira seria a parte feminina de Exu.

Enfim, eu acredito que ambos trabalhem no mesmo raio, mas que ambos tenham tarefas distintas e que são duas entidades com papéis diferentes, mas muito parecidos. No entanto, creio que as entidades que trabalham na maioria dos terreiros são na verdade Eguns prestando serviço a essa linha e as entidades que estou citando aqui se refere à Linha Cósmica dos Orixás Ancestrais, que no Símbolo Sagrado do Hexagrama Divino e representado pelo Triângulo da Kimbanda.

Mas estes segredos mais profundos dependem dos iniciados buscarem o maior número de informações possíveis, pois essa não é nossa tarefa agora. No entanto, quero deixar claro que não sou muito adepto da ideia de dividir Umbanda e Kimbanda. Acho que ambas são partes de um mesmo processo, são os pratos da balança, se interagem e quando uma se sobrepõe a outra é que vemos realmente suas polaridades em ação. É como dia e noite, frio e calor ou matéria e vazio.

É nesse contexto de conjunto que apresentei a Hierarquia anteriormente como 8 e não 7. Funciona assim: 7 Orixás menores e um Exu Guardião como o senhor daquele Raio, junto com o Orixá Menor Comandante da Falange. Isso porque Exu é o segundo criado após Orunmilá e é assim o terceiro criado por Olorun, já que Obatalá é o primeiro criado. E tem poder e age com 7 Orixás menores. Assim os raios e falanges, continuam tendo 7 falangeiros, Caboclos, Pai Velhos ou Crianças, mas, com Exu sendo o oitavo.

Outra coisa que sempre tive um pé atrás e que quero afirmar aqui é quanto aos nomes divulgados pela Umbanda do Brasil, referentes a Exus. Por exemplo, Exu Capa Preta, Tranca-Ruas ou os outros conhecidos nos terreiros de todo país, sem querer diminuir seus poderes, mas, acredito que esses estejam um grau abaixo ou até um ciclo também dos Exus originais ou ancestrais, como Yang, Bará, Lonan e assim por diante!

Da mesma forma, os Orixás menores, Caboclos, Pais Velhos ou Crianças, eu vejo como entidades com graus abaixo dos Orixás ancestrais menores, por exemplo, Logun-edé, Obá, Ewá entre outros. Porém, assim como o velho da Matta e sua *Umbanda Esotérica,* enxergo esses encantados ainda como Orixás Menores e não simples castiços.

Exu é o guardião dos portais que ligam o subconsciente do homem, a consciência e ao inconsciente. É a própria essência elemental liberada em suas combinações que vão constituir a essência da matéria e é sem dúvida o grande agente mágico universal, também guardião dos ancestrais. Sem representação-forma, é o fluído impessoal servindo de veículo para toda e qualquer magia, sintetizada em todos os graus e planos de manifestação.

Por ele, que é o veículo universal, que se pode transmitir todas as vibrações cósmicas, meio condutor que é do som, da luz, do calor, da eletricidade, da telepatia, ondas hertzianas, micro-ondas etc. Exu, é assim o Agente Mágico Universal que os antigos magos conheciam como o veículo da magia. Quem se assusta ao ver Exu como Orixá se esquece da trilogia, que tem Exu como parte da Trindade Criadora.[51]

Qualquer estudante sério da cultura e religiosidade africana sabe que Exu nunca representou uma dualidade "bem x mal", mesmo que fosse oriundo de um local, minimamente, parecido com o mitológico inferno judaico-cristão. Aliás, não consigo entender o motivo de vários, senão a maioria, dos que se dizem umbandistas insistirem em identificar Exu como o diabo ou algo parecido.

Para a cultura Yorubá, Èsù ou Exu é o justiceiro Divino, aquele que olha tudo, que leva a Olodunmaré os anseios do homem e o traz de volta em forma de benefício, Àse ou não. Tudo o que existe tem sua polaridade, e Exu será aquele que nos dará a pista de qual o caminho tomar, ele traduz a linguagem densa de nossa crosta terrestre para chegar ao divino, gerando caminhos (Odu), portanto ele é a primeira semente geradora. Yang[52] é o primeiro ser criado da existência, é conhecido como Èsù Agba, o Ancestral primordial, e seus assentamentos mais

---

51. Referências: RIVAS, Neto. *Exu, o Grande Arcano por Mestre Arapiaga.* São Paulo: Ícone Editora Ltda., 1993; VERGER, Pierre Fatumbi. *Orixás – Deuses Iorubás na África e no Novo Mundo.* Rio de Janeiro: Corrupio/Círculo do Livro, 1981; SANTOS, Orlando J. *Órunmilá & Exu.* Curitiba: Edição Independente, 1991; VERGER, Pierre. *Lendas Africanas dos Orixás.* Rio de Janeiro: Corrupio, 1997.

52. PRESTES, Miriam. *O Exu Desvendado.* Capítulo 1 – Sexo e exu, o orixá incompreendido. 2001.

antigos tradicionais eram simples pedras de laterita vermelha, colocadas no chão e, onde eram feitas suas oferendas e sacrifícios.

Ele é o princípio dinâmico de tudo o que existe e do que virá a existir. Exu ao se descontrolar e passar a devorar toda a preexistência, foi obrigado por Orunmilá, após uma longa perseguição, a vomitar tudo de volta. Foi cortado em milhares de pedaços e transformado em "hum" multiplicado pelo infinito.

Assim, plantado em uma pedra, chamada Yang, na qual os sacerdotes evocarão um espírito, e daí por diante o cultuador deverá criar uma afinidade de tal forma que tudo o que faça possa com ele dialogar, em todos os momentos, todos os dias e horas, pelo menos, mentalmente, criando assim uma simbiose. Forças que não podem ficar paradas, sem este contato, com o tempo essas energias se vão, e perdemos assim o elo com o Senhor do Movimento e Caminhos, só restando-nos uma pedra. Eshú Yang é o símbolo da existência diferenciada, o elemento dinâmico que nos leva à propulsão, à mobilização, à transformação e ao crescimento.

Nomes dos Exus e seus atributos[53]

1- **YANG** – É o princípio de tudo, a própria memória de Olodunmaré, seu criador, a laterita vermelha.

2- **AGBA** – O mais velho e, por consequência, o pai que é retratado no mito em que Orunmilá o persegue através dos nove Orun. Aquele que é o ancestral.

3- **IGBA KETA** – É o terceiro aspecto mais importante de Exu que está ligado ao número três, a terceira cabaça, na qual ele é representado pela figura de barro junto aos elementos da criação. O dono da cabaça, o Igba Odu **OKORITÀ META**. É ligado ao encontro dos caminhos ou à encruzilhada: o encontro de três ruas (Y).

4- **OKOTO** – É representado pelo caracol-agulha, mostra a evolução de tudo o que existe sobre a Terra e está ligado ao Orixá Ajé Saluga, o antigo Orixá da riqueza dos Yorubás. O dono da evolução, o caracol.

---

53. Fonte: Esú a Pedra Primordial – Teologia Yorubá (Enciclopédia de diversos autores). p. 10 (pdf)

5- **OBASIN** – É por este nome que é conhecido e cultuado em Ilé Ifè. O pai de todos os Exus.

6- **ODARA** – É o que se estiver satisfeito através do sacrifício, traz a felicidade ao sacrificante.

7- **OJISÈ EBÒ** – É o que observa todos os sacrifícios rituais e recomenda sua aceitação levando as súplicas a Olodunmaré. O Exu que leva as mensagens ao Orixá.

8- **ELERU** – É o que leva os carregos dos iniciados (Erupin).

9- **ENUGBARIJÒ** – (O COLETIVO) É o que devolve a todos o sacrifício em forma de benefícios. O Exu que traz a prosperidade.

10- **ELEGBARA** – É o todo poderoso que transforma o mal em bem, cujo poder reside na transformação das coisas.

11- **GBARA** – É um dos mais importantes aspectos de **Exu**, pois ele é o **Exu** do movimento do corpo humano, infundido no corpo pré-humano, ainda no Orun por Obatalá, sendo "assentado" no momento da iniciação, junto com o Ori e o Orixá individual.

12- **LONAN, ONA ou OLONA** – É o senhor de todos os caminhos.

13- **OLOBÈ ou OBÈ** – É o senhor da faca, tem de ser reverenciado ao começar todos os sacrifícios, onde a faca é necessária. O dono da faca ritual.

14- **ELEBÒ** – É o carregador de todos os Ebòs. O Exu que recebe as oferendas.

15- **ESU ODUSO** – O Exu que vigia os oráculos.

16- **ELEPO** – É ele que recebe o sacrifício do azeite de dendê.

17- **INA** – Um dos aspectos mais importantes desse **Èsù** primordial é presidir o Ipade, sendo o dono do fogo.

18- **LAROYE** – Revolucionário e guerreiro.

19- **ARAYEYI** – Porteiro de Olófin.

20- **LAALU** – O senhor dos quatro caminhos.

21- **MARILAYE** – Possui quatro bocas e quatro olhos.

22- **OGUNILEBE** – Anda nas estradas e provoca acidentes.

23- **LAJE** – Vive num caramujo aje.

24- **OBASINLAYE** – Acompanha Oduduwa.

25- **LODE** – Protetor do lado de fora da casa.

26- **WENKE** – Aquele que fala a verdade e a mentira.

27- **KAKOSA** – Possui duas caras viradas em sentidos opostos.
28- **ALOBA** – Vive no alto da montanha.
29- **ONIBURU** – Acompanhante de Orixá Oko.
30- **EGBASAMA** – É maligno.
31- **ALIMU** – Ajuda Oyá no controle dos Eguns. Os fios e contas de Exu em Cuba são inteiramente negros existindo variações de acordo com algumas "qualidades". Inúmeros itans de Ifá coletados em Cuba narram as aventuras de Exu, ao mesmo tempo em que ressaltam aspectos de seu caráter.

Se você quiser conhecer e fornecer uma explicação para muitas das afirmações feitas sobre Eleguá e, assim, separar a superstição da realidade do que as energias deste Orixá são representadas no panteão iorubá. Para o estudo da mitologia helênica, especificamente o Deus Hermes, o mesmo que os romanos chamavam de Mercúrio. Então veja as informações sobre a duração da órbita de Mercúrio, a fonte das energias deste e então compare o Orixá às três respirações essenciais humanas, que são o sinal de Baba Ifa Ejiogbe sob a frase do mestre do ar. Em seguida, investigue a duração da órbita do planeta fonte de energia Orunmilá (Saturno ou Urano), que contém o destino do homem, e que em três órbitas consecutivas do planeta encontra-se o tempo médio e máximo que nós temos para cumprir nosso destino na Terra.

Eleguá desceu do céu à Terra em um único sinal de Ogbé chamado Ifá; este sinal descreve o nascimento do ego, sua morte e ressurreição subsequentes do mesmo, assim porque este Orixá está relacionado com a vida e a morte, mas é o menor da Terra em um único sinal, sem estradas, e aqui devo dizer que as estradas são atribuídas aos deuses iorubás, que geralmente resultam da observação do comportamento de alguns elementos da natureza ou do homem, eventos relacionados no ambiente arquétipo do Orixá, um exemplo disso é Oxum Ibu Kole, que vive nos esgotos e córregos de esgoto, isso é típico de panteísmo que prendeu a religião iorubá.

Muitos sacerdotes da religião iorubá argumentam que Exu tem 121 estradas, o que é falso! Isso porque cada Exu que baixa para o chão acompanhado por um dos 256 sinais de Ifá, e esta é a relação dinâmica na religião iorubá, de Orunmilá e Exu, que correspondem aos planetas Saturno e Urano (Casas 10 e 11 referentes ao destino e o que se consegue no final de tudo.), únicas fontes de energia do Orixá, associado a Mercúrio, o Mensageiro, e regente da casa dos caminhos e do trabalho (casa 3 e 6).

Não é acaso ou coincidência que as três respirações do homem que ocorrem dentro de um período de 84 anos (Três vezes de Saturno ou uma volta de Urano em torno do Zodíaco.). Mais tarde representa a quantidade que temos de anos possíveis de vida. Não é verdade que Exu desce à Terra para perturbar o destino do homem, Exu é Ashelú (polícia) universal, isto é, não pode ser subornado com ofertas aos Orixás. Ele não é um criança petulante como se diz, é apenas um zelador, para cumprir o destino prometido ao homem na Terra.

Assim são impostas tarefas e obrigações. Daí Exu pode gerar acontecimentos desagradáveis ou negativos ao homem, mas sempre de acordo com seu destino usando o prêmio binomial – punição que com eventos negativos gerados por este Orixá é um corretivo para nos trazer de volta ao caminho certo, como se fosse um policial a um criminoso que viola as leis da sociedade. Exu é a multiplicidade, enquanto Eleguá é a unidade.

Eleguá e Exu são uma unidade. A confusão mostra-nos que os sacerdotes iorubás tocam no assunto deste Orixá (Eleguá) e do Orixá Exu. É que ambas operam na lei da polaridade ou o oposto, Eleggua é o mensageiro dos deuses, iorubá, sua fonte, o poder vem do planeta Mercúrio,[54] e, portanto, suas energias são pessoais, então ele diz que Eleguá abre e fecha todas as portas (lei dos opostos) e prediz os eventos que, pelo seu caracol, são enquadrados no espaço de um ano, nasce para oferecer sacrifícios ao Osha anualmente, e obter a carta que irá reger a nossa casa.

Também se Mercúrio estiver junto a Lilith ou em conjunção ao regente da casa 7 e se o regente das casas 3 ou 6 estiverem mau aspectados com Sol, Lua e Ascendente, a posição de Mercúrio revelará o Exu atuante na vida da pessoa e que

---

54. Ao vir de Mercúrio a força de Exu, geram muitas semelhanças com Ibêjis, o qual representam da mesma forma os inícios, a personificação da inocência o movimento e o estudo no percurso da vida. Por isso muitos adeptos chegam a confundir uma pessoa possessa por Ibêjis com uma incorporação de Exu. No mapa, Mercúrio revela-nos Exu, através da sua ligação com os regentes da casa 3 e 6 (aspectos maiores: conjunção, quadratura, oposições ou trígono, especialmente conjunções). Como também se Mercúrio estiver dentro dessas duas casas citadas e o regente delas, em aspecto com o Sol, Lua ou Ascendente.

deve ser cuidado, por exemplo, um Mercúrio em Touro, revela-nos Exus ligados às matas. Se o regente da casa 6 estiver mau aspectado com o regente da casa 8, ao mesmo tempo em que Mercúrio se encontrar em alguma dessas casas: 6,3,9 ou 12, é significado de obrigações com Exu ao longo da vida, como também será necessária a iniciação desse nativo.

E quanto esta configuração se dê por trânsitos sobro o mapa, poderá ser a revelação de algum processo desafiador que a pessoa esteja vivendo nessa fase da vida. O mesmo acontece se essa configuração se dê por meio das progressões, nas revoluções solares ou direções. Mas, ao contrário, ou seja, sem ser configurações desafiadores e os planetas formarem bons aspectos, indica proteção sem obrigação, como também Mercúrio estará agindo pela direita, revelando Ibêjis e não Exu. Lembrando ainda que Pombagira, também se revela por Mercúrio, mas, em particular, observa-se as ligações deste planeta com Lilith, com a Lua e com o regente da casa 4, 8 e 12.

Exu também gerencia a lei da polaridade, mas apenas sob o prêmio binomial e punição com base na execução bem sucedida de nosso destino, só que estas energias que vêm dos planetas Urano e Saturno são impessoais e muito destrutivas em sua borda negativa, de ponta que obviamente, dependerá do sinal de Ifá e Exu correspondentes, para sabermos a real situação quando Ozuna Ogum e Exu estão fortemente ligados ao trabalho de Orunmilá.

Sem ele não há sentido para os guerreiros, porque o conteúdo do destino e os Awofaka Ikofá da pessoa (mão Orunmilá) têm em Exu necessidade de monitorar e atender o destino da pessoa, Ogun para segurar o céu (IFA) e Osun que contém a espiritualidade da pessoa. E para deixar claro, Exu é o mensageiro entre os homens e os Orixás e não entre os homens e Deus. A conexão com Deus se dá apenas por Orunmilá, que é o escolhido para guiar os destinos, assim também como só os Arcanjos e não os anjos da guarda têm direito de se aproximar do trono do Criador.

Estes 7 Exus Planetários estão diretamente ligados aos 7 Orixás da seguinte forma na Umbanda Esotérica:[55]

---

[55]. Fonte: SILVA, W. W. da Matta e (Mestre Yapacani). *Umbanda de Todos Nós*. São Paulo: Ícone Editora, 2009; RIVAS NETO, F. *Umbanda a Proto-Síntesi Cósmica*. São Paulo: Ícone Editora, 2005; RIVAS NETO, F. *Exu, o Grande Arcano*. São Paulo: Ícone Editora, 2003.

Exu Planetário: 7 Encruzilhadas – serventia direta de Oxalá.
Exu Planetário: Tranca-Ruas – serventia direta de Ogum.
Exu Planetário: Marabô – serventia direta de Oxóssi.
Exu Planetário: Gira-Mundo – serventia de Xangô.
Exu Planetário: Pinga-Fogo – serventia de Obaluaê/Omulu (Yorimá).
Exu Planetário: Tiriri – serventia de Ibêjis/Erês (Yori).
Exu Planetário: Pombagira – serventia de Iemanjá.

Na Umbanda, assim como no Candomblé, cada Exu cuida de tarefas específicas, sendo grande e complexa a divisão de trabalho entre eles. Por exemplo, Exu Marabô oferece proteção contra os inimigos que querem nos trazer danos materiais. Exu Tiriri protege-nos na vida social. Exu Tranca-Tudo, faz com que os nossos inimigos nos esqueçam e não nos enxerguem. Exu Mirim é o guardião das crianças e também faz trabalhos de amarração de amor. Exu da Pedra Negra é evocado para o sucesso em transações comerciais. E assim por diante. Mas, se negativo, pode trazer-nos consequências ruins.

Quando falo "negativo", soa meio estranho, pois Exu em si já é o representante das sombras e da polaridade negativa ou Baixo Astral. Mas, me refiro aos momentos em que ele está nos cobrando, nos testando e em desarmonia conosco. E essas desarmonias, tanto podem ser cíclicas e causadas pelo nosso carma, como também por nossos erros ao longo da vida que acarretam numa cobrança ou, também, causado por terceiros, ou seja, quando somos alvos de feitiços violentos, pessoas ruins que nos afetam com suas pragas, olho gordo e ações energéticas frias e pesadas.

E se Exu se encontra envolvido numa dessas situações para nos testar, como dizem os Salmos "E será refinado no fogo como a prata." (Salmo 66:10 e Salmo 12:6) então podemos ter uma fase muito difícil em nossa vida. Por exemplo, quando Exu Tiriri está numa dessas fases de desarmonia, pode enfraquecer a nossa memória e a consciência. Assim, o melhor a fazer é consultar os oráculos e tentar compreender a fase em questão e as causas dos problemas.

Já a Pombagira é especialista notória em casos de amor e tem poder para propiciar qualquer tipo de união amorosa e sexual. Assim, muitas mulheres que têm essa mensageira forte passam muitos perrengues quando ela está desarmônica.

Ela trabalha contra aqueles que são inimigos seus e de seus devotos. Mas, se ela não é bem cuidada, especialmente por aquelas que tem uma ancestralidade forte ligada à magia e ao sexo, como por exemplo, quem foi sacerdotisa, bruxa ou prostituta numa encarnação anterior, ela geralmente pega pesado e testa fortemente essas pessoas. Claro que depende ainda da permissão dos Orixás regentes de cada indivíduo. Mas, geralmente quando Pombagira ou Exu tem carta branca para agir, é por mérito ou demérito do indivíduo que será foco da ação dessas entidades.

Pombagira considera seus amigos todos aqueles que a procuram necessitando de seus favores e que sabem como agradecer-lhe e agradá-la. Mas, não é tão simples assim. Pois ela conhece o sub-mundo, o subconsciente e a sombra no coração de cada pessoa. Portanto, se procurar essa entidade apenas pelo egoísmo ou outros sentimentos ruins querendo usar a Senhora dos Caminhos como serviçal de seus desejos malignos, o risco é muito grande de Pombagira se voltar contra essas pessoas.

Deve-se presentear Pombagira com coisas que ela usa no terreiro quando incorporada, como tecidos sedosos, perfumes, joias e bijuterias, champanha (ou outras bebidas), cigarro, rosas vermelhas abertas (nunca botões), além das oferendas de obrigação, (os animais sacrificiais) e de despachos deixados nas encruzilhadas, cemitérios e outros locais sempre iluminados pelas velas vermelhas (em casos de amor e sexo), pretas (em casos de baixa magia) e, às vezes, brancas (agradecimentos, louvores e contemplação).[56]

Porém, o buscador atento deve ter notado que estou batendo na mesma tecla desde o início deste livro pedindo a todos prudência, respeito às leis do Astral Superior e acima de tudo respeito ao próximo. Pois não é por ofertar a uma entidade que é a garantido que será atendido. Ao contrário do que muitos pensam, nenhum Orixá ou Exu e Pombagira age sozinho. Na verdade, existe uma confraria e uma Hierarquia que delibera, observando as leis cármicas e espirituais. Então, não pense que pode sair pedindo o que quiser, pois tudo é antes avaliado pelo Astral Superior. Por isso lembrem-se que todo cuidado é pouco.

As "duas cabeças" de Exu representam sua natureza dual, que ora o instiga a satisfazer suas necessidades, ora o induz a satisfazer as necessidades alheias. Igualmente,

---

56. De conhecimento de todo terreiro no Brasil e por maioria dos adeptos.

a "Águia de Duas Cabeças de Lagash" que é o mais antigo brasão do Mundo, e as serpentes astecas de duas cabeças na mitologia asteca – e também na Maia e Inca.

Ele deve ser servido e saudado ritualmente antes da abertura dos trabalhos, porque Exu é o mais humano dos mistérios de Umbanda, pois assimila tudo o que seu médium vibra em seu íntimo. Assim como a serpente, simboliza o contato entre o mundo espiritual e o terreno. Ele é uma espécie de mensageiro dos deuses, por isso as duas cabeças – uma leva e a outra traz.

E porque Exu é "especular" (semelhante a um espelho) e reflete em si a natureza emotiva do seu médium, através da qual ele se manifesta quando incorpora, ajuda-nos também a entender nosso passado, entender nosso presente e planejar o futuro. Pois se as duas cabeças apontam uma para o passado e outra para o futuro, é no presente que Exu está na verdade, pois ele é o aqui e o agora. Mesmo sabendo que se fala aqui em duplas faces, temos por certo que a verdade é uma, mas, que ela se conecta a muitas vertentes, pois sabemos que há a verdade dos homens e a verdade de Deus. Assim Exu está com os pés no presente, mas, foca tanto o passado, quanto o futuro.

A sociedade, tanto a moderna quanto a antiga sempre acreditou que muito da maldade humana é próprio das mulheres, que o sexo feminino tem o estigma da perdição, que é marca bíblica, constitutiva da própria humanidade, desde Eva e por isso sempre buscaram limitar a mulher. Tentaram passar ao longo do tempo uma falsa verdade que o pecado foi iniciado no mundo pela mulher, isso porque as religiões patriarcais pregaram os mitos com essa conotação machista.

Assim sendo, o pecado do sexo, da vida dissoluta, do desregramento, é o pecado original que fez o homem se perder, supostamente teria sido da mulher, pelo menos é o que nos conta a história bíblica de Eva, especialmente numa concepção que é muito ocidental, muito católica.

Então Exu foi também feito mulher, deu origem à Pombagira, o lado sexualizado do pecado, da mesma forma que Lilith e tantas outras deusas sedutoras, desafiadoras e misteriosas dos mitos. E as Pombagiras da quimbanda, a parte considerada como a Esquerda da Umbanda ou um dos triângulos que fundido ao triângulo da Direita, formam a estrela da espiritualidade (o hexagrama).

Mulheres perdidas, prostitutas, cortesãs, companheiras bandidas, amantes, alcoviteiras e cafetinas, jogadoras de cassino e artistas de cabaré, atrizes de vida fácil, mulheres dissolutas, criaturas sem família e sem honra ou simplesmente revolucionárias que vão contra a tradição social ou familiar, são os arquétipos dessa temida Mensageira chamada Pombagira.

Negativamente a ação dos Exus reflete em nós

Se um médium é uma pessoa que fica furiosa facilmente, seu Exu estimula a ira. Mas, se o médium consegue o equilíbrio, este mesmo Exu estimulará a paz. Na verdade ele age através do que emitimos pelos portais do subconsciente. Exu atua como um espelho; por isso, se temos médiuns soberbos, a atuação é de exus arrogantes; se temos médiuns preguiçosos, Exus indolente; médiuns tímidos, Exus acanhados e medrosos; médiuns briguentos, Exus de rixas; médiuns desbocados, Exus chulos; médiuns galanteadores, Exus sedutores; médiuns invejosos, Exus atormentadores; médiuns egoístas, Exus desinteressados; médiuns infiéis, Exus desleais. Porém, se esses Exus refletem uma alma pura, firme, harmoniosa e iluminada, teremos na sua forma especular do íntimo positivo desse médium ação positiva. Assim teremos médiuns generosos, Exus fiéis e bridosos; médiuns bondosos, Exus benévolos e assim por diante.

Entende-se assim que o Exu individual é um manifestador e intermediário, que é representante do Orixá da pessoa, ajudando a cumprir a missão de vida e é também "refletor do íntimo e do emocional do seu médium".

Exus que acompanham vários Orixás no Candomblé

Começando por Oxumaré, um Orixá que é símbolo de transformação, magia, chuva, arco-íris e é representado pela Serpente Sagrada, tem a colaboração de um Exu muito poderoso que no Candomblé é conhecido como Exu Akesan que é uma divindade que guardiã das tempestades, casas, pessoas que tem poder de curar e talento pra dança. Já Oxalufan Orixá da paz e caridade, tem a companhia pela Esquerda de Exu Jelu ou Ijelu, aquele que rege o nascimento e o crescimento de tudo o que existe.

Oxum, Oyá, Ogum, são acompanhados de e tem contribuição no Candomblé do Exu Ònan, guardião dos caminhos e responsável pela porteira do Ketu. Odé ou Oxóssi, o rei das matas e da riqueza, como também, Ogum, Oxalá tem a companhia de Exu Lálú que está ligado principalmente a todas as danças em diversas cerimônias do culto sagrado de Ifá. Iemanjá e Xangô têm a companhia de Exu Igbárábò. Omolú e Nanã têm a companhia de Exu Sìjídì. Osogiyan tem a companhia de Exu Langìrí e Exu Tòpá/Eruè.

Já Oxóssi tem a companhia de Exu Àlákètú. E para completar o trio de Orixás que trabalha nas matas, temos também Logun-edé, filho de Oxóssi que tem a serventia de Exu Òrò. Já a mãe de Logun-edé, Oxum tem a companhia de Exu Aríjídì e Exu Asanà. Além desses, há muitos outros que atuam no Candomblé por serventia dos Orixás. E um dos mais importantes é Exu Ína: responsável pela cerimônia do Ipade regulamentando o ritual.

Esú Òsètùrá

Esse termo, Oseturá ou Ose-Tura, fala da sua encarnação ou de Exu – O Mensageiro dos Odus – Odu. Muito místico, lida com a verdade; nenhum meio termo; nada acontece sem a ajuda de Exu; indica ter Axé forte e firme na Terra; o início e o fim de tudo.

Também nos contam as lendas que o povo começou a ofertar aos Orixás e em especial a Exu, numa época em que todo mundo estava sofrendo, com fortes dores e infeções de garganta. Por causa daquele sofrimento do povo, foram consultar Exu Oseturá, o qual por sua vez, fez uso do sistema de Ifá. Então com a consulta, Exu chegou a conclusão de que somente com sacrifícios todos ficariam curados e livres da doença. Assim deram início as oferendas aos Orixás.

Exu, como todo buscador e iniciado sabe, tem uma lista imensa de nomes, que tem representatividade na força dos ancestrais cultuados no Brasil e África, sendo assim desnecessário descrevê-los todos no momento. O mais importante é destacar as funções desses Exus ancestrais nos rituais, quando for necessário, como por exemplo, Exu Yang que é o princípio de tudo, a própria memória de Olodunmaré, seu criador.

Como também Exu Agba ou Exu Agbo, que tem esse nome nome porque mostra a força dos Anciões. Também trabalha na Quimbanda Nagô, pois é um Ancestral protetor de terreiros como Exu Tronqueira e é evocado no final das oferendas. Um Exu muito forte, que defende as bases, tradições e traz firmeza, pois é protetor de famílias e da etimologia dos 'agbô' que em iorubá é família.

Pombagira

Essa importante guerreira da corrente de Exu, já representada num estandarte amarelo claro, tendo ao centro uma pomba branca de asas abertas, representando a energia vital de kundalini. Isso dentro do culto público que os magos brancos usavam nas suas procissões. Ao que se sabe a pomba representava a pureza e as asas abertas significando que ela voava, estavam em toda parte (girando).

Esse giro representa para a Umbanda Astrológica um conhecimento muito importante que serve para esclarecer aos homens, principalmente os Iniciados nesses mistérios e que visam não só a se conhecer, mas, conhecer os segredos de sua ancestralidade, a transformar a energia sexual (libido) em energia mental e também força espiritual. Creio que por este sentido, a ação mágica da Pombagira, uma força que revela imensa sensualidade foca a busca pela compreensão dos assuntos ligados ao sexo de maneira indiscriminada. E mesmo que tenha em padé uma atuação misturada a fetiches, lendas e mitos, muitas vezes, aterrorizadores ou que denotem deboche esta falante ou raio ancestral tem uma importância maior do que se pensa dentro da Umbanda.

Na verdade, a palavra "Pombagira" é corruptela de Pambu Njila, como é denominado Exu no dialeto kikongo, dentro da mitologia Bantu. Pambu Njila é um Nkisi, nome pelo qual é conhecido o Orixá Exu em Candomblés de Nação Angola. Intermediário entre os seres humanos e o outros Nkisis, é também chamado de "Bombo Njila", sendo que sua manifestação feminina é chamada de Vangira. É a Senhora dos caminhos e dos começos. Guardiã das aldeias, seu culto é geralmente nas suas entradas, tal qual o Exu yorubá ou o Legbara Daomeano.

Na Mitologia Bantu, Mpambu em kikongo significa Encruzilhadas e Njila, Caminho. É o mensageiro, não essencialmente mau ou essencialmente bom, que desempenha seus papéis e funções no espaço destinado ao culto. Porém, a Divindade Pambu Njila, essa Hamba da cultura Bantu, segundo alguns, que pra mim preferem agir como separatistas e não formadores de síntese, dizem que essa entidade é comparada ao Orisá Esú dos povos Nagô/Yorubá erroneamente, além disso, seria masculina e não feminina.

Porém Aluvaiá é lançado como síntese de um pensamento social voltado ao sentimento mais humano à proximidade e identidade com o próprio homem, sem no entanto, colocá-lo distanciado do elenco místico. Por isso, o importante é a sua atuação ancestral, sua sincronia ou semelhança com Exu, pela representividade diante dos deuses, como senhor dos caminhos e do movimento constante.

Entre os Exus, falange na qual Pombagira está inserida, que é formada por Exus coroados, batizados e que também se incluem as entidades artificiais denominadas "compadres" ou "comadres", temos na verdade a ação de cada um dos chefes de falange, atuando com mais outros 6 Exus representantes, fomando assim a conexão com todas as linhas e Orixás. Isso porque Exu é um princípio vibratório que obrigatoriamente participa de tudo. Pois essa entidade é dinâmica e está em tudo que existe.

Exu é uma força que impõe através de desafios, provações e atuações, o equilíbrio necessário às criaturas, em especial no plano psicológico, pois sua atuação parte do subconsciente, servindo de elo, tanto para moldar uma consciência firme, como também para bloquear o inconsciente, que em muitas pessoas é um risco eminente de revelações ou lembranças ruins (Por causa de uma mediunidade em desarmonia ou não trabalhada.), causadas pelo desequilíbrio emocional. Ele também ajuda a todas as pessoas que ainda têm carmas negativos a saldar.

Os Exus originais, agentes mágicos universais, não têm um corpo astral, não é um princípio espiritual encarnante e não se manifestam mediunicamente, assim como os Orixás. Mas, voltando a Pambu Njila, seu elemento é o fogo (Tubia), divindade que conhece todos os atalhos, todos os caminhos e está com seu filho em todos lugares que ele possa ir, pois não há portas fechadas para essa Divindade. Assim, percebemos que se não são todas as falanges de Pombagira que tem ligação com essa entidade Bantu, fica bem claro a semelhança por vibração e atuação. Por isso concluo que há sim uma ligação, pelo menos de boa parte delas.

Ocorre que há uma confusão entre vibração e entidade. Muitos chefes de terreiro utilizam-se dessas confusões escondendo-se em uma falsa inconsciência, dizem estar "incorporados" de tal e qual Orixá, este ou aquele Exu, gerando fascinações e obsessões coletivas, caindo nas mãos de organizações de baixa envergadura moral do Umbral inferior.

Porém, sabemos que Exu e Pombagira assim como Ngana Pambu Njila (Senhor dos Caminhos), tendo muita importância nos rumos que escolhemos para nossas vidas, não atuam com falsidade, pirotecnias ou induzem seus seguidores a malignidades, mas, defendem a ancestralidade, uma sexualidade equilibrada e harmonia mental. E assim eles são os intermediários que fazem a ligação entre os seres humanos e as outras Divindades. Na língua KIMBUNDU, a palavra PAMBU, tem o significado de encruzilhada, atalho, fronteira e a palavra NJILA significa caminho, estrada.

Os Orixás Ancestrais dão formação, através de seus Guardiões, à chamada Coroa de Defesa Planetária (ou Coroa da Encruzilhada), que é constituída pelos seguintes maiorais, que nunca tiveram encanação terrestre:[57]

Sr. Alaxirô – Ligado ao Orixá Ancestral Oxalá
Sra. Aynamey – Ligada ao Orixá Iemanjá
Sr. Nugô – Ligado ao Orixá Ogum
Sr. Issoxô – Ligado ao Orixá Oxóssi
Sr. Ognax – Ligado ao Orixá Xangô
Sr. Amiroy – Ligado ao Orixá Yorimá
Sr. Iroy – Ligado ao Orixá Yori

Mesmo nas maiores e melhores obras, dos maiores e melhores autores, sobre religiões africanas, sejam brasileiros, ingleses, franceses, africanos, Babalorixás, antropólogos, babalaôs, eu nunca li nada que se referisse à Exu mulher. Ao contrário, sua forma é fálica (forma de pênis), sempre no sentido de elemento fecundador, fertilizador e nunca elemento fecundado, nunca houve qualquer simbolismo ou ligação com uma "vagina", em sua ambivalência, assume situações duplas, mas nunca como macho e fêmea. O que pra mim é um erro, pois não podemos admitir que Exu tenha apenas um gênero, porque sabemos bem que a dualidade está em tudo, o feminino e masculino são partes da criação.

E se o gênero atua na criação e nos Orixás, como citado nas leis ou princípios herméticos, porque não atuaria em Exu? Negar isso é recorrer aos mesmos erros cometidos pelas religiões patriarcais.

Por outro lado, já estudamos em muitas pesquisas que essa definição de Exu, apenas como uma divindade masculina, se iniciou, com a palavra bombogira,

---
[57]. Fonte: TRINDADE, Diamantino Fernandes. *Umbanda: um ensaio de ecletismo*. São Paulo: Ícone Editora, 1994, p. 164.

que é o nome dado à Exu macho por excelência na nação de Angola e que gerou a expressão "pombogira", como forma de um Exu mulher, assim com essa força incorporada ou influenciado por um médium, ele assume uma atitude sensual, atrevida e que evoca a compreensão das práticas do ato sexual em si.

Por isso, essa entidade mexe tanto com a libido, com paixão e com a magia sexual. Sob a regência ou cobertura dessa vibração, sabe-se que é muito comum, se a mulher tem vontade, libido forte ou até mesmo por necessidade de prostituir-se, adulterar, se entregar aos fetiches e extravasar, cometendo as aventuras mais intensas que servem na verdade para descarregar energias, que estão trancadas em seu subconsciente ou inconsciente.

Assim age essa vibração, quando está na cobertura ou conectada aos chacras ou Ori dessa pessoa, em especial aos que têm sua cobertura especial, um carma ligado a sexo, magia e dívidas cármicas que envolvem a procriação ou desequilíbrios sociais fortes.

Dessa forma e nessas pessoas há uma atitude diferente, peculiar, que as pessoas em volta estranham, quase sempre não compreendem e é porque uma Pombagira está "encostada" ou tem o domínio de sua guarda. Mas, em situações pré-determinadas pelos Odus e senhores do carma desses indivíduos, tudo isso seria uma situação normal, natural, pois envolve na verdade seu carma, seu destino e sua energia ancestral, porém os humanos tendem o tempo todo a não assumir sua essência, sendo este um dos maiores problemas na busca espiritual. E porque a maioria das pessoas estão sempre em busca de um "bode expiatório", sabemos bem que "A POMBAGIRA leva a culpa".

Porém, devemos compreender, com profundidade e seriedade, que nem toda incorporação deste gênero, que se fale com as pessoas, beba ou fume em público, é Candomblé, é Umbanda! Pra mim, essas afirmações são apenas confusão, pois será que no Candomblé a sexualidade não é abordada também pelo prisma da Esquerda? Claro que é! É um erro achar que a Pombagira não atua no Candomblé.

Mas, muitos querem enquadrar movimentos corporais, comportamentos e características, que são vistos na Umbanda, como sendo de influência de Pombagira, na regência de outros Orixás, como por exemplo a intempestividade de Iansã, que em vários terreiros é confundida com Pombagira ou é ignorada e definida apenas como o Orixá dos Ventos que mexe com a sexualidade das pessoas. No entanto, os maiores pesquisadores do Candomblé no século passado, conseguiram enxergar sim a influência e atuação de Pombagira nos terreiros.

Na língua ritual dos Candomblés Angola (de tradição banto), o nome de Exu é Bongbogirá. Certamente Pombagira é uma corruptela de Bongbogirá, e esse nome acabou por se restringir à qualidade feminina de Exu. Na Umbanda, formada nos anos 30 deste século do encontro de tradições religiosas afro-brasileiras com o Espiritismo Kardecista francês, Pombagira faz parte do panteão de entidades que trabalham na "esquerda", isto é, que podem ser evocadas para "trabalhar para o mal", em contraste com aquelas entidades da "direita", que só seriam evocadas em nome do "bem".

Dona Pombagira, que tem um lugar muito especial nas religiões afro-brasileiras, pode também ser encontrada nos espaços não religiosos da cultura brasileira: nas novelas de televisão, no cinema, na música popular, nas conversas do dia a dia. Por influência kardecista na Umbanda, Pombagira é o espírito de uma mulher (e não o Orixá) que em vida teria sido uma prostituta ou cortesã, mulher de baixos princípios morais, capaz de dominar os homens por suas proezas sexuais, amante do luxo, do dinheiro, e de toda sorte de prazeres.[58]

Agora quero repudiar uma definição que li e que partilho com os caros leitores, que narra o seguinte ao se falar de gênero e homossexualidade: "Uma pessoa de Iansã, explica um filho-de-santo, sendo homem, é claro que vai ser mais fácil assumir sua 'veadagem'. Uma mulher possuindo Orixá macho (aborô), poderá se valer disso para explicar porque gosta de mulheres. Agora bom mesmo é ser de Logunedé ou de Oxumarê, melhor ainda ser de Exu, ninguém pode falar nada... Eles são as variações do sexo em sua plenitude. É por isso que todo 'veado' ou 'sapatão' quer ser de Logunedé ou Oxumarê."

Para mim, essa afirmação é no mínimo equivocada ou de conhecimento superficial, tanto dos Orixás, quanto dos arquétipos. Eu venho defendendo há mais de um década que os Orixás não são definidos com um único gênero ou forma, mas, que ele pode se apresentar em macho e fêmea. Ou seja, podemos ter

---

58. Pombagira e as faces inconfessas do Brasil – Reginaldo Prandi, do livro, Herdeiras do Axé. São Paulo, Hucitec, 1996, Capítulo IV, pp. 139-164.

um Ogum masculino, mas, também um Ogum feminino, valendo essa regra pra todos os Orixás.

Outro ponto importante é que não somos filhos de um único Orixá, mas, de um par vibratório que forma o casal sagrado, constituindo-se em nossos pais de cabeça – Pai e Mãe de Cabeça. Além disso, não temos a regência limitada a um único Orixá, mas, há vários.

Dessa forma, um homem que seja filho de Iansã, não é necessariamente homossexual ou uma mulher que teria Ogum como seu Orixá seria lésbica! Na verdade, existe uma hierarquia e não se identifica as opções sexuais por apenas um um único fator. Assim se engana quem pensar que uma pessoa por ser filho de um Orixá andrógeno será homossexual ou que todo homossexual tem que ser filho de um Orixá andrógeno. Tenho por certo que temos gays que podem ser filhos de qualquer Orixá, pois não é um único fator que nos revela isso.

A dualidade não é negada no Candomblé, pelo contrário, a bipolaridade é assumida. Não existe o bem e o mal, existem forças, energias, que podem ser manuseadas tanto negativa como positivamente, ou, melhor dizendo, que podem ser manipuladas tanto para a construção como para destruição. Desprovidas do dualismo bem/mal, as divindades africanas têm o caráter ambivalente, são ao mesmo tempo perigosas e benfazejas, temíveis e protetoras.[59] Na tradição iorubá não existe a dicotomia entre o bem e o mal, portanto Ìyàmi não pode ser vista como boa ou má.

O significado da identidade de Ìyàmi fica, na maioria das vezes, deteriorado pelo trabalho de alguns pesquisadores, transformando Ìyàmi, mãe primordial dos iorubanos e seus descendentes, sustentadora do mundo, em bruxa e em feiticeira. Segundo Augras, as Ìyàmi até chegam a ser uma Pombagira. Despojada de sua função primordial de geradora da vida, é reduzida à condição de força destrutiva.[60]

Nas encruzilhadas ocorre o encontro das forças do Orun com as forças do Aiê. Nelas, Ìyàmi e Exu recolhem a força do Ebó. A relação entre os dois mundos vai ser expressa através dos elementos básicos como evocações e oferendas. Mas

---

59. TORRES, V.A. *Ìyàmi: símbolo ancestral feminino no Brasil*. São Paulo: 2006, p. 67.
60. AZEVEDO, Vanda. *Ìyàmi: símbolo ancestral feminino no Brasil*. São Paulo: PUC, 2006, p. 74.

é, sobretudo, no rito da palavra falada ou cantada, acompanhada de dança ou de gestos que culminam na integração do humano com o visível e o invisível. "A palavra, como portadora de ser, é o lugar onde o ser se instaura como revelação".[61]

Muitos pais de santo e pesquisadores dizem que a única manifestação "semelhante" à Pombagira no Candomblé é a figura do Erê. A meu ver não é verdade, porque, para alguns Ibêjis não seria como o Orixá, e sim um elemental da natureza, com uma conduta infantilizada, que essa vibração se assemelha ou substitui Pombagiras. No capítulo que trato de Ibêjis eu afirmo que em muitos terreiros os sacerdotes e adeptos chegam sim a confundir esses Orixás com Exu, mas há uma característica forte que facilita-nos descobrir a diferença entre ambos, que é a questão da sexualidade e a forma como esta força mexe com a nossa libido.

Além do mais, sabemos bem que Ibêjis na sua forma mais elevada, como Yori o poder do Verbo, ele nunca passou pela vida (nunca encarnou). Dessa forma ele não se encaixa com a característica de Pombagiras, as quais como já citei anteriormente, representam arquétipos de pessoas em evolução e que por seus descaminhos na vida, precisam se reajustar moralmente.

No livro *Exu, o Grande Arcano*, F. Rivas Neto[62] nos revela que Pombagira pode executar a magia, mas, as mulheres encarnadas não! Na verdade, com todo respeito, eu considero um equívoco, pois, em se tratando de magia, sabemos bem que as mulheres podem até ter maior desenvoltura e poder que os homens. A Wicca e outros segmentos místicos são provas disso!

Vimos também toda explanação num outro livro, *A Proto-Síntese Cósmica*,[63] onde ele (o autor ou seu mentor) fala da cisma, do culto lunar, o Muyrakitan e a divisão nesse contexto, feminino, masculino e toda cisma narrada. Eu, no entanto, creio que a cisma não tinha haver apenas com sexo, mas, foi uma luta entre pessoas boas e más, como sempre aconteceu em todas as guerras na história da humanidade, ou seja, disputa por poder, que pode até ter sido constituída por essa simbologia de gênero, porém a meu ver o fator principal foi a ganância.

---

61. AZEVEDO, Vanda. *Ìyàmi: símbolo ancestral feminino no Brasil.* São Paulo: PUC, 2006, p. 71.
62. RIVAS NETO, F. *Exu – O Grande Arcano.* São Paulo: Ícone Editora, 1993.
63. RIVAS NETO, F. *Umbanda – a proto-síntese cósmica.* São Paulo: Pensamento, 1998.

No entanto, concordo quando ele fala que Pombagira não é a "mulher de 7 Exus", mas, que ela é sim um dos sete. Quanto ao que foi dito sobre certas entidades que atuam na linha de Pombagiras no Brasil, conhecidas como Maria Padilha, entre outras, minhas pesquisas mostram que há sim magas negras que se fazem passar por esta entidade, mas, que temos que saber distinguir as que realmente trabalham pelo Astral.

Culto a Egum

Pra finalizar minhas explanações sobre as entidades, chamo sua atenção para Egum, pois, essa é na verdade uma peça chave de toda ação das entidades nos terreiros e na Umbanda. Possivelmente sem Egum não poderia ter nenhum tipo de contato com o mundo dos mortos, pois, todas as entidades que trabalham nos terreiros são Eguns há serviço dos Orixás. O culto a Egum é cercado de muito mistério e tido como fantasioso pelos leigos. Os sacerdotes do culto mesmo os frequentadores assíduos, dizem que conseguem dominar a ira dos Eguns cultuando-os como se fazia na antiga África.

O ritual é executado por homens tendo a mulher pouco acesso. Existe diferença entre Egum e Babá-Egun, pois Egum ainda é um espírito em fase de doutrinação, só após as iniciações será considerado um Babá-Egun. O espírito do morto que em vida teria sido um sacerdote que habitualmente lidava com as energias dos Babás, terá direito de ser um Babá-Egun, desde que ele em vida não tenha tido a intenção em escravizar esses elementos. O Egum da mulher dentro do culto é sempre recebido com muito pânico, pois são difíceis de controlar, e tidos como perigosos e temperamentais.

Eu vejo Egum como espíritos ainda sem luz e envolto em sombras que trazem muitas cargas negativas e que cabe a cada um orar por eles e tratar seu lado espiritual buscando defesa contra esses aflitos do astral.

Num mapa podemos notar a ação de Egum através de maus aspectos com a Lua e com Netuno e Plutão mal configurado, além de fortes influências na casa 12, 8 e 9 em especial quando o Sol Progredido está fraco; quando o regente da casa 12 ataca o Sol ou a Lua e quando Lilith, Quíron ou Saturno, se aliam a Marte pra atacar o Sol Natal ou a Lua. E ainda quando a casa 4 é um setor desfavorecido pela presença de planetas maléficos ou tem seu regente muito fraco e atacado.

A influência dos Orixás no nosso nascimento

Dentro da concepção africana, os Orixás são as forças presentes na natureza, cada Orixá representa uma ou mais forças, como por exemplo, o mar, os rios, as matas e etc. Quando vieram para o Brasil os escravos africanos trouxeram consigo sua crença que com o tempo acabou se mesclando com a crença católica no Brasil. E assim a imagem dos Orixás também se mesclou com a dos santos católicos, seja pela semelhança de valores entre eles, ou seja, pelo tipo de energia que eles exercem.

Os Orixás são entidades que dificilmente falam, limitando-se a dar passes magnéticos através de gestos que também os identificam. Hoje em dia, são considerados espíritos de alta evolução que se encaixam nas mais altas vibrações. Mas, também não são mudas ou se calam para sempre. Na verdade, tudo depende da afinidade, da conexão com o médium e a necessidade.

Essa história de que Orixás, especialmente os Orixás maiores, não falam quando baixam é no mínimo exagero. O que ocorre na verdade é que depende-se muito do potencial do médium. Um Orixá ou anjo poderoso precisa de um médium poderoso. Vejam bem que analisando entre os profetas e sacerdotes que atendiam nos templos, vemos que nem todos se destacavam.

Até mesmo dentre os Discípulos de Jesus, percebemos que não foram todos que se destacaram com dons proféticos, contato com o sobrenatural, com as curas e milagres. Lembre-se que em se tratando de mediunidade e visões, nenhum se destacou como João (o evangelista).

Outra alegação dos sacerdotes é que os Orixás demoram pouco tempo incorporados, pois, sua alta vibração cansa demasiadamente o médium, que gasta grande quantidade de energia nessas incorporações. E isso sem dúvida é verdade. Porém mais uma vez, volto a afirmar que há médiuns mais poderosos que se destacam e que têm maiores contatos. No entanto, esse tipo de médium poderoso é mais raro, e por isso, eu acredito muito que os oráculos são muito importantes para os pesquisadores que poderão entrar em contato com os Conhecimentos Divinos por meio deles, como a Astrologia.

As dos Orixás se manifestam em nosso cotidiano e possuem aspectos pessoais interessantes. E como sabemos, o Orixá atua como um espelho. Na verdade, ele reflete de nós a ancestralidade, a forma de amar, a forma de sentir e a nossa essência, tanto a primordial, quanto a que vamos moldando ao longo da vida.

E para lembrar, nós não somos seres unicelulares, na verdade, temos uma estrutura complexa, diversos órgãos, um comando cerebral, energias que fluem pelo sistema nervoso e pontos vitais específicos em nosso corpo. Assim, cada Orixá atua não só em uma área da nossa vida, mas, também nas partes de nossa essência e de nosso corpo físico. Ou seja, existe um Orixá que comanda o psicológico, outro que comanda a saúde, o espírito e tantas outras coisas.

Então, tenha por certo que assim como no mapa astrológico, temos um planeta para cada assunto de nossa existência, e com os Orixás é da mesma forma. Por exemplo, quem tem Iemanjá comandando seu corpo físico, vai ter Xangô comandando sua saúde ou quem tem Xangô de frente, comandando seu corpo físico, terá Oxóssi comandando sua saúde e assim por diante.

Então, tenham por certo que os Orixás carregam características suas de acordo com a data de seu nascimento; um indivíduo que nasceu na quarta-feira tem seu nascimento aliado a Orixá com as características de Mercúrio, adoram curtir as mais loucas paixões. Vivem num clima de sedução e conquista, sem medo das consequências, além de ter este Orixá como padrinho e protetor. Ousados, correm todos os riscos e enfrentam todos os perigos para realizar suas tarefas e alcançar seus objetivos, se esse Orixá for Iansã, por exemplo.

Alguns aspectos da personal, estão ligados ao dia em que o indivíduo nasceu. No entanto, apenas saber a influência do dia do seu nascimento e conhecer as particularidades atribuídas ao Orixá deste dia não é o suficiente, apesar de interessante para explicar toda energia latente desse nativo. Na verdade, é preciso bem mais, como por exemplo, conhecer a posição de cada astro na carta natal, além de identificar o papel de cada um, pois a partir disso é que poderemos definir as vibrações para identificar o papel de cada Orixá em nossa vida.

A mitologia africana relata que a primeira cabeça pensante colocada no mundo recebeu um elemento chamado Ori e assim identificar qual é o Orixá responsável pela nossa frente e cabeça física é de suma importância. E é por isso que o signo Ascendente e seu regente são pontos importantíssimos para analisarmos uma pessoa através de sua carta natal. Genericamente traduzido como Cabeça, mas, que na verdade quer dizer "aquele elemento primordial para pensar, discernir, criar".

Mas, temos que ter em mente que, assim como muitas pessoas trabalham em conjunto para desempenhar a tarefa de fazer um motor produzir energia, para um ser evoluir e se mostrar em harmonia com o meio onde vive, precisa de um profundo equilíbrio, bom funcionamento e boas conexões entre todos os Orixás que compõem um ser encarnado. Sabendo disso, tenhamos em mente que um único Orixá não vai reger nossa vida ou resolver nossos problemas.

Apesar de ser comum ver na Umbanda, especialmente a tradicional, que a maioria dos adeptos tentam cultuar um único Orixá, muitos são escolhidos por serem os mais conhecidos, por afinidades ou por herança cultural e familiar. Porém, saiba que o segredo da harmonia é ter os Orixás que formam sua Trindade Pessoal em harmonia. Ou seja, o Orixá que revela seu temperamento, sua personalidade e seu caráter. No mapa astrológico são encontradas as posições da Lua, do Ascendente e do Sol e ainda são moldados ou reajustados, de acordo com suas configurações com os demais pontos da carta natal, como também com seus dispositores e entre si.

Com a criação dos Odus, veio a criação dos Orixás. Os mais novos, como Ogum, Oxóssi, Obaluaiyê, nascidos dos mais velhos, como Obatalá, Odudua, Iemanjá, Oxalá, Oranyan, Orunmilá e Nanã. Estes Orixás criados estão diretamente ligados aos Odus. A influência em cada um desse Orixás parte dos Odus, que na verdade não é de apenas um Odu, mas, existe a interligação com todo o sistema da Coroa Sagrada de Orumilá, que são os signos de Ifá.

Por isso, não existe apenas uma personificação de cada Orixá, mas, cada um deles em conformidade com seus cruzamentos e filiações, desenvolvem características próprias e adaptáveis à necessidade ancestral ou ambiente e em que vão atuar. Por exemplo, que elemento cada um está associado, se ao fogo, água, terra ou ar, se são Orixás das matas, do cemitério, das montanhas, e por aí vai. Assim, para analisar que entidade se revela pra cada indivíduo através de seu Mapa Natal, precisamos, como eu já escrevi aqui, de uma análise geral da carta natal e não de um único fator. Da mesma forma se analisam os Odus, como vão atuar e como se interligam.

Cada Orixá recebe diretamente a influência e as características de cada um dos 16 Odus principais. E de certa forma também tem a influência dos demais Odus dentre os 256, mesmo que com uma força menor. Da mesma forma como temos um Orixá regente, o Orixá também tem o seu Odu regente e demais Odus de equilíbrio.

Nós, humanos, temos a regência de uma série de 5 Odus, a que chamamos de Ori-Odu (regente da cabeça), Otun-Odu (o do lado direito) e Ossi-Odu (o do lado esquerdo), bem como os da Testa e da Nuca. Entretanto, sofremos também a regência dos Odus Paridores, ou Odus de Nascimento, ou ainda de Placenta. E estes vão influenciar diretamente o nosso destino.

Esses Odus Paridores, ou de Nascimento, vão definir a nossa vida, mostrando o caráter, a saúde, a sorte, etc. Além disso, vão delinear como será a nossa vida, num aspecto global, mostrando possibilidades, como também a afetividade e até de que forma nos portamos diante da religião ou espiritualidade. Os Odus de Ifá são completos e absolutos; cada um deles possui um lado positivo e outro negativo, o Ying e o Yang, o masculino e o feminino e assim por diante, tal como tudo o mais no Universo.

Segundo o Candomblé, cada pessoa pertence a um deus determinado, que é o senhor de sua cabeça e mente e de quem herda características físicas e de personalidade. É prerrogativa religiosa na Umbanda ou Candomblé que pai ou mãe-de-santo é quem pode descobrir esta origem mítica através do jogo de búzios. Esse conhecimento é absolutamente interativo no processo de iniciação dos devotos e mesmo para se fazer previsões do futuro para os clientes e resolver os seus problemas.

Para a Umbanda, além de seu Orixá dono da cabeça, acredita-se que cada pessoa tem um segundo (juntó), um terceiro Orixá, e outros mais, que atuam como uma divindade associada. Esse (juntó) que complementa o primeiro é que forma o par importantíssimo para atuação do ser no mundo. Diz-se, por exemplo: "Sou filho de Oxalá e Iemanjá.". Geralmente, se o primeiro é masculino, o segundo é feminino, e vice-versa, como se cada um tivesse pai e mãe. A segunda divindade tem papel importante na definição do comportamento, permitindo operar-se com combinações muito ricas.

Como cada Orixá particular da pessoa deriva de uma qualidade do Orixá geral, que pode ser o Orixá em idade jovem ou já idoso, ou o Orixá em tempo de paz ou ainda de guerra, como rei, como súbdito etc., as variações que servem como modelos são quase inesgotáveis.

Às vezes, quando certas características de um Orixá não se ajustam a uma pessoa tida como seu filho, não é invulgar nos meios do Candomblé duvidar-se daquela filiação, suspeitando-se que aquele iniciado está com o "santo errado", ou seja, mal identificado pela mãe ou pai-de-santo responsável pela iniciação. Neste caso, o verdadeiro Orixá tem que ser descoberto e o processo de iniciação reordenado. Pode acontecer também a suspeita de que o santo está certo, mas que certas passagens míticas de sua biografia, que explicariam aqueles comportamentos, estão perdidas.

No Candomblé, sempre se tem a ideia de que parte do conhecimento mítico e ritual foi perdido na transposição da África para o Brasil, e de que em algum lugar existe uma verdade perdida, um conhecimento esquecido, uma revelação escondida. Pode-se mudar de santo, ou encetar interminável busca deste conhecimento "em falta", busca que vai de terreiro em terreiro, de cidade em cidade, na rota final para Salvador – reconhecidamente o grande centro do conhecimento sacerdotal, do axé e às vezes até a África e não raro a mera etnografia acadêmica.

Os ditados no processo divinatório Orunmilá-Ifá

Estes são agrupados sob o título de "Provérbios" aos velhos provérbios africanos e ditos de multiétnica e multicultural, os ditados populares e frases que expressam a sabedoria e a experiência de Ifá. Estas palavras, entre as quais são pedaços de sabedoria de todos os continentes, regulam a conduta daqueles iniciados na Santeria ou no Candomblé e também constituem o patrimônio literário de cada um desses povos que deram origem a esta arte fantástica divinatória, para a cultura da nossa América. Ifá para incluir palavras como base do seu sistema de adivinhação contribuiu para a sua conservação e, de uma forma original, características interpretativas utilidade no processo de adivinhação.

É preciso muita seriedade e aplicação, pois, não são apenas 16 Odus, mas, 256 os mais importantes, sem falar também no jogo de Odus que dá assunto pra mais outro livro! Muitas pessoas confundem o Merindilogun com o Opelé Ifá ou Oponifá, mas, cada um tem sua peculiaridade.[64]

---

64. Observação: Código de um único Odu do Ifá foi apresentado aqui, apenas para exemplificar a vasta abrangência de um Odu numa leitura oracular do sagrado Ifá. E não estão aí nem metade de frases e provérbios que podem revelar um único Odu! Por isso, decidi não apresentar todos os demais Odus, pois o livro ficaria grande demais e seria inviável. Em livros futuros, me aprofundarei mais sobre este tema.

Os 256 Odus são compostos dos *omó odu* (filhos como descendência). Esse ROSÁRIO ORACULAR, sem entrarmos em pormenores, é lançado sobre um tabuleiro especial, onde há vários sinais cabalísticos, tal qual havia há milhares de anos numa escrita hermética privativa da Ordem Sacerdotal dos verdadeiros Babalawôs. O Sacerdote de Ifá joga seu rosário sagrado; as disposições ou configurações que determinarão o *Odu* (ângulo de interpretação). Após ser lançado, observa-se em cada lado se o coquinho cai com a face côncava ou convexa para cima.

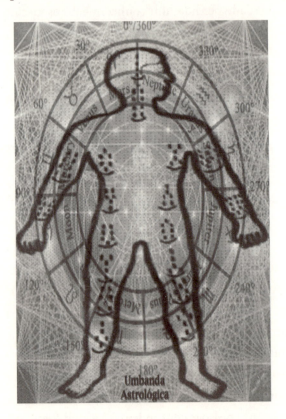

Há ainda o Opelé Ifá e o Oponifá, um jogo belo e sagrado. Consta de um tabuleiro com 16 sinais – 1 conjunto para o *princípio universal masculino*, outro para o *princípio universal feminino*, cada um deles situado em lados opostos da prancha, em duas fileiras opostas, com sete sinais cada. Aqui estão os nomes dos 256 Odus, mesmo sendo inviável nessa publicação falar sobre eles, passamos os nomes para os pesquisadores:

Odu Meji e Amolus[65]

1. Odu Ejiogbe
2. Odu Oyekumeji
3. Odu Iworimeji
4. Odu Idimeji
5. Odu Irosumeji
6. Odu Owonrinmeji
7. Odu Obarameji
8. Odu Okanranmeji
9. Odu Ogundameji
10. Odu Osameji
11. Odu Ikameji
12. Odu Oturuponmeji
13. Odu Oturameji
14. Odu Iretemeji
15. Odu Osemeji
16. Odu Ofunmeji
17. Odu Ogbé Yeku
18. Odu Oyekulogbe
19. Odu Ogbewehin
20. Odu Iworiogbe
21. Odu Ogbedi
22. Odu Idigbe
23. Odu Ogbé Rosu
24. Odu Irosu Ogbé
25. Odu Ogbewonri
26. Odu Owonrinsobge
27. Odu Ogbé'bara
28. Odu Obarabogbe
29. Odu Ogbé'Kanran
30. Odu Okanransode
31. Odu Ogbé'Gunda
32. Odu Ogundabede
33. Odu Ogbesa
34. Odu Osa'Gbe
35. Odu Ogbeka
36. Odu Ikagbe
37. Odu Ogbeturupon
38. Odu Oturupongbe
39. Odu Ogbetura
40. Odu Otura-Oriko
41. Odu Ogbeate
42. Odu Ireteogbe
43. Odu Ogbé'se
44. Odu Oso-Ogbé
45. Odu Ogbefun
46. Odu Ofun'gbe
47. Odu Oyekubiworilodo
48. Odu Iwori'Yeku
49. Odu Oyekuf'oworadi
50. Odu Idiyeku
51. Odu Oyeku'rosu
52. Odu Irosu Takeleku
53. Odu Oyeku Wonrin
54. Odu Owonrin Yeku
55. Odu Oyekubara
56. Odu Obara'yeku
57. Odu Oyekupelekan
58. Odu Okanran'Yeku
59. Odu Oyeku-Eguntan
60. Odu Ogunda'Yeku
61. Odu Oyeku Gasa
62. Odu Osa Yeku
63. Odu Oyekubeka
64. Odu Ika'Yeku
65. Odu Oyeku Batutu
66. Odu Oturopon'yeku
67. Odu Oyeku Batuye
68. Odu Otura-aiku
69. Odu Oyeku-irete
70. Odu Irete'yeku
71. Odu Oyeku-Ise
72. Odu Ose'yeku
73. Odu Oyeku'fuu
74. Odu Ofun'yeku
75. Odu Iwori Wo'di
76. Odu Idi'wori
77. Odu Iwori'rosu
78. Odu Irosu'wori
79. Odu Iwori'wonrin
80. Odu Owonrin'wori
81. Odu Iwori'bara
82. Odu Obara'wori
83. Odu Iwori-Okanran
84. Odu Okanran-iwori
85. Odu Iwori-Eguntan
86. Odu Ogunda'wori
87. Odu Iwori-Osa
88. Odu Osa'wori
89. Odu Iwori-Oka
90. Odu Ila'wori
91. Odu Iwori'turupon
92. Odu Oturupon'wori
93. Odu Iwori Wotura

---

65. Desenvolvida a partir de pesquisa em: http://www.refranesadivinatoriosdeoshaifa.com/index.htm.

94. Odu Otura'wori
95. Odu Iwori-Ate
96. Odu Irete'wori
97. Odu Iwori-ose
98. Odu Ose'wori
99. Odu Iwori-Ofun
100. Odu Ofun'wori
101. Odu Idi-Rosu
102. Odu Irosu'di
103. Odu Idi'owonrin
104. Odu Owonrin'di
105. Odu Idi'bara
106. Odu Obara'di
107. Odu Idi-Okanran
108. Odu Okanran-Di
109. Odu Idi-Ogundaa
110. Odu Ogunda'Di
111. Odu Idi'sa
112. Odu Osa'di
113. Odu Idi'ka
114. Odu Ika'di
115. Odu Idi-Oturupon
116. Odu Oturupon'Di
117. Odu Idi-Otura
118. Odu Oyura'di
119. Odu Idi-Irete
120. Odu Irete'di
121. Odu Idi-Ose
122. Odu Ose'di
123. Odu Idi-Ofun
124. Odu Ofun'di
125. Odu Irosu'wonrin
126. Odu Owonrin'rosu
127. Odu Irosu-Obara
128. Odu Obara-Irosu

129. Odu Irosu'kanran
130. Odu Okanran'rosu
131. Odu Irosu-Eguntan
132. Odu Ogunda-Rosu
133. Odu Irosu-Osa
134. Odu Osa'Rosu
135. Odu Irosu'Ka
136. Odu Ika'rosu
137. Odu Irosu'Turupon
138. Odu Oturpon'Rosu
139. Odu Irosu'Tura
140. Odu Otura-Irosu
141. Odu Irosu-Ate
142. Odu Irete'Rosu
143. Odu Irosu-Ose
144. Odu Ose-Rosu
145. Odu Irosu'fun
146. Odu Ofun'Rosu
147. Odu Owonrin'bara
148. Odu Obara'Wonrin
149. Odu Owonrin'Konran
150. Odu Okanran'wonrin
151. Odu Owonrin-Eguntan
152. Odu Ogunda Wonrin
153. Odu Owonrin-Osa
154. Odu Osawonrin
155. Odu Owonrin'Ka
156. Odu Ika'wonrin
157. Odu Owonrin-Oturupon
158. Odu Oturupon-Owinrin
159. Odu Owonrin-Otura
160. Odu Otura-Wonrin
161. Odu Owonrin-Irete
162. Odu Irete Wonrin
163. Odu Owonrin-Se

164. Odu Ose-Owonrin
165. Odu Owonrin Fu
166. Odu Ofun-Wonrin
167. Odu Obarakanran
168. Odu Okanrna-Bara
169. Odu Obara-Ogunda
170. Odu Ogunda-Bara
171. Odu Obara-Osa
172. Odu Osa-Bara
173. Odu Obara-Ka
174. Odu Ika-Bara
175. Odu Obaraturupon
176. Odu Oturupon Bara
177. Odu Obara-Tura
178. Odu Otura-Bara
179. Odu Obara-Rete
180. Odu Irete-Obara
181. Odu Obara-Ose
182. Odu OseBara
183. Odu Obara-Ofun
184. Odu Ofun Bara
185. Odu Okanran-Eguntan
186. Odu Ogunda-Kanran
187. Odu Okanran-As
188. Odu Osakanran
189. Odu Okanran-Ka
190. Odu Ika-Konran
191. Odu Okanran'Turupon
192. Odu Oturupon Konran
193. Odu Okanran-Otura
194. Odu OturaKonran
195. Odu Okanran-Ate
196. Odu Irete-Okanran
197. Odu Okanran Se
198. Odu OseKonran

199. Odu Okanran-Ofun
200. Odu Ofun-Konran
201. Odu Ogunda'sa
202. Odu Ose'Gunda
203. Odu Ogunda'Kaa
204. Odu Ika-Ogunda
205. Odu Ogunda-Oturupon
206. Odu Oturupon-Eguntan
207. Odu Ogunda-Tura
208. Odu Otura-Eguntan
209. Odu Ogundakete
210. Odu Irete-Eguntan
211. Odu Eguntan se
212. Odu Ose-Eguntan
213. Odu Ogunda-Fu
214. Odu Ofun-Eguntan
215. Odu Osa-Ka
216. Odu Ika-Sa
217. Odu Osa-Oturupon
218. Odu Oturupon-Osa
219. Odu Osa-Otura
220. Odu Otura-Sa
221. Odu Osa-Rete
222. Odu Irete-Sa
223. Odu Osa-Se
224. Odu Ose-Sa
225. Odu Osa-Fu
226. Odu Ofun-Sa
227. Odu Ika-Oturupon
228. Odu Oturupon-Ka
229. Odu Ika-Otura
230. Odu Otura-Ka
231. Odu Ida-Irete
232. Odu Irete-Da
233. Odu Ida-Se
234. Odu Ose-Ka
235. Odu Ida-Fu
236. Odu Ofun-Ka
237. Odu Oturupon-Tura
238. Odu Otura-Tutu
239. Odu Oturupon-Rete
240. Odu Irete-Tutu
241. Odu Oturupon-Se
242. Odu Ose-Oturupon
243. Odu Oturupon-Fun
244. Odu Ofun-Oturupon
245. Odu Otura-Rete
246. Odu Irete-Tura
247. Odu Otura-Se
248. Odu Oseturá
249. Odu Otura-Fun
250. Odu Ofun-Tura
251. Odu Irete-Se
252. Odu Ose-Bi-Irete-Sile-Aje
253. Odu Irete-Ofun
254. Odu Ofun-Rete
255. Odu Osefu
256. Odu Ofun-Se

Ori

Ori desempenha um papel importante para os devotos de Ifá. A palavra em si, em iorubá, tem muitos significados. Significa cabeça, o auge, ápice ou mais alto poder de realização. Porém o Ori não é apenas a cabeça física e sim uma ligação com o Orun; antes de tudo ele é uma entidade cósmica, formado por elementos do Universo que liga-nos aos Orixás. Ele é formado por elementos que formam um conjunto de somatória de axés. Os axés são da família, do sangue, dos elementos da natureza, dos signos do Zodíaco e dos Orixás que dão cobertura ao nosso espírito.

O líder ou chefe de qualquer organização é referido como "Olóri" (a cabeça); ORI é cabeça, cabeça é alta, alto é supremo e o ser supremo é ÔLÔDUMARÊ (Deus maior). Mas, Ori não é apenas isso, na verdade ele se liga e se identifica com forças importantes, que são reveladoras de nossa missão cármica, mas, também revela nossa ancestralidade e formação de alma.

Sabemos que somente ORI foi o único que fez o seu SACRIFÍCIO e foi ABENÇOADO, portanto ORI é maior que todas as divindades, pois somente ORI chegou no estado de perfeição. E por isso é ele em última instância o definidor do destino do homem. E não só prepara-nos os caminhos, mas, ainda nos revela um Odu especial (signo de Ifá) que regerá nossa espiritualidade e a partir dele descobrimos os demais Odus, tanto o que regerá nossa vida material, como sentimentos, pensamentos, saúde e finanças.

ORI é forte, mais que os Orixás. Para qualquer Yorubá, a palavra ORI tem uso amplo. Ele num primeiro momento quer dizer cabeça e simboliza também o ápice de todas as coisas! Muitos são os que se tornam infelizes, por ter rejeitado os seus caminhos, como também, tem os que prosperam ou se elevam espiritualmente, tanto por cumprir seu destino como filhos obedientes e assimilar bem sua energia cósmica. Mas, não é fácil. Na verdade, ter sucesso como uma pessoa fiel aos seus ancestrais e saber cumprir as coisas predestinadas, é alcançado por poucos. Por isso, o lema principal é estudar, praticar, se fortalecer a cada dia, com fé, oração e focar sempre a luz pelos caminhos do bem.

Figura (montagem minha) Ori – interligando o Homem ao Supremo Criador

Ori é o mais alto desempenho, portanto contém o superlativo, ou seja, o Zênite. E no Mapa Natal, analisa-se esta entidade pelos ângulos do mapa, tanto sua essência, sua ligação com o Orixá que o represente, o Odu que rege e como essa força se relaciona, tanto com o nativo, quanto com o mundo à sua volta. E quando falamos de ângulos, estamos referindo ao Ascendente, Meio do Céu, Descendente e Fundo do Céu que são representados no mapa como as casas 1,10,7 e 4.

Por exemplo, a cabeça é a parte mais alta e mais importante do corpo humano, é a moradia do cérebro que controla o corpo inteiro. Assim é o Meio do Céu no mapa. Como a cabeça física, o crânio humano, onde está o cérebro que usamos para o pensamento e controle das outras partes do corpo. E em se falando de Meio do Céu, estamos falando do décimo portal, onde é a casa que representa o destino do homem, seus objetivos e suas práticas no mundo. Assim sendo, através deste ponto que o Ori se liga ao poder do Orun. Então é neste ponto que analisamos de que forma o Orun (Sol) revela-se ou interage conosco por meio do décimo portal e regentes tanto do signo do Sol, quanto do décimo signo na carta natal.

Responsável pelo consciente ou inconsciente, como também os olhos, o nariz, orelhas, boca e a língua. Enfim, Ori é o controle de tudo isso, é quem nos dá os sentidos e nos ajuda a interpretá-los. A cabeça está pensando e ARA dirige os movimentos e ações, bem como ordenando todas as funções vitais e é recipiente INU ORI. E assim, a nossa essência masculina ou feminina está na cabeça.

O rosto pra nos diferenciar dos outros, imprimindo uma identidade individual e original, também é formado através da energia dessa mesma força chamada Ori. Então, sem a cabeça o homem e mulher não se distinguiriam. ORI INU, é classificado como o espírito interior do homem, é o ego de cada um, é o mais importante e também a existência invisível.

Já a cabeça espiritual está subdividida em mais duas partes: a Cabeça Espiritual Interna (APARÍ-INÚ) e o santo pessoal, destino ou parte divina de cada um escolhido no domínio de ÀJÀLÁ – divindade de ORI (ORÍ-ÀPÉRÉ). Ajalá é responsável pela modelagem da cabeça humana, e ORI acredita que escolher determina a nossa riqueza, ou as tribulações da vida. E fazemos isso através dos auspícios da Ajalá Mopin Orixá, ou deus do ORI.

Um indivíduo pode vir para a Terra com um destino maravilhoso, mas se ele ou ela vem com um mau caráter, a probabilidade de cumprir esse destino é severamente comprometida. Então aqui está o segredo da diferença dos sábios para os tolos e dos cruéis para os misericordiosos. Para se julgar tudo isso e concluir uma encarnação de sucesso com evolução – é onde entram o livre-arbítrio e a ajuda espirutual. Por isso, buscar o sagrado com fé, obediência e dedicação, é sem dúvida a melhor escolha, pois aumenta todas as nossas chances de sucesso.

Assim sabemos que a acumulação de destino individual vem e é por ORÍ-ÀPÉRÉ, isto é: ÀKÚNLÈYÀN, ÀKÚNLÈGBÁ e ÀYÀNMÓ. AKUNLEYAN é o pedido que fazemos no domínio do Ajalá, o que especificamente gostaria de fazer durante a nossa vida na Terra, o número de anos que estaria no mundo, o tipo de sucesso que você espera alcançar, o tipo de relacionamentos que você quer é a parte do destino que cada um escolhe por vontade (livre-arbítrio) própria.

AKUNLEGBA são coisas que são dadas ao indivíduo para ajudar a cumprir esses desejos. Por exemplo, em uma pessoa que quer morrer muito jovem "como uma criança" podem surgir doenças graves durante uma pandemia para garantir que morra seu filho ou filha. É ainda a parte do destino que nunca pode ser mudada a qual está adicionada como complemento de AKUNLEYAN AYANMO.

Ambos, Akunleya como Akunlegba, podem ser alterados ou modificados para melhor ou para pior, dependendo das circunstâncias e apenas se for autorizado pelos Senhores do Carma. É por isso que temos muitos supostos sacerdotes se ferrando com magias, pois querem mexer com o que não podem e sem prudência ter sérios prejuízos espirituais. Sacrifícios e rituais podem ajudar a melhorar as condições desfavoráveis que resultaram do mal imprevisto, maquinações como feitiçaria, bruxaria ou magia.

É o que discuti no início deste livro, ou seja, as coisas predestinadas e que de certa forma são imutáveis, pois, mesmo que se façam mudanças drásticas, como mudanças de sexo, o registro cármico e astral continuam com os mesmos registros! Essas coisas predestinadas por exemplo, seriam pais, sexo, karma, etc. Mas Akunleyan e Akunlegbá podem ser melhorados enquanto Ayanmó não pode ser modificado.

O destino e tudo o que ocorre na vida de uma pessoa será com consentimento de Ori. E tudo aquilo que for contra a vontade dessa força e o nativo tentar seguir, forçará uma atitude drástica do Ori, com sérios prejuízos para os desobedientes, como por exemplo quem faz uso de drogas. Além dos danos físicos, essa pessoa também terá muitas perdas espirituais. ORÍ-APÉRÉ está escolhido no domínio de AJALÁ (divindade de Ori). Conta o mito que o aperê-suporte é dado por Obatalá, que o modela a partir do barro/proto-matéria.

Acreditamos, entretanto, que tomar aperê como corpo é continuar seguindo o cogito cartesiano – paradigma da ciência ocidental, forçando a bipolaridade corpo-mente para a cosmologia dos afro-descendentes. Por outro lado, ao nosso ver, os "laços" entre Ori e aperê são bem mais complexos do que aquele proporcionado pelo axé – assegurador da existência. Com efeito, se é no aperê que o axé-emí será guardado, é também nele que o Ori se encrava trazendo os elementos que marcam cada ser em sua singularidade. Se sem axé o aperê se desfaz, transformando-se novamente em proto-matéria, por sua vez sem suporte o Ori-pessoalidade não pode chegar a existência no Ayê.[66]

Assim, temos um imbricado jogo de "partes" que não devem ser pensadas como que se relacionando anatomicamente – como quando pensamos, do ponto de vista das ciências médicas, por exemplo, a estrutura óssea do corpo, onde cada parte se encaixa com a outra. Como buscaremos mostrar no decorrer deste texto, as três "instâncias" apresentadas no mito se interpenetram em um complexo jogo "alquímico", onde o que era aperê se transmuta em axé; o que era axé – sem deixar de sê-lo – se transforma em Ori, e por aí vão os processos de misturas, sínteses e metamorfoses.

Apari INU: Este será o comportamento ou caráter da pessoa que finalmente vai melhorar ou piorar a sua Aperê ORI ou predestinação em sua etapa terrena. Se o seu INU (aparência) é bom, então pode suportar as vicissitudes da vida em paz e harmonia, pode diminuir a dor. Uma pessoa poderia chegar à Terra com bom destino, mas, sem boa conduta a maldade da cabeça espiritual interna danificaria definitivamente o bom destino, e o inverso também acontece. Porém, o "destino"

---

66. X JORNADA SOBRE ALTERNATIVAS RELIGIOSAS EM AMÉRICA LATINA, "Sociedad y Religión en el Tercer Milenio", (p. 5 e 6) – Asociación de Cientistas Sociales de la Religión en el Mercosur. Área Temática: Religiones afroamericanas. (Axé, aperê e Ori: notas sobre as bases da corporeidade afro-brasileira). Luís Felipe Rios, Doutorando em Saúde Coletiva (IMS-UERJ), Av. Mem de Sá, nº 72, ap. 414, Centro, Rio de Janeiro – RJ, Fone: (21) 221 20 86, E-mail: fipo@ig.com.br.

pode ser modificado, numa certa medida, quando certos segredos são conhecidos, dentro de um contexto e conhecimento dos estudos sagrados iorubás.

Ou seja, ao sufocar os sentimentos ruins, o homem abre caminho para ação da força que restabelece a harmônica pelo controle Aperê atingindo assim RERE-Orun (Estado que é o céu ou a dimensão dos deuses.), ou seja, se tornaria um Orixá, que é o verdadeiro propósito da religião que processa a IFÁ, o que não é explicado aos interessados na religião. E, portanto, há muitas confusões e decepções. Para levar em conta o que aconteceria no caso oposto ao anterior (Quando o homem não consegue aprisionar as sombras que há em seu ser.) teríamos que falar sobre o que os católicos ou cristãos chamam de **diabo**.

Contudo, ORI é o mais importante entre as divindades. Relatar atributos de um tipo de Ori é descrever a teia de luz e sombra do Orixá que nele tem assento. E porque existe uma perfeita identidade entre Ori e Orixá, não se pode cuidar de um sem cuidar do outro. E quem conhece o Orixá conhece suas virtudes. Afinal de contas a cabeça é a sede das razões, da mente e da inteligência. Termina por ser o altar onde a divindade aflora e se manifesta para os outros verem. De igual sorte, quem teve contato com a alma humana advinha os meandros dos Orixás.

A Divindade, isto é, o Orixá, ligada ao Ori desde antes do nascimento, transfere para a cabeça todos os seus atributos de luz e sombras. Assim Ori e o Orixá pessoal são na verdade o esteio básico da personalidade. Desse modo, são comuns a pressão arterial alta e um inquietamento naqueles nativos cujo dono do Ori é um Orixá do fogo. Como também, a propensão a se ter uma pressão mais inclinada a ser baixa, nas pessoas que tem Orixás de água.

Os de Orixás de fogo também tendem a embarcar com maior facilidade em fantasias e padecem muito de desilusões. Já os que tem Orixás de terra, agem justamente ao contrário. E aqueles cujo dono da cabeça é um Orixá das águas trazem consigo a tendência para engordar e o princípio da maternidade da grande mãe, enquanto os Orixás de ar têm um pouco mais de dificuldade para procriar.

Assim sabemos que os "filhos do ar ou dos ventos sagrados", gostam da mudança e sonhar, podendo muitas vezes caírem das nuvens. E de certa forma tentam a todo custo evitarem aquilo que possa ser sinal de prisão ou pesadas bagagens, então tendem a ter filhos tardiamente pra investirem primeiro em projetos pessoais.

Mas, tem muitas pessoas (e não são poucas) que por não se encaixarem no seu destino, no curso que os Orixás planejaram para sua alma fluir e evoluir com maior facilidade, ou escolhe as más ações para o ganho material, como por exemplo, roubo, malícia, fraude, morte, etc., o destino será a destruição e aí o Orixá da pessoa pouco poderá fazer para ajudá-la.

Um elevado grau terão essas pessoas de uma aparência chamada INU a destrutiva. Estes serão chamados araiye (maligno) que irão encarnar como espíritos malignos num próximo retorno e que irão testar a nossa aparência INU na jornada da vida, já começando na encarnação atual e a ter jugos pesados.

Quem sua aparência INU discorda de seu Aperê ORI vai ter o status de Orun APAADI, que é a dimensão do sofrimento, e esperar que morram quando chegar a sua vez de voltar à Terra (Aiê) que é a maneira como nós somos testados e melhoramos nossa espiritualidade conforme vamos fazendo as escolhas certas. Vamos chegar a nos elevar em luz e crescimento espiritual em níveis diferentes para chegar ao final Orun RERE.

Ifá diz que a Terra é um mercado, o céu é o nosso lar. O desacordo é o pior inimigo e assumir APARÊ (tempo), INU INU se a aparência é mimada, nossos ORI Aperê vão ser um desastre. Ori já é escolhido antes de chegar à Terra e penetrar em sua nova morada (corpo) e um destino deve ser cumprido. Ao chegar ao chão, como dissemos anteriormente, você perde a memória do que juramos cumprir para corrigir nossos pecados passados.

Se a pessoa quer fazer qualquer coisa que não foi decidida enquanto estava no Orun, então a vida vai se tornar um caos e sofrimento futuro. Pouco importa se a pessoa está assentada no Orixá, realmente se não vai cumprir o seu destino, que é Ori decisivo para cumprir, fazendo com equilíbrio e sabedoria ou não fazendo, mas, recorrendo a castigos e obstáculos na vida. Qualquer dúvida que a pessoa tiver sobre uma decisão que está confusa para ele, então, entra em vigor Ifá como importante oráculo, o oráculo eleripin Orunmilá, que foi o testemunho original no Orun. É por isso que os itans de Ifá Orixá trazem a semelhança exata da conversa dos Orixás que nos formam no Orun.

Os diferentes níveis serão alcançados assim feito o progresso de cada espiritualidade individual, vai gerar em cada um o destino necessário e não o que se quer, porque a meta é o que podemos e não o que desejamos. Estes podem ser conseguidos de duas formas: o sofrimento ou conhecimento. Este último irá tornar desnecessária a utilização do segundo. Rico não é aquele que tem tudo mas o que sente que nada está faltando.

ORI Aperê (destino) tem subdivisões (três) importantes: AYANMO IPIN não é o destino que pode ser mudado. AYANMO é personagem bom caráter, é destino. A árvore sagrada dos antepassados é a forma como saudamos a terra, saudamos a forma como a terra é através da árvore sagrada dos antepassados. Esta é uma referência poética a nossa conexão com toda a consciência que já existiu e que a conexão é chamada Ogbé em iorubá. Ayanmo é ainda onde nascemos, nossos pais, nosso status social, etc.

A segunda parte, ou proteção de AKUNLEYAN, é a ordem que vai de Orun Aiê (um novo ser). Esta ordem será baseada na superação da existência anterior e passará por nove níveis de Orun (nove céus). Isso será feito antes que os Senhores do Destino construam cabeças (Mopin IJALA) e sua testemunha Eleripin Orunmilá dê o veredito final.

Naquele tempo os vários obstáculos foram acordados e instalações que serão preenchidas com a nossa próxima vinda. Ali será estabelecido o tempo exato de existência, em geral, AYANMO é estabelecido. E essa parte é também o pedido que fazemos na casa de Ajalá que queremos no nosso tempo na Terra. O tipo de sucesso que queremos obter, os tipos de parentes que preferimos.

AKUNLEGBA, a outra e última parte, revela que estas serão as circunstâncias que apoiamos e que eventos irão ocorrer naturalmente e de conformidade AKUNLEYAN, os quais são condicionados no nosso destino. AKUNLEGBA são "ferramentas" dadas a um indivíduo para auxiliar no cumprimento dos nossos desejos. Para um exemplo de um indivíduo escolher ser abiku (Criança nasce para morrer como um bebê.) vai encarnar a um tempo em que há riscos ou atuações de epidemias, como por exemplo, dengue, malária, ebola ou qualquer outra doença que possa levar a morte, numa fase de altas taxas de mortalidade infantil.

AKUNLEYAN e AKUNLEGBA podem ser alterados para fins bons ou maus, dependendo das circunstâncias. O destino pode sofrer desvios como consequências das ações de Arayê (pessoas ruins) também conhecidos como filhos do mundo e Elenini, implacáveis inimigos, amargos, sádicos de seres humanos. No meio do referido há AJE (as bruxas) e Oso (bruxas masculinas ou bruxos), tanto que passam um tempo grande e esforço, na tentativa de colocar as oportunidades e sucesso dos seres humanos em sua busca pela evolução espiritual, ou seja, tentam sempre usufruir do sucesso dos outros.

Já Ebo e Adimu podem ajudar a melhorar as condições desfavoráveis que são o resultado de eventos imprevistos negando pedidos ruins. Oris, independentemente da boa ou má escolha por parte dos indivíduos, são sempre sujeitos a alterações. Quando Ori inu está bem, todo o ser está em boas condições.

O corpo humano, como ensina-nos a teologia do iorubá é composto por ARA, o corpo físico ou visível é o Ori a parte central no culto aos Orixás original e que nos cultos afro-brasileiros foi perdido por muito tempo ou ignorado este conhecimento. Mas, felizmente hoje na nova era que é a Era Astrológica de Aquário, regida justamente pelo Senhor Orunmilá, estes conhecimentos estão retornando. Já o OJIJI (o "homem-sombra") que nos acompanha onde quer que vamos é como amigo e não inimigo. Quem não tem sombra é morto.

E o EMI é o sopro da vida que anima o corpo. Oxida o oxigênio do sangue e produz calor necessário para a sobrevivência da célula. O OKAN, o coração é responsável por manter todas as partes do corpo vivas levando o fluido vital (sangue) carregado com oxigênio e alimentos. ORI: A cabeça é pensar e ARA dirige os movimentos e ações, e as ordens de todas as funções vitais e é o recipiente para ORI INU.

ORI INU é anunciado como o espírito interior do homem, é o eu de cada um, é o mais importante e bom. Não é invisível para todos, torna-se independente dos seres humanos. Ori será afetado por dois componentes do Ara: estômago (IPIN Jeune) e órgãos sexuais (obo ati oko), tanto que pode levá-lo a perder o controle. Já o Opole (cérebro) é como os anos se acumulam. Para ousar é preciso ter conhecimentos do Ori, compreensão e inteligência, questões que são utilizadas para a melhoria de seu desenvolvimento

IPAK (Cerebelo): parte que regula as ações de Arar. Nem sempre age em conjunto com Opole, quando IPIN é influenciada por Jeune e obo ou oko (órgãos sexuais) e a influência dessas partes podem fazer surgir no homem o descontrole, pois geram apetites, que em muitas pessoas, talvez na maioria de nós, são apetites desenfreados e exagerados.

Abib é o Orixá que ensinou os homens a trabalhar e mover seus membros, que vive dentro do cérebro e da família de origem. É composto de duas partes: olo

Otun Orun akinkin Abib (hemisfério direito do cérebro) e Gong Osin Orun olo Orun Abib (lado esquerdo do cérebro) e sabemos bem que o descontrole, como os gerados pela Irá e Luxúria realmente descontrolam a alma do homem como prega a teologia iorubá.

IWA PELE é a pedra fundamental da religião iorubá e é o conceito de "bom caráter". Em certo sentido, todo o resto é secundário. E quando predomina o bom caráter, adivinhação ou a capacidade de trazer mudanças práticas e óbvio com o poder Orixá, não tem sentido. Se a vida flui e tudo vai bem com o indivíduo ele não precisa ficar buscando desvendar seu destino.

É por isso que muita gente não se interessa em consultar seu signo ou sequer liga-se a religiões. No entanto, tem muitos que não fazem isso, porque não precisam, mas, porque estão presos até o pescoço em seu egoísmo e materialismo limitador. Aí é que se enquadram as pessoas que vêm com sorte, mas, ao longo da vida veem tudo desmoronar e não acham resposta para tamanha desgraça ao longo da vida.

Olodumaré vai em busca de bom coração e por isso é chamado de "Caçador de Corações". No entanto, pra nós que estudamos Astrologia, temos consciência que o Ego do homem já está lá imprimido, afinal é o que prega justamente os códigos de Ifá, que afirmam categoricamente que o homem traz em seus Odus a marca de coisas predestinadas. Ou seja, nem todo homem tem sua vida bagunçada pelo sexo ou apetites do ventre.

Também acho um certo exagero dizer que essas interferências possam arruinar nosso Ori, apesar de saber que em algumas pessoas, atitudes dominadas pelo vício realmente provoque ruínas, o que quero dizer é que não é uma regra. Se temos o livre-arbítrio, mesmo tendo caído, com muito esforço poderemos nos reerguer, senão a busca do mago ou iniciado não teria sentido.

É possível que o estômago e órgãos sexuais podem inibir o eu superior, mas não necessariamente arrasando-o ou bloqueando-o definitivamente, já que outros fatores podem mascarar o Ori, como a posse de certos conhecimentos ou informações, a riqueza e o gozo dos bens materiais, o amor de um pessoa, a lisonja, a doença de privilégio, social e um longo período de domínio de vícios das drogas, etc.

Um exemplo notável é Adolf Hitler, esse megalomaníaco era frugal na sua alimentação e de baixa frequência no sexo, talvez por isso o seu ego não foi afetado pelos dois fatores acima mencionados, mas pelo poder político que deu ao povo alemão.

Os três Orixás ("cérebros" ou mentores) do homens nascidos no signo de Ifá Ogbê, por exemplo, quando são totalmente negativos e dominantes, são reguladores do comportamento do ego, assim o cérebro (mentor) causa um indivíduo abusador do emocional. Este morre de coração, o cérebro que causa um agressor, este sofrerá de doenças mentais. Já o cérebro que revela um abusador do sistema motor acabará este indivíduo em uma cadeira de rodas. Sabemos bem a importância de um mestre, babalawô ou mago, mas, eles não são deuses encarnados na Terra.

Essa teoria de que os Orixás são apenas ancestrais elevados não resume toda verdade. O certo é que temos sim muitos Orixás que são ancestrais que ascenderam ao Orun por meio de suas boas obras e elevação espiritual mas, os Orixás criadores, cósmicos e comandantes das vibrações não encarnaram, são apenas seres divinos.

Ori é o ego da pessoa e como tudo no Universo é bipolar (superior e inferior). O ego está no coração e quando ela se manifesta, os resultados superiores em ações que alinham o indivíduo com o seu destino revelam um ser mais iluminado. A espiritualidade interior ou centelha divina em nós está presente em todas as coisas vivas, separadas apenas por gradações espirituais e vibração.

Como explanei anteriormente, respeito os conceitos de Ori, acho que são profundos e sábios, mas, devemos evitar apenas o exagero. O que quero dizer é que a busca pela iniciação e harmonização depende de mais coisas, por exemplo, além de nossos mentores, Pai e Mãe de Cabeça, nosso Exu e obrigações, também é necessário ações no mundo real, como praticar o bem e fazer escolhas sábias. Assim, temos que trabalhar com nosso corpo físico e não somente esperar a ação do nosso Ori.

Um ponto que aparece de forma mais pregnante no mito – e que é colocado como problemática a ser solucionada para que o drama chegue a bom termo – é a questão da obtenção de boas cabeças, bons Oris: pessoalidades que marcam o destino na vida. No Brasil, como na África, o Ori assume, entre outras acepções, o caráter de divindade; divindade que é cultuada por todo adepto.

Cada pessoa tem o seu, do correto cuidado para com ele depende o destino pessoal. O culto ao Ori deve "preceder" o do santo-de-cabeça. Desse modo, antes da feitura do deus e do adepto – da iniciação – a cabeça deve ser zelada. Temos então o ritual do obori, "o dar de comida à cabeça"; pois se o santo virá a se manifestar em transe de possessão é porque a cabeça o permite Ao mesmo tempo, o Ori também carrega elementos que permitem relacionar o ser aos Orixás.

Uma das primeiras providências para o sacerdote que oficializará o rito do obori é a de descobrir a que divindade o iniciante está constitutivamente relacionado, quem é o Eledá, o seu criador, ou ainda o dono de seu Ori. Como vimos no mito, Ajalá, ao modelar os homens em suas pessoalidadades, usa de elementos naturais diversos.

Esses elementos são relacionados aos deuses e irão determinar, a semelhança daqueles, o modo como as pessoas serão, como se comportarão, como agirão no Aiê. Embora alguns autores proponham o sentido de individualidade para o termo Ori, acredito que uma aproximação/tradução mais coerente para esta categoria seria a de pessoalidade.

Lembremos que entre os afro-brasileiros as categorias hierárquicas e os santos-de-cabeça contribuem sobremaneira para localizar as pessoas no sistema social em questão, marcando os indivíduos com personas específicas – funções rituais e atributos dos santos, respectivamente – que necessitam ser desempenhadas a depender do lugar do outro na hierarquia sacerdotal para que o sistema se mantenha operante.

Os ideais de fraternidade, igualdade e liberdade que marcam o sujeito do individualismo (individualidade) só funcionam para pessoas que ocupem cargos de igual status dentro da hierarquia dos terreiros.Ifá revela o destino do homem através do jogo e Ori deve apresentar aos seus ditames, mas, Orunmilá e os demais Orixás não devem se submeter à vontade de Ori. Seguir o exemplo de Ifá é libertar o Ori superior preso em nosso corpo e que diariamente é afogado pelo nosso egoísmo, não seguir o egoísmo é que nos permite dominar nosso eu inferior, o que atrasa o nosso desenvolvimento espiritual no caminho para o *Todo*.

Na Umbanda Astrológica, Ori é a Cabeça do Dragão (nodos da Lua) e seu regente (ORÍ-APÉRÉ) mostra nosso destino divididos num eixo de duas partes. A Cauda do dragão é Ayanmó e as escolhas vêm pelos planetas Júpiter e Saturno. Já APARI INÚ é encontrado através da posição do Sol, com o domínio individual de AJALÁ, que é encontrado através da posição da Lua. Este ponto é representado também no Fundo do céu do nosso Mapa Natal. Já a parte da Roda da Fortuna é que mostra a potência e influência de nosso axé pessoal, ancestral e cósmico.

Ori é o mapa como um todo e é representado pela composição dos elementos do 4 + 3 = 7, ou seja, as qualidades (Fixa, Mutável e Cardinal) e os elementos:

Fogo, Água, Ar e Terra. E com essas forças que compõem nossa alma devemos nos resguardar de Elénìnìí, o inimigo de nossa missão e alma, aquele que pode nos trazer sofrimentos, no mapa é representado por Saturno e a Cauda do Dragão.

Podemos encontrá-lo através de um dos dois que mais se destacar no mapa. E que nossa verdadeira essência, que devemos buscar, reside em Ori innú (cabeça interna-alma) e não em nosso Ori òde (cabeça externa-personalidade), este representado pelo nosso Ascendente e seu regente, que é tão somente o veículo de Ori innú aqui no Aiê.

O principal arquiteto do nosso destino, tanto no céu como na Terra é o nosso anjo guardião. Ele nos informa o que fazer antes da vinda do céu para o mundo. Alguém que segue a direção e as instruções de seu anjo guardião nunca se perde. Os Yorubá o chamam Eleeda e os Bini o chamam Ehi. Aqueles que são meticulosos o bastante para ir ao oráculo no céu antes de vir para o mundo e fazer tudo aquilo que lhes for avisado no jogo para fazer aguentam melhor até mesmo mudanças de uma permanência tranquila e razoável na Terra.

Em iorubá chama-se obsessão usando a palavra "ini", que significa "I" – uma referência à união com as forças espirituais transcendentes que estão além da consciência humana. A tradição do Ifá iorubá ensina seus seguidores, em primeiro lugar, que prestem atenção ao crescimento espiritual, e o seguidor (Irunmolé) do sucesso, dinheiro, saúde, realização virão como um componente necessário para uma vida saudável. O estudo da predição – uma parte chave do conhecimento de todas as tradições africanas. Oráculos iorubás dotados de instruções precisas que emanam do Mundo do Espírito, que proporcionam a eficiência em todas as práticas religiosas e mágicas.

Cruzando o Ifá com Astrologia temos a análise do Mapa Natal na área denominada *quartil solar*, que é definido pela casa astrológica onde o Sol é localizado e as duas casas adjacentes que estão localizadas em ambos os lados da casa solar. Em 98% dos casos a fonte é o planeta (ou uma de suas oitavas) das energias do anjo da guarda da pessoa ou do objeto de estudo que estava presente no quartil do gráfico.

Este estudo exploratório tem várias conotações, pois Sol natal da pessoa num mapa natal revela a natureza do ego, a casa astrológica onde o trabalho do ego é conhecido na Terra, uma tarefa que depende da casa astrológica que precede e que precisamente as energias de Alagbatori são a transportadora modular e o comportamento do ego, por isso é necessário para localizar a origem do planeta alagbatori na casa solar ou adjacentes.

A fundação do sistema espiritual de uma cultura influenciada pela esforço dos corpos celestes e seus movimentos no céu inspirou povos a erguer monumentos que marcaram os solstícios e os equinócios, bem como os trânsitos dos planetas. Se você pudesse imaginar o início e o fim de um círculo que viria a compreender o ciclo interminável de criação de transição reencarnação, e que todas as coisas criadas têm um destino que é influenciado pelos céus. E lembremos que o sistema binário do Ifá é perfeito e mágico: $1 + 8 + 28 + 56 + 70 + 56 + 28 + 8 + 1 = 256 = 16 \times 16$[67]

Os Odus na roda zodiacal[68]

Cada Odu rege no zodíaco um espaço de tempo de 1h30 e cada um abrange 22°30' de arco. Assim temos os Odus dominantes na seguinte ordem:

Odu 1 – 0° de Aries ou da casa 1
Odu 2 – 22°30' de Aries ou da casa 1

---

67. Bibliografia consultada:
– A obra completa de Orúnmìlá, a sabedoria divina, de Cromwell Osamaro. Em http://pt.slideshare.net/ifakemimiguel/a-obra-completa-de-orunmil-8277957
– X JORNADAS SOBRE ALTERNATIVAS RELIGIOSAS EN AMÉRICA LATINA, "Sociedad y Religión en el Tercer Milenio". Asociación de Cientistas Sociales de la Religión en el Mercosur – (Área Temática: Religiones afroamericanas) – Axé, aperê e ori: notas sobre as bases da corporeidade afro-brasileira. – Luís Felipe Rios, Doutorando em Saúde Coletiva (IMS-UERJ). Av. Mem de Sá, nº 72, ap. 414, Centro, Rio de Janeiro – RJ. Fone: (21) 221 20 86, E-mail: fipo@ig.com.br
– Òmò odu, rezas, métodos, características, personalidades e òrìsás, por Rosa de Oxalá (PDF).
– Estudando os Orixás. www.ceudanovaera.hpg.com.br – Preservação, Consciência e União, 2003.
– Os 16 Odus – (These verses are only a fraction of the entirety of The 16 Principle ODU's). Orunmilá. Link: http://www.cultural-expressions.com/ifa/orisha/orunmila.htm
– Jogo de búzios um breve ensaio ao sistema oracular merindilogun – Apostila pertence a Omó Orixá Léo ti Yemonja, jan/2001.
– Tratado enciclopédico de baba ejiogbe los olodus/apostoles de orunmila ejiogbe u ogbe meyi
– Os Olodus / apóstolos de Orunmilá – Por www.ifabemi.com, 17 de novembro de 2010.

68. Não há fonte pra informar, pois é criação minha! Odus alinhados aos graus zodiacais foram eu que criei! A mim foi inspirado pelos Orixás!

Odu 3 – 15° de Touro 45° zodiacais ou 15° da casa 2

Odu 4 – 7°30' de Gêmeos, 67°30' zodiacais ou 7°30' da casa 3

Odu 5 – 0° de Câncer, 90° zodiacais ou 0° da casa 4

Odu 6 – 22°30 de Câncer, 112°30 zodiacais ou 22°30 da casa 4

Odu 7 – 15° de Leão, 135° zodiacais ou 15° da casa 5

Odu 8 – 7°30' de Virgem 157°30 zodiacais ou 7°30 da casa 6

Odu 9 – 0° de Libra, 180° zodiacais ou 0° da casa 7

Odu 10 – 22°30 de Libra, 202°30 zodiacais ou 22°30 da casa 7

Odu 11 – 15° de Escorpião, 225° zodiacais ou 15° da casa 8

Odu 12 – 7°30' de Sagitário, 247°30 zodiacais ou 7°30 da casa 9

Odu 13 – 0° de Capricórnio, 270° zodiacais ou 0° da casa 10

Odu 14 – 22°30 de Capricórnio, 292°30 zodiacais ou 22°30 da casa 10

Odu 15 – 15° de Aquário, 315° zodiacais ou 15° da casa 11

Odu 16 – 7°30 de Peixes, 337°30 zodiacais ou 7°30 da casa 12

Está formada assim a Coroa Sagrada de Orunmilá por meio do Zodíaco

Temos assim nesses raios de ação a regência dos signos através dos Odus nas pessoas. Se o Sol estiver num desses setores já sabemos qual Odu nos influencia. Quanto mais a influência dobra, mais forte fica, por exemplo, uma pessoa que nasceu na área do Odu 1 a 0° de Áries, terá ainda maior certeza da influência do Odu 1. E os códigos vão se revelando, através das somas, verificando quais planetas os tocam através do zodíaco e para que área os puxa.

Temos assim as pessoas que nasceram nos dias revelados em 20/03 – 13/04 – 06/05 – 29/05 – 22/06 – 15/07 – 07/08 – 31/08 – 23/09 – 16/10 – 07/11 – 30/11 – 22/12 – 13/01 – 04/02 – 26/02, dependendo da quantidade de planetas nesses setores, poderão ter um alto grau de mediunidade, proteção direta desses Odus, de Orunmilá e ter mão de magia pra se tornarem bons como sacerdotes, astrólogos ou estudiosos ou possuir os dons indicados pelo Odu referente ao grau.[69]

---

69. Algumas dessas datas poderão mudar, dependendo dos anos bissextos.

I	I	II	II	II	II	I	I
I	I	II	II	I	I	II	II
I	I	II	II	I	I	II	II
I	I	II	II	II	II	I	I
Eji-Ogbe		Oyeku Meji		Iwori Meji		Odi Meji	
I	I	II	II	I	I	II	II
I	I	II	II	II	II	II	II
II	II	I	I	II	II	II	II
II	II	I	I	II	II	I	I
Irosun Meji		Owonrin Meji		Obara Meji		Okaran Meji	
I	I	II	II	II	II	II	II
I	I	I	I	I	I	II	II
I	I	I	I	II	II	I	I
II	II	I	I	II	II	II	II
Ogunda Meji		Osa Meji		Ika Meji		Oturupon Meji	
I	I	I	I	I	I	II	II
II	II	I	I	II	II	I	I
I	I	II	II	I	I	II	II
I	I	I	I	II	II	I	I
Otura Meji		Irete Meji		Ose Meji		Ofun Meji	

Como eu citei, os Odus governam 1h30, este é o trânsito dos signos de Ifá. A tabela principal é assim:[70]

Odu 1 – 6h00
Odu 2 – 7h30
Odu 3 – 9h00
Odu 4 – 10h30
Odu 5 – 12h00
Odu 6 – 13h30
Odu 7 – 15h00

---

70. Criação minha.

Odu 8 – 16h30
Odu 9 – 18h30
Odu 10 – 19h30
Odu 11 – 21h00
Odu 12 – 22h30
Odu 13 – 00h00
Odu 14 – 01h30
Odu 15 – 03h00
Odu 16 – 04h30

Com essa metodologia, podemos montar uma configuração "Ifastrológica" da seguinte forma: quem nasceu num determinado horário, por exemplo, tem como Odu regente da sua casa 1 o Odu relativo ao Ascendente Astrológico e não ao horário fixo de Odu apresentado acima.

Explico: percebam que coloquei os números com horários e não os nomes dos Odus, isso porque estamos estudando os Odus relativos à Astrologia, portanto não poderíamos ter tabelas fixas. Assim, o Odu que rege às 6 horas da manhã no mês de março, vai reger às 18 horas no mês de setembro, respeitando a mesma lógica zodiacal que todo astrólogo conhece bem que é pautada pelo movimento da Terra e do Sol. E assim, se em março o Odu 1 rege às 6 horas da manhã, em abril ele vai estar regendo às 04h30 da manhã e em maio as 3h00 da manhã e assim por diante.

Para astrólogos experientes será mais fácil compreender, mas, exemplifico aqui:

Para o mês de março		
	Odu 1	6h00;
Ogbé	**Odu 2**	7h30;
Oyeku	**Odu 3**	9h00;
Iwori	**Odu 4**	10h30;
Odi	**Odu 5**	12h00;
Obara	**Odu 6**	13h30;
Okanran	**Odu 7**	15h00;
Irosun	**Odu 8**	16s30;
Owonrin	**Odu 9**	18h30;
Ogunda	**Odu 10**	19h30;

Osa **Odu 11**   21h00;
Irete **Odu 12**   22h30;
Otuwa **Odu 13**   00h00;
Oturupon **Odu 14**   01h30;
Ika **Odu 15**   03h00;
Ose **Odu 16**   04h00 Ofun.

Já em abril seria assim: **Odu 2**   6h00;
Ogbé **Odu 3**   7h30;
Oyeku **Odu 4**   9h00;
Iwori **Odu 5**   10h30;
Odi **Odu 5**   12h00;
Obara **Odu 7**   13h30;
Okanran **Odu 8**   15h00;
Irosun **Odu 9**   16h30;
Owonrin **Odu 10**   18h30;
Ogunda **Odu 11**   19h30;
Osa **Odu 12**   21h00;
Irete **Odu 13**   22s30;
Otuwa **Odu 14**   00h00;
Oturupon **Odu 15**   01h30;
Ika **Odu 16**   03h00;
Ose **Odu 1**   04h30 Ofun8.

E assim vai mudando mês a mês. Ou seja, vai movimentando a tabela, maio o Odu 3 rege as 6h00 e em junho o Odu 4 será o regente desse horário e assim por diante (Não espere que a espiritualidade em um assunto tão complexo seja mostrada com simplismo, pois se alguém quer buscar mesmo compreensão, não achará conhecimento na simplicidade e sim nos desafios!) E relembrando, este corresponde ao Sistema Orunmilá-Ifá, pois no Midirelogun o sistema de Odus é o seguinte:[71]

---

71. Criação minha! Novidade que os Orixás me ensinaram.

Culto à Orunmilá **187**

#	Nome	Significado no Ifá	Regência nos búzios
1	Òkànràn	Perdas, luta, necessidade de persistência e inconstância. Mas, positivo – sorte no amor.	**Regente: Exu, com influência de Xangô (FOGO)** IRE – Novo caminho, oportunidade material, progresso. IBI – Medo, insegurança, impulsividade.
2	Eji Oko	Antepassados, contenda e ciúmes. Mas, positivo – jovialidade e honestidade.	**Regente: Ogun com influências de Ibêji e de Obatalá (Ar)** IRE – Nascimento, dualidade, início. IBI – Morte, escuridão, desordem.
3	Ogunda	Honestidade, trabalho duro, brigas e desilusões no amor. Positivo, traz sorte na política e nos negócios. Lucros.	**Regente: Obaluaê, influência de Ogun e Ossaim (Terra)** IRE – Profissão, construção, força. IBI – Violência, desastre, doença, brigas.
4	Irosun	Linhagem ancestral, caridade e intuição. Mas, negativo, traições amorosas.	**Regente: Oxóssi, influência de Xangô, Iansã e Egun (Terra)** IRE – Caminhos abertos, realização, ambição. IBI – Intranquilidade, inquietação, arrependimento.
5	Oxe	Abundância, doçura e liderança. Se negativo, egocentrismo e vingança.	**Regente: Oxum, Influências de Iemanjá e Omulu (água)** IRE – Suavidade, ingenuidade, amor, riqueza. IBI – Ilusão, falta de foco, fofoca, curiosidade.
6	Obara	Ganho monetário, justiça e força espiritual. Se negativo, calúnias e perdas no amor.	**Regente: Xangô, com influências de Exu, Iansã, Oxóssi, Ossaim e Logunedé (Fogo)** IRE – Sorte, paciência, habilidade, potencial. IBI – Inveja, roubo, perda, inquietação.
7	Odi	Conclusão de projeto, colhendo o que foi semeado e fé. Negativo, indecisão e inveja.	**Regente: Obaluaê, Exu, Oxalufá e Oxumaré (Terra)** IRE – Liderança, persistência, sensibilidade. IBI – Polêmicas, problemas, brigas, traições.
8	Eji Ogbé	Longa vida, abundância e bênçãos. Se negativo, doenças, acidentes e vingança.	**Regente: Oxaguã, Obatalá, Ifá, Xangô, Oxum e Oxóssi (Ar)** IRE – Alegria, encanto, felicidade, grandeza, sucesso, início. IBI – Nervosismo, preguiça, altos e baixos.
9	Osa	Mudanças radicais, liderança e religiosidade. Problemas conjugais e conflitos psicológicos e ginecológicos.	**Regente: Yemonja, Xangô, Ossaim, Oxóssi e Iansã (água)** IRE – Viagens, espiritualidade, família, mudança. IBI – Falta de coragem, dúvidas, depressão.
10	Òfún	Força espiritual – às vezes pode significar um fim e generosidade. Negativo, desilusões amorosas e perseguições.	**Regente: Oxalufan, com influência de Xangô e Oxum (Ar)** IRE – Vitória, determinação, realização, paciência. IBI – Lentidão, desânimo, fraqueza, fragilidade.
11	Owonrin	Deixando para trás o passado, boa saúde e imaginação fértil. Negativo, amores volúveis, casamento fracassado e sacrifícios.	**Regente: Iansã, com influência de Exu, Ossaim e Egungun (fogo)** IRE – Pressa, poder, força, otimismo, realização. IBI – Perigo, acidente, violência.

#	Nome	Significado no Ifá	Regência nos búzios
12	Ejila Sebora	Perda, fofocas, caprichos e problemas judiciais. Positivo, pessoas bondosas e prestativas. Pessoas justas.	**Regente: Xangô, Influência de Logunedé e Iemanjá (Fogo)** IRE – Emprego, dinheiro, negócios, política. IBI – Avareza, processos, loucura.
13	Ika	Mudança, doença e sofrimento. Positivo, vitória por fé profunda e sorte no amor.	**Regente: Nanã, Obaluaê Shapannan (água)** IRE – Espiritualidade. IBI – Perigos, doenças, feitiços, morte.
14	Oturupon	Coragem, humildade e sensualidade. Negativo, conflitos psicológicos e na profissão.	**Regente: Oxumaré com influência de Oxum e Obaluaê (água)** IRE – Espiritualidade, vidência, intuição. IBI – Doenças, fase negativa, miséria.
15	Òfún Kanran	Conhecimento de paz, estudo e pessoas valorosas. Negativo, desilusões amorosas e agressividade. Rejeição.	**Regente: Obá, com influência de Exá, Exu e Olookun (água)** IRE – A capacidade de recomeçar rapidamente. IBI – A falta de iniciativa, desilusão, decepção.
16	Irete	Pressão, opressão e espiritualidade. Negativo, desinteresse e apatia.	**Regente: Ifá, com influência de Oxalá (ar)** IRE – Ligação com a espiritualidade, o renascimento. IBI – O fracasso, a morte.

(O primeiro Ifá com os coquinhos, e o segundo sistema diz respeito aos búzios.)
O IIê (sorte, aspecto positivo), e o Ibi (aspecto negativo) de um mesmo Odu deve ser extraído com muito cuidado porque só assim teremos a capacidade de interpretar a verdadeira mensagem contida no jogo.[72]

No entanto, como montar a carta natal se cada signo tem mais ou menos 2 horas de tempo e os Odus apenas 1h30? Bem, vamos transformar esse tempo em graus de arco. Assim vamos transformar essa uma hora e meia em 22°30' de arco. Então, ao calcularmos o mapa astrológico, transferimos as casas para "Casas de Odus" observando os graus.

Lembrando que partimos no mapa com o Odu 01, a partir do Sol, para representar a parte do espírito e do Ascendente, para representar a vida material. Assim teremos a regência de cada casa pelo Odu derivado do mapa. Veja o exemplo do mapa partido do Sol:

---

72. Ifakayode – OSHA orações e canções e IFA, Adesola Ayobunmi Ifakayode Chefe Chefe Akala Taincy título Orisa em Ile Ife, em 1998.
"Odu". Como tudo começou – TEOGONIA YORUBÁ.

Culto à Orunmilá

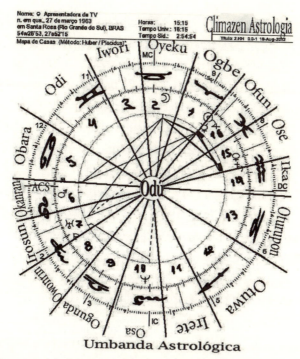

Figura (montagem minha): Lembrem-se da sequência dos Odus. Ou seja, o Odu 1 começou de Ogbé, porque a apresentadora dona do mapa é de março, mas, caso ela tivesse nascido em abril, o Odu 1 seria Oyeku. Não se esqueçam disso! Outra coisa a ser lembrada é que as casas de Odu devem ser lidas sempre em sobreposição, sincronia e entrosamento com o mapa astrológico natal. Poderão ser utilizadas diversas técnicas, como Revolução Solar, progressões, mapas cármicos e até astrolocalização. Mas, este já é um nível muito avançado, que só trarei em livros futuros, pois, é assunto para edições inteiras. Mais uma coisa a ser lembrada é que a leitura dos Odus pode e deve ser lida levando-se em consideração as relações planetárias e não apenas as casas, ou seja, se temos o Sol dentro de uma casa, a influência direta por este Odu é também da vibração de Oxalá. Se essa casa é Áries, tem a vibração de Ogum. E assim cabe ao astrólogo a capacidade e técnica pra sincretizar tudo.

No mapa apresentado aqui, de uma apresentadora famosa brasileira e global, temos o Sol a 06º22 de Áries o que deixa as casas de Odu na tal forma:[73]

Odu 1   *de 06º22 de Áries a 28º52 de Áries;*   Ogbé
Odu 2   *de 28º52 de Áries a 21º22 de Touro;*   Oyeku

---

73. Revelação minha.

Odu 3	*de 21º22 de Touro a 13º52 de Gêmeos;*	Iwori
Odu 4	*de 13º52 de Gêmeos a 6º22 de Câncer;*	Odi
Odu 5	*6º22 de Câncer a 28º52 de Câncer;*	Obara
Odu 6	*de 28º52 de Câncer a 21º22 de Leão;*	Okanran
Odu 7	*de 21º22 de Leão a 13º52 de Virgem;*	Irosun
Odu 8	*13º52 de Virgem a 06º22 de Libra;*	Owonrin
Odu 9	*06º22 de Libra a 28º52 de Libra;*	Ogunda
Odu 10	*28º52 de Libra a 21º22 de Escorpião;*	Osa
Odu 11	*21º22 de Escorpião a 13º52 de Sagitário;*	Irete
Odu 12	*13º52 de Sagitário a 06º22 de Capricórnio;*	Otuwa
Odu 13	*06º22 de Capricórnio a 28º52 de Capricórnio;*	Oturupon
Odu 14	*28º52 de Capricórnio a 21º22 de Aquário;*	Ika
Odu 15	*de 21º22 de Aquário a 13º52 de Peixes;*	Ose
Odu 16	*de 13º52 de Peixes a 6º22 de Áries;*	Ofun

Como são 16 Odus, a formação das casas é diferente do mapa astral na Astrologia convencional. No mapa de Astrologia convencional, as casas são maiores, mesmo que no sistema de Astrologia Tropical não tenhamos as casas iguais, nesse sistema de Odus, empregamos casas de tamanhos iguais para ter uma ação equilibrada de todos os Odus.

E nesse sistema "Ifastrológico", o sistema de casas é diferente, como deu pra perceber nas posições das casas que alguns signos podem revelar duas casas, enquanto outros só uma. Assim, conhecendo o período de atuação e mais o horário, facilita-se a avaliação do Ascendente, das entidades atuantes no plano físico, no plano espiritual e no plano mental.

O segundo processo inicia-se pelo Ascendente. Como o ascendente dessa pessoa é Leão, teremos o início em Obara com a sobreposição, assim como se faz no Ifá oracular e no Oponifá e com a Astrologia, um método mais acessível, pois não se precisa da mediunidade e outorga de um babalawô. E, ainda, não se conta com o jogo e sim com o alfabeto mais antigo de todos, que é o Zodíaco. Temos assim então:

Então assim como no jogo onde se junta através das caídas do Ifá, o feminino com o feminino ou cruza-se os Odus criadores, aqui nesse sistema astrológico temos o mesmo cruzamento. Essa apresentadora, através de seu mapa, tem como

Odu espiritual a soma de Ogbé com Ofun formando o Odu filho: Ogbé-Ofun,
E na vida material a soma de okanran com Obará, formando Okanran-Obara.

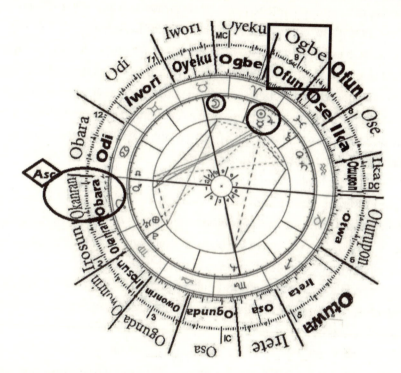

Você vai dizer: "É tudo muito complexo!". E por acaso a vida não é complexa? Na verdade, a Bíblia é fácil de se compreender? Porque há então tanta controvérsia, tantas religiões em torno dela? Alguém vai aprender uma filosofia ou teoria num único livro? Quantos livros temos de Candomblé e Umbanda, sendo que até hoje todos batem cabeça sem saber direito o que essas religiões realmente são? A Astrologia existe há milênios e até hoje ainda tentamos compreendê-la. Tudo precisa de um início.

Mas, nesse sistema, onde entram os astros, já que se observou na divisão dessa carta apenas signos e casas? Entram na interpretação da seguinte forma: no exemplo, dessa moça do mapa, ela tem Ogum como Pai de Cabeça e Oxum como mãe, com Oxalá, possivelmente como Orixá de Cabeça. Então, em primeiro lugar, busca-se com esse método extra, tentar confirmar isso. Segundo, se não for preciso essa confirmação, vemos os caminhos mostrados pelos Odus citados e como anexar a energia dos Orixás atuantes nesse caminho. É impossível aqui explicar todos os Odus, além dos 16 mais velhos e mais conhecidos, pois não há possibilidade neste livro. Seria preciso um volume só para isso. Estamos aqui apresentando, tanto para incentivar a pesquisa, como para aclarar novos conhecimentos.

Seguindo o exemplo da carta apresentada, vemos que foi formado como Odu espiritual dessa mulher o Odu 45º Ogbé-Ofun ou Ogbé – Ofun (Ogbé'fun). Ele se refere a Obatalá e, como citei, seu Ori certamente é Oxalá (certamente, porque todo mundo precisa de confirmação, através de iniciações – nem todo mundo tem o Orixá de cabeça mostrado com clareza no Mapa Natal), lembrando que Obatalá e Oxalá fazem parte da mesma vibração.

Este Odu sugere não comer carne vermelha, com grande probalidade dos regidos por ele serem vegetarianos, aliás, como divulga a própria nativa deste mapa apresentado. Também mostra possibilidades de uma relação complicada com os homens e até mesmo com o pai. Problemas de gestação e dificuldade em ser mãe – como sabemos desta mulher, preferiu métodos não convencionais pra ser mãe. Este Odu não fala do enorme sucesso material que ela tem, fala mais em nível espiritual, mostra-nos também algumas possibilidades de conflitos com mulheres, tanto por disputas de amor, quanto na profissão e problemas com filhos de Ogum.

Então, observando o Odu do plano físico temos Okanran somado a Obara, que junto temos Okanran-Obara ou Obara – Okanran (Obara Konran). Como é encontrado pelo Ascendente de baixo pra cima, ao contrário do anterior que é de cima pra baixo, o correto é Obara-Okanran. Este é o Odu da vida material que facilitou o sucesso e fortuna dessa moça.

Com a energia de Xangô, aliado a Oxalá que além de regente do Ori, atua também de frente na vida dela, é um Odu de boa sorte para dinheiro e sucesso. Tem cobranças que ela acabará tendo ao longo da vida, como dificuldades no amor, por ser muito caprichosa, perfeccionista e muito individualista, além de exigir atenção a espiritualidade, mas, é um Odu de sucesso material.

Mas, se ele é material, porque falei em deveres espirituais também. Primeiro temos que entender que tudo está interligado, assim como os Odus, astros e signos; segundo, como eu disse, Xangô na carta natal dela é fundida a Oxalá. Inclusive tornando-a uma mulher que adora sexo e que se bloqueou a vida quase toda, ou ao menos na sua juventude em termos de amor.

Culto à Orunmilá

Enfim, nesse capítulo, citando essa nova técnia, não tem como ser toda explanada aqui, mas, abre as mentes que querem pesquisar, conhecer mais os Odus e dá uma concepção nova para o uso dos Odus, sendo que eles podem ser usados sem os objetos sagrados e usando apenas a carta astrológica de uma pessoa chega-se a segredos importantes de um indivíduo.

Como o caro leitor percebeu, os Odus apresentados no mapa são os formadores e para uma melhor compreensão, trazemos para os Omó Odus conhecidos também no jogo de búzios que fica mais fácil a interpretação, especialmente para aqueles que conhecem apenas o dia de nascimento de uma pessoa, por exemplo. Assim, se temos Ogbé como ponto de partida, podemos converter no Oseturá para Ejionilê. Faz-se preferencialmente com o sistema apresentado acima, mas, é um nível mais avançado e bem técnico, com uma maior necessidade de conhecimento dos Odus. Então, temos que nos lembrar de um segredo fundamental do Ifá que é o **OSETURÁ**.

"Ojisé-ebó" – OSETURÁ

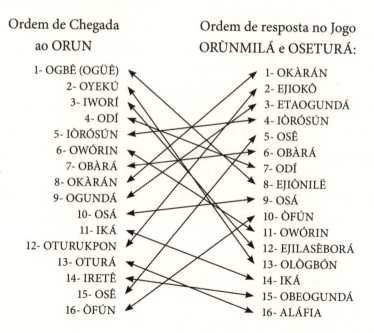

Oseturá é peça fundamental do oráculo de Ifá, que relata claramente o desenvolvimento da função de Exu. Antes de proceder à procura por respostas e nos conectar ao oráculo, deveremos colocar o jogo de búzios para saber se o consulente não está sob influências de Egún e/ou Exu.

Os ODUS, por ordem de chegada, são utilizados no jogo de OKPELÊ e IKÍN para realização de encantamentos e saudações. Omo Odu é quem rege toda a nossa existência na face da Terra desde antes de nascermos até a nossa morte, ele terá influência permanente na descoberta e aperfeiçoamento dos caminhos espirituais e existências de cada um ser humano. Os Omo Odu ou Amolu são resultado da combinação dos 16 Meji entre si, o que proporciona a possibilidade de surgimento de 240 figuras compostas ou combinadas que somadas aos dezesseis principais totalizam o número de 256 figuras oraculares.

Temos nesse sistema o título de "Ojisé-ebó", que quer dizer "o carregador de ebó", pois ele é aquele que tem a função de transportar o ebó da Terra para o céu. Essa é uma grande vantagem que o jogo de búzios apresenta sobre os outros sistemas oraculares existentes em nossa terra e o fato de não somente diagnosticar o problema, como também apresentar a solução através de um procedimento mágico denominado ebó. Esse sistema é conhecido ainda como Akín-Oso (O grande mago ou grande feiticeiro.). Ele é aquele que faz e sabe fazer o ebó dar certo.

O filho varão foi colocado nas mãos de Oxalá e Obatalá, que assim que viram que era menino gritou "Muso!" (viva, viva). Todos os Orixás e todos os Odus seguraram o menino e Oxalá falou que tinham sido os Orixás que conseguiram com seu Axé que a criança fosse menino, então o pequeno deveria chamar-se "Ase-twa" (O poder ele nos trouxe). Com esses ensinamentos, os Odu tiveram a missão de instalar os pilares de fundação que sustentariam a Terra. Com isso, poderiam existir neste mundo os Orixás e todos os seres humanos.

Orunmilá revela então que o menino deveria chamar-se Oseturá, pois tinham sido os Odu Ose e Oturá que tinham propiciado caminhos para que aquele ser vivesse na Terra. Após a sagração do menino ao grupo dos dezesseis Odu, este grupo passou a ter dezessete figuras. E "ojisé ebó", o transportador de ebó. Ficou também estabelecido por todos os Odu e Òrìxà que qualquer trabalho ou oferenda a ser feita, em primeiro lugar deverá ser comunicada a Exu e algo lhe ofertado (Oseturá, Akín-oso), pois ele dividirá com seu pai Exu Odara o presente recebido.

A forma de Exu no Orun é Exu Odara, enquanto que aqui na terra Oseturá é o próprio Exu, assim como Elegbará, Elegbira também são formas de Exu na terra. Ele se converte em portador e carregador de oferendas para o Orun. Também podemos chamá-lo de E$\underline{s}$u-Elebó, o proprietário, o que controla e regula o ebó. Presume-se que este Exu Odara seja o lado esquerdo de Deus e Exu é o representante de Exu Odara na Terra.

Orunmilá determinou que qualquer trabalho relativo aos Odu e aos Orixás deverá antes ser feita uma oferenda para O$\underline{s}$eturá. Desde então nenhum Odu ou Orixá aceitaria oferenda alguma sem que antes tivesse sido agradado, lembrado e respeitado o "transportador", o "portador" do Ebó O$\underline{s}$eturá. Consequentemente, O$\underline{s}$eturá passou a dividir tudo que recebia com Exu Odara, seu pai, seu criador, ou seja, o lado esquerdo de Deus.

Eu não tenho dúvidas de afirmar que qualquer pessoa habilitada a consultar o Oráculo, pode através dos búzios, "sacar" o ODÚ pessoal de um consulente. No entanto, para algumas pessoas, isso não poderá ter sucesso, sem que para isto o interessado tenha sido submetido à iniciação necessária! E quando falo em necessário, volto a lembrar que o ser humano é único, por isso um ritual que serve pra um nem sempre servirá para outros. O princípio do AXÉ está presente em todos os elementos naturais animados e inanimados e é oferecido ao homem através do seu ÒRÍ pelo ÈXÚ PESSOAL.

Quando se fala em resolver problemas temos o ebó, que é o ato pelo qual o homem devolve à natureza parte daquilo que recebeu e pleiteia novas benesses. O ebó renova o Àxé pessoal, presente nos assentamentos do ofertante, ou seja, nos objetos rituais nos quais se fixaram os seus compromissos com seu ÒRÍXÀ (dono do ÒRÍ). Exu conduz o ebó ao destinatário, o ÒRÍSÁ, que, interdepende do Òri do próprio homem, recebe a oferta, reforça e acrescenta o AXÉ, que outra vez é trazido pelo ÈXÚ para permitir ao ofertante a mudança da realidade e do destino desejado. É o ato que reintegra o indivíduo na harmonia cósmica pela absorção e restituição de energia, princípio mesmo a existência humana.

Exu é inclusive conhecido como "Eleru", senhor do "Eru" que carrega ritual. Exu é, portanto, filho da Iya-mi, representante do poder ancestral feminino e do Axé dos 16 Odu-Agba, representando o poder masculino. Oseturá, que é o resultado da fertilização e da descendência, também serviu para tornar a relação entre o poder feminino e masculino é restabelecida e harmoniosa com o nascimento e por duas vezes.

A primeira vez foi quando nasceu o varão, restabelecendo assim a harmonia entre a Iya-mi-ajé e os dezesseis Odu-agba, salvando a Terra do caos e do aniquilamento. Já a segunda harmonização deu-se quando ele conseguiu que as portas do Orun lhe fossem abertas, outra vez salvando a Terra da seca total, reatando e mantendo, mais uma vez, a relação dinâmica do Orun e Aiê.

Lembramos ainda que a própria Iyami exigiu que o produto de sua fertilidade fosse masculino, fosse homem, isto lá no início da criação da Terra. E assim Exu sob a forma "yangi" é símbolo do elemento procriado, é responsável e o único capaz de reparar o útero mítico fecundado, o Igbá-nlá" ou "igbá-iwa", cabeça da existência. Lembrando também que esse Exu não é apenas representado na forma masculina, mesmo que o pedido de Iya-mi tenha sido de um produto que fosse masculino, pois, contínuo afirmando na forma da dualidade em toda criação.

Dessa forma temos nessa atuação, conhecida pelas mulheres no interior da "Dona do Corpo da Mulher", que geralmente elas dizem sentir o contato, em especial após dar a luz. E essa dona do corpo da mulher é nada mais nada menos que Pombagira, que é a real responsável da sexualidade feminina. Eu por exemplo, sempre ouvi minha mãe falar nessa tal "Dona do Corpo" toda vez que ganhava bebê e nem somos índios, mas, em nossa cultura as parteiras sempre falam nisso.

De acordo com a descrição da anatomia feminina feita pelas mulheres mais velhas, a "Dona do Corpo" se localiza próximo ao "saco onde cria o menino" ou, para algumas, perto do útero. Ou seja, ela é uma espécie de órgão autônomo. Nesse caso, por mais que algumas mulheres a identifiquem com o útero, é possível perceber que, em um determinado momento, nos seus próprios discursos, opera-se uma separação, pois elas reconhecem que, além de realizar as funções atribuídas ao órgão reprodutivo, a " Dona do Corpo" é responsável também por outras tarefas que não estão inscritas no rol de atuação do útero.

Toda pessoa viva é acompanhada, constituída, por seu próprio Exu individual, elemento que permitiu seu nascimento, desenvolvimento e o fator multiplicador, cumprindo, portanto, o fator dinâmico harmoniosamente. Apesar do preconceito de algumas correntes de pensamento espiritual contra os Exus, eu não tenho dúvidas de que sem eles não teríamos a procriação e multiplicação dos seres humanos. É por meio da força de Exu (e Pombagiras) que a libido age e que ocorre, com o auxílio, regência e consentimento de Olorun, que através dos Orixás, atua, a fecundação da mulher.

Como também a produção de espermatozoides e a ereção masculina. Sem Exu não haveria gravidez. Porém, é bom ficar bem claro que apesar de Exu ser produto do masculino e do feminino, é ele masculino e tão somente esta é a sua forma como entidade. Sendo por isso que a Umbanda, ao captar muito bem o princípio da ação pela dualidade, adotou a Pombagira, como parte integrante das falanges de Exus.

Como todo pesquisador do sistema Orunmilá-Ifá sabe, os códigos, todos os ritos, todas as técnicas e todos segredos, são complexos. Assim o que a Umbanda Astrológica vem fazer é simplificar, por isso não estamos aqui empregando as metodologias do sistema tradicional, mas, fazendo uma readaptação a Astrologia, revelando os segredos dos signos dos Orixás, através do prisma e dos conceitos astrológicos. Então ao invés de coquinhos, búzios ou jogadas, toma-se como regra o tempo, por suas datas, horários e posição zodiacal.

Por esse meio é que chegamos aos arcanos do Ifá, com maior simplicidade, mas, grande eficiência na busca de compreender o destino, não só para sacerdotes, mas também para buscadores, iniciados e médiuns. Não tenho como abrir todas as chaves e arcanos neste livro, e não tenho pretensão de encerrar o assunto, apenas gerar o debate e o estudo sério. Namastê!

Interpretação simplificada do mapa de exemplo dado

No mapa da apresentadora famosa, que dei como exemplo, Okaran, é o regente do Odu (traduzido para Oseturá) do Ascendente, da imagem, da entidade de frente, o oitavo no sistema Oseturá. Ele é um signo de movimento, o que demostra o porquê dessa apresentadora gostar tanto de dança, de representar e ser tão eclética. Em Yorubá, o significado do termo "OKARAN" seria igual uma "só palavra" ou "a primeira palavra é boa" ("OKAN OLAN"). OKÀRÁN MEJI é composto pelos elementos terra sobre ar, com predominância do primeiro (terra) o que significa a sensação de sufoco, vácuo, saturação e estruturamento. Corresponde ao ponto cardeal noroeste a carta 18 do tarô (a "LUA") seu valor numérico e o 15.[74]

---

74. Fonte: Odu – òmò odu, rezas, métodos, características, personalidades e òrìsás. p. 59 (Rosa de Oxalá) in apostilas.netsaber.com.br/apostilas/908.doc.

Esse sufocamento revelado pelo Odu da vida material, da personalidade e da imagem, deixa-nos claro, o porquê de essa apresentadora, tão rica, tão famosa e tão decidida, ter tido sempre problemas para se liberar, emocionalmente, sexualmente e até socialmente, pois enquanto famosa, sempre foi muito bem resolvida, mas, pessoalmente, ao que se sabe chegou a ser dominada por muito tempo pela sua empresária e diretora de seu programa, e que ela nem podia ter relacionamentos.

Além do mais, ela chegou a revelar em depoimentos problemas na infância, como abusos sexuais, problemas pra se relacionar e teve uma filha, por meios não convencionais. É um ODU feminino. E representado esotericamente por dois perfis humanos numa referência inequívoca aos Orixás gêmeos (IBÊJIS). Sendo este mais um elemento que nos revela que era sim predeterminação seu trabalho com crianças ou jovens e com a música alegre, sempre com uma mensagem de esperança em alguns sentidos, especialmente na vida sentimental ou sexual e também alguns contratempos familiares.

Mas, olhando mais aprofundadamente, notamos que esse Odu tem um elemento diferente do signo Ascendente Zodiacal que é de elemento fogo! Talves esse até seja um dos motivos por ela ter tanto sucesso na vida material e não ter a satisfação plena na vida sentimental e sexual. No entanto, observando o Mapa Natal dessa mulher, percebemos que Mercúrio o raio astrológico de Ibêjis, está em conjunção com o Sol, fazendo uma conexão com Marte (Ogum), tornando esse signo completamente alinhado com o Odu. Assim, Mercúrio, representante do elemento Terra, encontra Sol e Marte, os portadores do fogo, pra revelar o Ori dessa mulher.

Só que não temos que observar apens o Odu do Ascendente pra interpretar uma personalidade no sistema "Ifastrologia", temos no mínimo que interpretar os três pilares básicos: o Odu do Sol da Lua e dos regentes dispositores destes, mais do Ascendente. Como também ficarmos atentos as casas mais atuantes, onde os planetas atuam com mais força, quais os aspectos predominates e setores do mapa, mais importantes.

Lembrando-nos ainda do primeiro método onde temos Obara-Okanran e não apenas Okanran, vemos que há uma junção ou sobreposição de Xangô, o que "iluminou" este Odu, trazendo justiça e sorte. Ainda porque esse Odu é o 6º Odu no jogo de búzios e o 7º na ordem de chegada do sistema de Ifá, onde é conhecido pelo mesmo nome. Neste Odu nasceram as riquezas, o costume de usar joias, os mestres e o ensino.

Aqui surgiu o adultério e neste Odu o ser humano aprendeu a mentir e a ser enganoso. Prenuncia expansão física e moral, regularização, alegria, ambição, questões relacionadas a dinheiro, processos em andamento, solução de problemas de ordem financeira. Como veem, Odu ligado à vida agitada e material de artistas, especialmente os famosos.

Uma outra coisa que o buscador precisa observar nessa técnica é que se parte dos Odus principais, que são o do espírito e da vida material, para se mesclar aos astros e os demais Odus, apresentados na roda zodiacal. Ou seja, se um Odu como este apresentado para a vida material apresenta chances de riqueza e sucesso é preciso observar os demais pontos de confirmação, como o Odu que está na casa da fortuna (2), os planetas que estão no signo da casa da fortuna e os Odus do Sol (Signo e casa onde o Sol se encontra.), da Lua e do Meio do Céu.

E se por acaso o Odu aclarar algum assunto interligado à profissão, vida material ou emocional, se procura as casas que falam de amor, de criatividade, de trabalho, de sexo e família por exemplo. Observando tanto os Odus que estão nesses setores, quanto os planetas, signos e os aspectos formados entre eles.

Em se tratando de aspectos, vemos que a junção Xangô e Ogum, apresentada na interpretação dessa carta natal, está bem apresentada no mapa, pela boa relação entre Júpiter e Marte. Já na relação de Okanran e Obará, que remete-nos também a Xangô, mas, se sobrepondo a Exu, vemos que Júpiter está em conjunção a Mercúrio (o Mensageiro), o que denota uma boa fusão entre as duas forças, tanto astrológicas, como dos Odus no Sagrado Ifá ou Oseturá. Não é à toa que essa mulher ganhou tanto dinheiro, abriu tantas portas, fez tanto sucesso e é tão forte.

Ogbê é o Odu do Sol dessa pessoa, convertendo a **EJIÒNILÊ**, no sistema OSETURÁ. Ogbê é o primeiro do Sistema Orunmilá, mas, o oitavo do sistema convertido Oseturá. Esse Odu, também como portal do lado ancestral e espiritual, foi fundamental para o sucesso artístico dessa famosa apresentadora, pois é um Odu de regozijo e simpatia, proteção, jovialidade e boa saúde.

E em termos sexuais, apesar de os outros demonstrarem que não há satisfação plena, por não se ter a harmonia total com o plano sentimental, este um signo de muito gozo, de muita libido, onde ela tem hormônios à flor da pele e muito vigor sexual, ainda mais que se somou como demostrado anteriormente a Ofun.

Ejionilê é a força de Oxaguiã (o poder do Sol Nascente). Assim, usando o poder do Sol que na carta astrológica está na casa 9, vemos que esta mulher tem muito poder de liderança, espiritualidade e até mediunidade. Então, as regências do Sol no mapa ganham grande importância, ainda mais que Leão (signo do Sol) é o Ascendente.

Além disso, a casa 5 (regência natural do Sol) na carta natal é regida por Sagitário e Júpiter. Assim chamando atenção novamente pra junção Xangô-Oxalá, confirmando a junção revelada anteriormente através dos Odus na configuração astrológica, até porque temos Júpiter em conjunção com Sol.

Os parceiros dessa mulher tendem a ficar plenamente satisfeitos com ela! Este é um Odu de Oxalá, e tem a representação aqui do portal do Ascendente, dando sobreposição da mente e do espírito sobre a vida material. Por isso, apesar de não parecer, essa apresentadora tem muita espiritualidade, muita fé e muito poder místico, um dos fatores que a fizeram vencer em seus caminhos.

E relembrem! Leiam com atenção para não perderem os detalhes! Lembram-se da junção Mercúrio-Sol, citada? Pois é, na vida dela também a junção Ibêjis-Oxalá é fundamental, trouxeram pra ela todo sucesso com crianças, por isso ganhou muita grana, afinal de contas, se olharmos o mapa com atenção, encontramos Virgem (signo de Mercúrio), regendo as finanças.

Por isso o trabalho com crianças e jovens, rendeu a ela tanta riqueza e sucesso e na ordem de chegada do sistema Ifá, onde esse Odu é conhecido pelo nome de nome de "ODÍ EJIOGBÊ". Outros nomes com os quais é conhecido: "JIOGBÊ", "GBÊJIMÊ" (entre os jêjes) e "OGBÊ MEJI", no sistema Ifá[75]. Aqui nesse Odu, está revelado todo fogo que há no mapa zodiacal dessa famosa apresentadora.

A casa da criatividade (5), citada como tendo a força Xangô-Oxalá, tem no Odu, Irete e na junção, Ireta-Otuwa, que diz "tens a cabeça de rainha, mas, o cérebro de criança". Fala também na possibilidade de arranjar muitos "compadres e comadres", amigos e admiradores. Além da facilidade em falar outros idiomas.

---

75. Fonte: Odu - òmò odu, rezas, métodos, características, personalidades e òrìsás. p. 59 (Rosa de Oxalá) in apostilas.netsaber.com.br/apostilas/908.doc

Este ODU EJIÒNILÊ ou EJIOGBÊ é um ODU composto pelos elementos fogo sobre fogo, o que indica dinamismo puro, que impele, de forma instintiva, a conquista do objetivo e é um ODU masculino, representado esotericamente por um círculo inteiramente branco. O círculo representado é o amanhecer do dia. É um universo conhecido e desconhecido, que é chamado, em fon, de kezê, e, em yorubá, de Aiê.

Está explicado de onde essa famosa apresentadora tira tanta energia, tanto entusiasmo, carisma, alegria e beleza! Ela faz muito sucesso ainda como na juventude, mesmo tendo mudado do público infantil para o adolescente e adulto, pois tudo tem seu ciclo, mas por seu imenso carisma especial, continua encantando as pessoas.

Como não dá para analisar um mapa por completo aqui, vamos analisar apenas mais um Odu, o da Lua, no signo dessa mulher. Essa mulher que tem a Lua exaltada em Touro, forte, mas, não muito bem aspectada, revela uma influência maior de Oxóssi e não de Iemanjá, por isso a enorme vontade de ser mãe, mas, sem a naturalidade das outras mulheres, tendo que recorrer a métodos mais modernos pra engravidar. Essa Lua trabalha pelo portal do Odu **OYÈKÚ ou** YEKÚ MEJI, o segundo do sistema Orunmilá e no sistema OSETURÁ. E está ligado ao termo "YÊ" (aranha) e "KÚ" (morte), por considerar-se a aranha como um animal de mau agouro e anunciador da morte. Já em Nagô, o sentido pode ser o seguinte: "Tudo deve retornar depois da morte.".

Eu não sei ao certo até que ponto essa mulher tem alguma ligação com o tema morte, perda de parentes ou outros tipos de distúrbios espirituais. Afinal de contas o raio de Oxóssi, revelado pela Lua, é forte e positivo, mas, deixa-nos claro que ela passa por momentos de angústia, solidão ou até depressão por não se sentir plenamente realizada na sua vida sentimental. E aqui também fica claro que são entraves cármicos, já que os dois primeiros Odus são ancestrais velhos.

JIOGÊ ou EJIOGÊ (dois "YÊ", duas mães), evocando como EJIOGBÊ, a dualidade céu e terra. Esse pode ser mais um fator que nos deixa claro um maior entrosamento com a mãe do que com o pai. É um signo feminino, representado, esotericamente, por um círculo inteiramente negro. Assim, OYEKÚ é a noite, o inverso do dia; a morte, o inverso da vida. Assim estamos vendo que se os dois primeiros Odus da Trindade formadora que formam essa mulher, são límpidos, claros e iluminados, este, justamente o ligado às emoções é seu ponto escuro.

Então como sistetizamos isso e tiramos a prova dos três fatores? Pela Roda da Fortuna, um ponto importantíssimo que revela o resultado dos três fatores abordados e que muito astrólogo ignora! No mapa dela, encontramos a Roda em Virgem favorecendo as finanças, junto de Urano e Plutão, mas, desfavorecendo ao amor, pois desafia Vênus. Além do mais, está dentro do portal de **IORÒSÚN**, o quinto no sistema Orunmilá e o quarto no sistema Oseturá.

IRÒSÚN expressa a ideia de maldade, miséria e sangue. Foi esse ODU quem criou as catacumbas e as sepulturas. Isso quer dizer que os inimigos dessa mulher não tem vez, ela é intocável pelos adversários. E sua fortuna se tornou bem elevada, também anulando o lado sombrio do Odu, pelo fato do Odu do Sol e do Ascendente serem positivos. E assim encerro essa breve análise simples do exemplo, pois para analisar profundamente, necessitaria de uma edição inteira sobre esse assunto.

A Astrologia na Umbanda

"Os Céus contam a Glória de Deus! Nós só a poderemos compreender se antes houvermos estudado a língua e os caracteres com que ela foi escrita."
Galileu Galilei (1564-1642)

O conhecimento do movimento dos Astros sempre foi comum a todos os povos da Antiguidade. Milênios de observações celestes e muito trabalho empregado por homens sábios fizeram os Antigos constatarem que certas estrelas eram fixas, enquanto outras se moviam.

Como estamos fixos na Terra, ao observarmos o céu, vemos que o Sol parece deslocar-se pelo Espaço em um movimento circular, passando sempre pelos mesmos grupos de constelações, os quais receberam significativos nomes, tão bem escolhidos, que até hoje perduram em conformidade aos desenhos identificados pelos antigos astrólogos, que vão desde figuras de animais a seres mitológicos.

Dessa forma surgiu o Carneiro, Leão, Touro, Cabra, Gêmeos, etc. – os gregos chamaram todo esse conjunto de **Zoé**, significando "**Vida**" ou "**Existência**" e, assim, a cultura greco-latina cunhou a palavra **Zodíaco**, também conhecidos como "**Estrada dos Anjos**", pelos povos Vedas Indianos que é originalmente escrita como **Keja-Deva**[76] e que resultou em nossa língua, através da língua Árabe, em "**Calendário**".

---

76. LETERRE, A. *A Vida Mística e Oculta de Jesus*. São Paulo: Madras Editora, 2004. p. 470.

Os sinais astronômicos derivaram, portanto, do alfabeto adâmico, e, certamente, essa academia existiu em uma época que regula entre 80 ou 100 mil anos. Que isso não cause espanto ao leitor, pois a velha Crônica de George Le Syncelle, as listas de Manethon, que era o historiógrafo daqueles tempos, os livros de Hermes, o de Jó, os tijolos da Babilônia, as inscrições petrográficas do México, do Peru, do Brasil, da Europa, da África, da Ásia, etc. confirmam, exuberantemente, essa Antiguidade, indo mesmo além.

Deodoro, Cícero, Oppert e muitos outros fazem remontar as observações astronômicas dos caldaicos, na Babilônia, a uma época de 473 mil anos, antes da expedição de Alexandre, provando, pelas suas inscrições, que eles já haviam determinado eclipses solares e lunares periódicos e os movimentos planetários 11.542 anos a.C.

Por aparentar ser circular, esta "Estrada dos Anjos e da Vida" foi dividida em 12 (doze) partes iguais, correspondendo à cada constelação 30 graus aproximadamente a trinta dias do ano, começando no **equinócio da primavera** (no hemisfério norte), próximo ao dia 21 de março de cada ano, o qual marca o **Ano Novo Esotérico em todo o mundo**.

O México, cuja Antiguidade é ainda mais remota que a do Egito, já possuía o seu sistema zodiacal, tal como os que foram encontrados no Egito, em Esneh e Denderah. Por marcarem sempre o mesmo determinado espaço do Calendário, cada uma das Constelações passaram a ser conhecidas como a sua **"Casa Astral"**, ou seja, o seu **Signo Zodiacal**. E, os signos representam à essência, a instância permanente do ser.

Pelo Arqueômetro não há interpretações; lê-se o verdadeiro sentido da palavra na sua pureza originária, organizada pela Ciência do Verbo que encerra em si toda a matemática divina. A academia adâmica escrevia de baixo para cima significando homenagem à direção de onde partiu a Ciência, do alto do Céu.[77]

Compreendendo a sua personalidade através da Astrologia

O termo Personalidade deriva do grego persona, com significado de máscara. Antigamente, o termo designava "personagem" representada pelos atores teatrais

---

77. Fonte: LETERRE, A. *A Vida Mística e Oculta de Jesus*, São Paulo: Madras Editora, 2004.

no palco. A Personalidade é a instância aparente do ser, na acepção do termo **junguiano**. É no mapa astrológico representada pelo Ascendente, revelando os conceitos adquiridos, identificações, modelos, padrões de hábitos e condicionamentos alienantes. O estudo da personalidade nos últimos anos é de tão grande significado social, que está hoje em pleno desenvolvimento. Ela é o substrato material através do qual o imaterial (sua individualidade) se manifesta.

A personalidade é, portanto, fundamental no nosso processo evolutivo, por isso, precisa ser aprimorada e assimilada ao seu mais alto nível. E o que vai propiciar isso positivamente, segundo a Astrologia, temos que ter um ascendente muito bem posicionado na carta natal, como também ocupado por planetas considerados benéficos e harmônicos com os temas apresentados pelo signo que nascia na hora do parto. Pois ter um Ascendente positivo é o primeiro degrau para desenvolvermos uma boa personalidade.

Claro que daí em diante vai se costurar toda uma configuração que envolve destino e livre-arbítrtrio, a qual será uma constante interligação ao longo de nossa vida. Aí entram as nossas escolhas, interferências externas boas e más, como também, sabe-se que tudo isso será costurado, dentro de um trajeto predeterminado pelo nosso carma. Isso a fim de cumprir plenamente o seu papel de instrumento da Individualidade.

A palavra personalidade, evidentemente, não se constitui em um termo desconhecido, porquanto vem sendo usada indevidamente para determinar os traços que nos tornam agradáveis às outras pessoas. É a impressão que causamos aos outros, quando nos sentimos à vontade. Por isso representa na Umbanda Astrológica, a Entidade de Frente, que é responsável pela vida material do nativo.

Trata-se de um padrão de comportamento assumido de forma natural, inconsciente. E se o Orixá é impulsivo por exemplo, a pessoa age da mesma forma, mesmo que não perceba isso. Nas situações cotidianas, você se vale dessa "*persona*" nos assuntos de interesse pessoal, porém, o caráter é que conta. Ou seja, como eu disse, a personalidade demonstrada pela Entidade de Frente não é a que rege tudo, na verdade ela está um grau abaixo da Entidade que rege a espiritualidade desse nativo, que é a que revela o caráter, sendo esta conhecida como Pai de Cabeça.

Sob pressão, todavia, causamos impressões diferentes conforme o ambiente e a situação. Uma pessoa que tem a cobertura de um Pai Velho, por exemplo, será mais paciente, mais sábia, mais cheia de temperança e não agirá por impulsos. Já se tiver um Caboclo de frente, ainda continuará tendo um grande equilíbrio, mas, agirá com maior impulsividade quando achar necessário e com mais rapidez. Com uma entidade ligada à vibração das crianças, ela será mais infantil, ingênua e inquieta. Enfim, tudo depende da configuração geral, que deverá levar em conta não só a personalidade, mas, também o caráter e o temperamento.

Muitos, inclusive, acabam assumindo a aparência relacionada ao trabalho que desenvolvem. A sua personalidade, o projeto de vida, a vontade de ser, a expressão pessoal e as predisposições patológicas e outras características são simbolizadas pelo **Signo Ascendente**. Por carregar o simbolismo do nascer do Sol, ele representa o primeiro impulso de cada um, a "alavanca" de uma carta do céu.

Apesar de algumas pessoas entenderem que conhecer as chamadas ciências ocultas ou esotéricas é uma forma de, sutilmente, dominar ou influenciar os outros, eu tenho a convicção de que a verdadeira magia de qualquer conhecimento classificado de oculto é o poder de transformar a própria vida, de acordo com o que se deseja. Aproveitando-se o acesso de todas as informações contidas no Perfil Espiritual e humano, pode-se "recriar" a vida, afinal, isto é que é a magia! Mas, sabendo que tudo tem limitações, porque muitas coisas em nós são imutáveis.

E assim temos através do Ascendente as indicações da entidade que atua de frente em nossa vida. Leva-se em conta a tabela das vibrações, ou seja, um Ascendente em Áries, a entidade é da Falange de Ogum, em Touro de Oxóssi e assim por diante. Para analisá-la, observamos além do signo que ascendia na hora de nosso nascimento, os planetas que formam aspecto com ele, o regente desse signo e quais elementos predominantes.

Se temos por exemplo um Ascendente em Sagitário, e Júpiter se encontra no signo de Câncer, a entidade que atua de frente é intermediária entre Xangô e Iemanjá. Nesse caso, poderá ser Iansã a entidade que trabalha de frente! Isso porque a ação desse regente se dá dentro do campo de atuação de Iemanjá. No entanto, teremos Xangô 7 Pedreiras atuante pela vibração de Xangô e regendo o plano material, com Iansã sendo responsável pelos caminhos espirituais.

Signos Zodiacais e Vibrações Originais

O Signo de uma pessoa é definido especialmente pelo trânsito do Sol em um dos doze signos, mas, também por uma casa Zodiacal pelo signo por um período aproximado de trinta dias, já pela casa, aproximadamente 2 horas. Portanto, o Signo do indivíduo é identificado pela sua data de nascimento e também o horário.[78]

Signo	Período	Glifo	Vibração Original
Áries	20/03 a 20/04	♈	Ogum
Touro	21/04 a 21/05	♉	Oxóssi
Gêmeos	22/05 a 21/06	♊	Ibêjis
Câncer	22/06 a 23/07	♋	Iemanjá
Leão	24/07 a 23/08	♌	Orixalá
Virgem	24/08 a 21/09	♍	Ossaim ou Ewá
Libra	22/09 a 23/10	♎	Oxum
Escorpião	24/10 a 23/11	♏	Oxumaré
Sagitário	24/11 a 22/12	♐	Xangô ou Iansã
Capricórnio	23/12 a 21/01	♑	Obaluaê ou Nanã
Aquário	22/01 a 19/02	♒	Orunmilá ou Oduduã
Peixes	20/02 a 19/03	♓	Olokum ou Obá

---

78. Lembro ainda que para definição total do Orixá é necessário observar a configuração do mapa como um todo. Isso porque um Orixá de água por exemplo, pode se apresentar em qualquer signo de água – o mesmo ocorre com todos os demais elementos, não sendo possível apenas se apresentar num elemento incompatível, como por exemplo Iemanjá em Leão, que é um signo de fogo.

O horário de entrada do Sol na casa zodiacal pode ocorrer com pequenas variações. Por exemplo, um indivíduo que nasceu às 23h do dia 20 de março de 2003 não é do Signo de Peixes e sim de Áries, pois o trânsito do Sol em Áries começou a partir das 22h do dia 20 de março. Volto a lembrar a todos que essas são as regências dos raios Ancestrais, já que os Orixás atuantes nos Odus de cada um dependem de uma observação completa do horóscopo pra identificarmos.

O seu "Orixá de Cabeça"

Para a identificação dos protetores, mentores e Orixás que nos regem e leva-nos a cumprir diversos papéis durante nossa jornada, existe um modo simples de identificação, esclarecendo dúvidas e oferecendo segurança aos buscadores de Umbanda, Candomblé ou espiritualistas sem vínculos com os cultos afros, mas querem saber, pois sentem o poder desses seres divinos operando em sua vida.

Este resultado, agora apresentado, dará uma ideia de sua essência e influências determinantes ocorridas no seu primeiro hausto de vida. Assim, na sequência, você terá um resumo baseado em ciências astro-umbandísticas, que não desprezam a **"Geometria Cósmica"**.

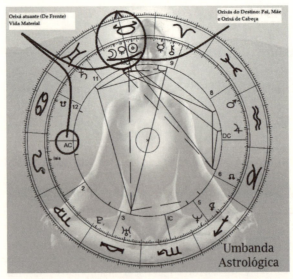

O Mapa Natal astrológico utilizado como oráculo dos Orixás para montarmos a hierarquia que nos rege.

A Astrologia na Umbanda

Para facilitar a compreensão, sugiro que pegue papel, lápis e uma boa dose de paciência. Aproveitando a Correlação das "**Vibrações Ancestrais**" que são apresentadas pelos astros no céu, podemos conhecer as Influências Místicas que agem sobre o indivíduo. Através de um pequeno exemplo, será demonstrado como a pessoa pode identificar sob qual Vibração Ancestral está bem como quais Vibrações estarão acompanhando este nativo durante toda sua vida.

Enfim, a quais vibrações e entidades ele está ligado. Para facilitar o entendimento, vamos supor que uma pessoa do sexo feminino que nasceu no dia **05 de maio de 1973**, às **12h00**, na cidade de **Macaé, Rio de Janeiro**, no **Brasil**.

Assim, temos para o dia **03 de maio** o **Signo Zodiacal de Touro**, que por sua vez identifica a **Vibração Original do Raio de Oxóssi**, no entanto, nem sempre a posição do Sol nos revela a vibração do Orixá pessoal da pessoa, e apenas é a fonte de onde parte a entidade que vai regê-la. Porém, neste caso, a carta natal, realmente confirma Oxóssi, como detentor do Ori dessa pessoa, por motivos especiais. O mais importante deles é que Vênus, o astro que rege este signo e por Touro é revelador da falange de Oxóssi, que se encontra em conjunção com o Sol.

Outro fator que confirma essa regência de Oxóssi é a presença próxima da Lua e também porque essa conjunção tripla está no alto (Meio do Céu), simbolizando poder de iluminação do Ori. Com essa configuração dos astros citados, revê-nos um Odu vital ou espiritual, detentor do destino desta mulher, com Oxóssi como regente (Pai de Cabeça), Cabocla Jurema como Mãe de Cabeça e Oxum como detentora do Ori (Orixá de Cabeça), com Iemanjá como Orixá de influência ou protetora.

Outras informações relativas a um indivíduo também devem ser sempre levantadas para uma análise mais completa e dinâmica, tais como: Decanato, Fase da Lua, Hora Planetária, elementos dominantes no mapa (fogo, terra, água e ar) e como esses fatores se conectam. Mas, aguardemos a oportunidade adequada para realizar a abordagem.

O Orixá Mentor, de Cabeça e de Frente são Orixás Menores, por isso se calcula as posições visando organizar a hierarquia sobre as falanges de Caboclos, Pais Velhos e Crianças. Porém, a posição Orixá de Frente, é parte da Trindade atuante nas pessoas, assim também seu Orixá maior que comanda o representante menor. No caso do exemplo apresentado aqui, como o Ascendente é Leão, o raio do Orixá de frente é Oxalá e seu representante é Caboclo Guarany, já que esta é a entidade que interliga Oxóssi a Oxalá.

O **"Mapa do Céu"** visto a partir da cidade de Macaé, no Brasil, para o momento citado apresentava as seguintes posições planetárias: O **Sol** estava no signo de **Touro (13º), na casa 10**; a **Lua** estava junto do no mesmo signo aos 23º de Touro, **na casa 10**; o Planeta **Mercúrio** estava **25º** do signo de **Áries, na casa 9**; e os demais planetas, distribuídos por signos e casas que analisaremos mais adiante. Além das posições dos planetas, temos ainda que analisar os aspectos, no caso, sugerimos os Aspectos Maiores, como também analisar a posição por casa, para uma análise mais profunda das **Casas (Plácidos)**. Aliás, por meio das posições por casa se analisa a vida material e todos os setores envolvendo a vida comum do nativo, já que as posições por signos analisa mais os aspectos psicológicos e espirituais.

E assim eu considero ser de suma importância determinar qual o "Jogo" de Relacionamento de Forças e Vibrações Cósmicas importantes que imperavam no momento em que alguém absorve seu primeiro "Hausto de Vida" – nascimento –, o qual irá sempre, não determinar, mas sim influenciar aquilo que esta pessoa se dispuser a realizar nesta jornada terrestre: o Destino.

Como se percebe, os fatores são muitos. Assim temos que analisar os pontos mais importantes que predominam na carta. Um método que indico e que eu uso é os Traços Marcantes da carta natal mostrado muito bem pela astróloga e psicóloga Jamie Binder, em seu livro *Os Planetas e o Trabalho*. Já pra analisar ciclos, o trabalho de Edward Hammack, *Livro completo de astrologia prática*, (Editora Pensamento, 1989) é fundamental para quem quer estudar a influência dos astros em cada fase da vida.

Ao falar anteriormente sobre as configurações dessa mulher, já citamos a partir da Trindade Formadora (Sol, Lua e Ascendente), como também as forças secundárias (regentes dos signos onde estes 3 pontos se localizam) desses três pontos reveladores do Caráter, Personalidade e Temperamento, revelando quem são as entidades (Orixás) que regem a cabeça dela, tanto Pai e Mãe de Cabeça, quanto Orixá de Cabeça ou Mentor e Orixá de Frente.

No entanto, não revelamos o que essas forças trazem pra vida dessa pessoa. Então vamos falar resumidamente parte dessas influências, já que precisaríamos do livro inteiro para isso, pois o assunto é extenso. Além disso, não vamos falar

A Astrologia na Umbanda 211

aqui sobre toda hierarquia que compõe as regências na vida dessa mulher, com todos os caboclos, Exus e Orixás menores, pois ficaria muito extenso.

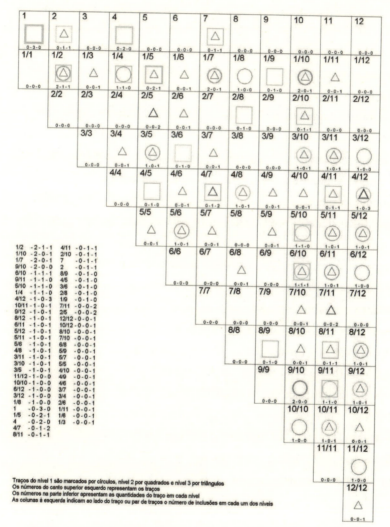

Mapa que mostra as características marcantes e dominantes

Temos assim uma mulher nascida no dia 3 de maio 1973, hora local: 12h00, em Macaé (Rio de Janeiro), BRAS, U.T.: 15:00 – 41w47'13, 22s22'15, Tempo sid.: 02:58:19. E encontramos assim (Através de softwer astrológico "Pegaus Photon".) as posições planetárias, por signo, por casa e em quais graus estavam:

Sol em Touro	13°, na casa 9 (por estar bem próximo a cúspide da casa seguinte, interpretamos já na décima casa);
Lua em Touro	23°, na casa 10;
Mercúrio em Áries	25° na casa 9;
Vênus em Touro	19°, na casa 10;
Marte em Aquário	26°, na casa 7;
Júpiter em Aquário	10°, na casa 7;
Saturno em Gêmeos	18°, na casa 11;
Urano em Libra	20°, na casa 3 e retrógrado;
Netuno em Sagitário	6°, na casa 4 e retrógrado;
Plutão em Libra	2°, na casa 2 e retrógrado;
nódulo verdadeiro em Capricórnio	9°, na casa 6 e retrógrado.[79]

Posições das Casas (Placidus): Ascendente Leão 3°;

2ª Casa em Virgem	11°;
3ª Casa em Libra	16°;
Fundo do Céu (casa 4) em Escorpião	17°;
5ª Casa em Sagitário	12°;
6ª Casa em Capricórnio	7°;
Descendente (Casa 7) em Aquário	3°;
8ª Casa em Peixes	11°;
9ª Casa em Áries	16°;
Meio do Céu (Décima casa) em Touro	17°;
11ª Casa em Gêmeos	12°;
12ª Casa em Câncer	7°.

---

79. Observação: analisando a posição dos planetas, encontramos quais as entidades menores atuantes no Zodíaco. Por exemplo, como ela tem a casa 6 em Capricórnio, tem como regente da saúde o planeta Saturno. Assim, encontramos ele dentro do signo de Gêmeos e desta forma a entidade atuante em prol da saúde dessa mulher é atuante no intercruzamento entre Ibêjis e Obaluaê que neste caso, segundo a Umbanda Astrológica, é Pai Congo D'Aruanda.

A Astrologia na Umbanda **213**

Observando tabelas apresentadas neste livro, os leitores poderão saber quais são os Orixás que regem cada signo e assim saber qual é o Orixá que rege cada casa e setores de sua vida, como, por exemplo, com Touro no Meio do Céu Oxóssi além de Pai de Cabeça é ainda o Orixá da vida profissional dessa mulher e assim por diante. Quem conhece ao menos o básico de Astrologia saberá facilmente interpretar as regências atuantes.

Aspectos Maiores: Sol em Conjunção com Vênus;

Sol	Quadratura	Júpiter;
Lua	Conjunção	Vênus;
Lua	Quadratura	Marte;
Mercúrio	Sextil	Marte;
Mercúrio	Oposição	Urano;
Vênus	Quincuce	Urano;
Júpiter	Sextil	Netuno;
Saturno	Trígono	Urano;
Netuno	Sextil	Plutão;
Netuno	Trígono	Ascendente;
Plutão	Sextil	Ascendente.

Os aspectos também são importantes na confirmação dos Orixás, da mesma forma que os elementos. Assim, um signo que tem muitas quadraturas, reforçam o poder de Saturno no mapa. Já uma carta natal com muitos trígonos, será o poder de Júpiter que tem mais destaque e vigor. Como também muitas conjunções, reforçam o poder de Marte e Ogum ou se negativo o de Exu. Pra entender mais sobre as características predominantes, há vários manuais de Astrologia que são bons, mas, indico um livro fundamental: *Os Planetas e o Trabalho*, de Jamie Binder, Editora Rocco (1988).

Pois bem, já passadas as configurações do mapa da mulher, vamos fazer uma breve análise das energias que atuam sobre ela.

O Sol e Lua em Touro, que revelam pai e mãe de cabeça dessa mulher, esclarecendo ainda seu temperamento e caráter, mostra-nos que essa bela mulher (Pois são configurações de extrema beleza.) é uma pessoa calada e persistente que só cede a impulsos irracionais se sua paciência que é muita chegar ao limite.

Quando define uma meta, essa mulher se empenha com tamanha determinação que é praticamente impossível não conseguir realizá-la. Até porque com essa formação que carrega toda cobertura da Vibração das Matas, mesclada às águas de Oxum, traz persistência, criatividade e encantos pessoais.

Assim, ela gosta de ideias claras, bem definidas, e de coisas palpáveis. Por considerar a riqueza tão importante, se dedicará a obtê-la ao longo da vida. Suas atividades cotidianas provavelmente envolverão mercadorias e bens materiais. É provável que ela tenha muita sensualidade e se gratifique com o conhecimento e com as experiências dos cinco sentidos, pois sabemos bem que Oxum é o Orixá da beleza.

Sociável, ela pode ajudar as pessoas em seus problemas e gosta de fazer isso. Até porque os astros que se encontram na décima casa, área de regência de Saturno, revela-nos Obaluaê como Orixá de cobertura, pois no nível material ele é o Dispositor das linhas de cabeça. E como Saturno está na casa 11 (do social), sabemos bem que ela pode ser boa amiga, servindo a quem precisa na hora certa, além de gostar de proteger a quem ama.

Embora tenha uma paciência de Jó, ela explode com a violência de um vulcão quando ela chega ao limite. Já que seu temperamento é tão plácido e estável, procurar evitar essas explosões é importante porque elas acabam com seu equilíbrio interno. Pois observemos bem que Sol está em mau aspecto com Plutão, sendo esta uma vibração que favorece mais a irritabilidade que o equilíbrio.

Isso também nos revela que a linha de Oxumaré é uma das linhas em desacordo na cabeça dessa mulher e que precisa ser tratada espiritual e ritualisticamente, na idade adequada para isso, senão ela terá problemas, especialmente no âmbito sentimental.

E por falar em sentimentos, mesmo essa mulher tendo boas linhas de beleza, amor e sensualidade, certos desacordos da área emocional, proporcionam um descontentamento, podendo ela casar-se com a pessoa errada e não conseguir conquistar a pessoal ideal ou desejada por seu coração. Dessa forma tende a ter um casamento insatisfatório, sexo insatisfatório e uma enorme tendência ao adultério.

Adultério por dois motivos, primeiro pelas quadraturas de Júpiter (regente da casa do prazer) e de Plutão (regente do lar e bases emocionais) ao Sol. O que gera um conflito de Oxumaré, Exu e Iansã a linha de cabeça Oxóssi. Já o segundo motivo é que a cauda do dragão vem na casa 12, revelando que o costume de buscar amor em aventuras e prazer em noites perigosas, vem de vidas anteriores. E com Oxalá agindo de frente ou na vida material e personalidade, ela dá-nos a impressão de ter nascido para uma vida suntuosa e principesca. Em muitos aspectos, sua vida será influenciada por decisões tomadas por orgulho, desejo de poder e autoridade e necessidade de convencer os outros de sua coragem.

Pra concluir essa breve e resumida análise, falemos da atuação do Orixá de Cabeça dela. O qual revela que ela reage aos desafios da vida com lucidez, vigor e objetividade de raciocínio. Sua mente funciona para ela como uma boa e confiável amiga, abastecendo-a com sólidos preceitos éticos, visão ordenada e amor à verdade.

Outra forma de descrever seu temperamento seria dizer que ela costuma viver a maior parte do tempo em sua própria mente – com todas as virtudes e problemas que viver nessa morada ilustre implica. "Viver na mente" não quer necessariamente dizer que seja uma intelectual ou uma pessoa estranha, apenas diferente e centrada em seu interior.

Por ter raízes tão firmemente presas às coisas da terra, essa filha de Oxóssi admira os homens que personificam qualidades mais espirituais ou intangíveis. Os dotes do intelecto a fascinam de modo especial, principalmente os que estão relacionados à imaginação, e ela adora a esquiva magia presente nos que transitam com familiaridade pelos domínios do insondável. O relacionamento com um homem que tenha essas características pode ser muito criativo, pois ela poderá dar-lhe força, estabilidade, realismo e uma rica vida emocional ou até voltada ao espiritual.

Finalizando com a Esquerda, vemos que ela tem Lilith em Sagitário, junto a Netuno e com o Dispositor Júpiter em Aquário. Essa combinação nos revela que essa mulher tem uma Pombagira tipicamente voltada ao sexo, busca do prazer e como Júpiter está na casa 7 (casamento), percebemos aqui mais uma vez os traços de adultério como fonte talvez fetichista de buscar prazeres de forma extra-conjugal.

Poderíamos definir pela Umbanda Popular, como uma entidade do Cabaré, pela inclinação tão voltada a busca do prazer e a disponibilidade a se aventurar fora do casamento. Assim poderíamos enquadrá-la na linha de Maria Padilha do Cabaré. Porém olhando com um prisma mais cabalístico, vemos que ela atua pela falange do Senhor Meia Noite. Assim podemos defini-la como a Senhora Dama da Noite do Cabaré.

E com a cobertura dessa entidade, não é que ela não consiga amar, pois se existe algo que essa mulher faz é justamente amar perdidamente e entregar-se por inteiro. Mas ela também deseja aventura e é muito idealista no amor, e o tempo e a convivência são inimigos de um espírito tão romântico quanto o seu.

Seja como for, para uma comunicação real e duradoura, com a pessoa amada, essa mulher precisa criar intimidade com seus parceiros, pois é isso que determinará o sucesso do relacionamento. O parceiro ideal para ela seria aquele que apreciasse a variedade no sexo; alguém que pudesse apresentar-lhe novas e excitantes maneiras de fazer amor.

Ao contrário de muita gente, ela raramente cai na armadilha do ciúme, já que valoriza mais o que o parceiro sente por ela que a castidade ou fidelidade técnica. Por isso, é uma das parceiras mais descomplicadas que alguém poderia ter. Essa configuração e conexão entre Orixás altamente sensuais como Oxum e Xangô (O qual rege a casa do prazer junto com Iansã.), aliados a Exu Meia Noite e Dama da Noite do Cabaré, mostra-nos que, como o apetite dela no amor é relativamente constante, o amante ideal seria aquele cujo estilo tivesse uma certa consistência no dia a dia. O ambiente que a cerca é uma verdadeira mina de ouro em termos de potencial sensório para estimular a sexualidade.

Fatores como Parte da Fortuna, Nódulos Lunares, Partes Arábicas, Quíron e a posição dos planetas também são de extrema importância para observarmos numa interpretação. Por exemplo, nesse mapa apresentado aqui, vemos que ela tem vários planetas retrógrados. Isso já é indicação de que essa mulher traz traumas, bagagem e arestas a serem aparadas de algumas encarnações.

Também é indício de que o Orixá cármico e ancestral tem extrema relevância para esta mulher. Além disso, ela tem a cauda do dragão na casa 12 em Câncer, que é mais um forte sinal de ancestralidade e carma a ser transmutado. Mostrando assim que Iemanjá, que por sinal atua na mesma vibração de Oxum, é responsável por corrigir o carma dela.

Lembro ainda que todas as técnicas para previsão como progressão, trânsitos e Revoluções, podem e devem ser aplicados, mas, não dão para ser apresentadas aqui nessa edição.

Um detalhe importante, que deve ser observado: o Signo Ascendente. Enquanto o Signo Solar é aquele pelo qual o Sol estava transitando no período do nascimento (Relativo à Vibração Original.), o Ascendente é o signo que estava "subindo" na linha do horizonte neste mesmo instante.

Como os Signos estão associados aos Astros Celestes, aquele (astro) que está vinculado ao Signo Ascendente tem a sua importância bem definida para nossa vida material e influi diretamente na personalidade dos nativos. Na Astrologia, o Astro Celeste correspondente ao Signo Ascendente é tido como o "governante" do mapa, na Astrologia de Umbanda pode-se traduzi-lo como sendo aquele que representa a "Entidade Protetora".

Somando os Odus pela data de nascimento – Método inédito de Astro-Odus!

Somando-se a data de nascimento de uma mulher que nasceu em 05 de maio de 1962, poderemos chegar a uma configuração de odús que regem sua vida. São signos importantes. Mas, aqui discordo do método divulgado na internet no que se refere ao resultado, onde se coloca a data de nascimento como na tabela abaixo e somam-se os algarismos e o resultado final seria o Odu central.

Na verdade, tenho uma metodologia inédita a ser apresentada aqui. Na soma da internet, soma-se a nuca com a testa pra encontrar o Odu da fronte direita; depois se soma esses três primeiros Odus pra encontrar o Odu da esquerda, pra logo em seguida somar os quatro encontrados dando o valor que revelaria o Odu do centro.

Mas, no meu entender não creio que os Odus revelem por último o Odu central. Na verdade, soma-se logo o Odu da testa com o da nuca e coloca-se logo no centro. Os dois Odus encontrados logo na soma da data é que revelam o Odu central. Então, somando esses três, testa + nuca + centro = Odu da direita. E somando esses quatro encontra-se o Odu da esquerda.

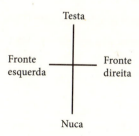

Os Odus mais importantes para a orientação da pessoa são o da Testa, que reflete a sua vida material, e o do centro da Cabeça, que reflete o seu caminho espiritual. Os outros três Odus equilibram e harmonizam as energias individuais, complementando as informações dos Odus da testa e do centro da cabeça. Então se no método da internet o Odu central seria 4, no nosso método aqui é o Odu 10, com o Odu 2 na fronte direita e o Odu 4 regeria a fronte esquerda.

Essa é a diferença de nosso método. Outra coisa importante que quero destacar aqui é que na internet apresentam os Odus do jogo de búzios, midirelogun já o jeito certo a meu ver é o sistema do Ifá. Dessa forma o Odu dez não é aqui Ofum Meji e sim Osa Meji. Ou seja, parte-se dos Odus do sistema Orunmilá e converte-os aos Odus do Sistema Oseturá.[80]

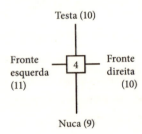

Mas, onde está a novidade que anunciei? Está no calendário! Ou seja, estamos falando de Umbanda Astrológica, coroa zodiacal de Orunmilá e a fusão de Umbanda com Astrologia. Sendo assim, não poderíamos usar o calendário civil, mas, o calendário astrológico. Ou seja, pra nós, astrólogos, o mês 1 (um) é o mês de Áries que se inicia a partir de 20 de março e não em janeiro. Então, para encontrarmos os Odus certos usamos a data alinhada ao movimento zodiacal, os ciclos cósmicos dos signos e transferimos para as somas.

Temos uma nova data para a soma apresentada como exemplo, que seria o seguinte: o dia 05 de maio deve ser contado a partir de 20 de abril de 1962 (Assim o dia 2 é o dia 21 e assim por diante.), data que o Sol entrou no signo de Touro, o segundo mês astrológico. Neste caso teremos o dia 16 do mês 2 astrológico. Então, temos uma nova soma assim:

---

80. Fonte: Revista Destino, Editora Globo, p. 18 e 19, por Babalorixá Ângelo d'Ossaim, 1998.

1ª linha	1	6	Dia
2ª linha	0	2	Mês
3ª linha	1	9	Ano
4ª linha	6	2	Ano
Soma	08	10	

No método apresentado aqui temos assim: o número correspondente ao Odu correspondente ao **CENTRO DA CABEÇA**, somados obtemos, 8 + 10 = 18, que reduzido dá 09 (1 + 8 = 9). **FRONTE DIREITA**, somamos os dois números já obtidos (8 + 10 + 9). O resultado obtido é 09. Para encontrar o número correspondente à **FRONTE ESQUERDA**, somamos os três números já obtidos: 8 + 9 + 10 + 9 = 36, reduzidos dá 09.

Essa metodologia de redução que Angelo de Ossaim (Sem ser com calendário astrológico, mas, de redução.) divulgou e ficou famosa na internet também é deixada de lado por mim nessa nova metodologia. Assim, não reduzimos os Odus apenas para um número abaixo de 16, mas, buscamos qual Odu está entre os 256. Assim, temos discordância ainda mais além. Ou seja, não reduzimos a soma das colunas, que no nosso método tem que continuar como 19. Então o Odu 19, o odu 08, o Odu 27, o Odu 54 e para o Odu 108.

1ª linha	1	6	Dia
2ª linha	0	2	Mês
3ª linha	1	9	Ano
4ª linha	6	2	Ano
Soma	08	19	

Lembrando que no método divulgado na internet somam-se os quatro números para encontrar o Odu do centro. Assim temos: 08 para a nuca, o Odu 19 para a testa e o Odu 27 para a fronte direita. O Odu 54 a fronte Esquerda e o 108 a fronte esquerda.

Como podem observar na lista dos Odus os dois podem encontrar todos os nomes e identificá-los, sendo que nessa soma apenas o primeiro referente à nuca e ao passado cármico, ancestral e espiritual dessa mulher é um dentre os 16 mais velhos. A hierarquia aqui se dá de cima pra baixo. Ou seja, do passado para o presente. Assim o da fronte esquerda (Quanto maior o número, mais o Odu é novo.) é o mais novo de todos os da soma da cabeça dessa mulher pela data de nascimento.

Não vamos falar de todos os cinco, apenas dos dois mais importantes que são: testa e centro – ou vida material e vida espiritual. Ou seja, o Odu 08 e o 27. E assim temos para essa pessoa o Odu **OKANRANMEJI** como regente da sua vida material e caminhos. Isso no sistema Orunmilá, o que se revela como Enjonilê Meji no sistema Oseturá. Dessa forma com a regência de Oxaguiã, com influência de Oxóssi, Xangô e Oxóssi, ela tem na vida material a regência ou predominância do elemento Ar.

Sendo uma pessoa muito dedicada e honesta, levando uma vida quase sem sofrimento. Só que sujeita a acidentes e doenças graves, caso viva uma vida sedentária. O branco será sua cor de sorte pra prosperar na vida material e deverá evitar os vícios para não passar por perdas durante a vida.

Já o Odu espiritual que é o 108, Odu Okanran – Odi (Okanran Di), que no sistema Oseturá é EJIOGBE-OBARA, que é um Odu de reconfirmação ou que confirma o que rege a vida material, pois também tem a força de Oxaguiã. Anunciando que essa pessoa pra vencer na vida, tem que lutar pela paz, pela justiça, pela família e pelo amor verdadeiro.

O Odu 54 é o Odu Owonrin Yeku e o 108, Odu-Di Òkànràn, novo caminho que conduz a um renascimento. Este Odu fala da necessidade de se controlar a raiva. Então vemos que essa pessoa tem muita energia, porém com a força de Exu e Omulu, a esquerda, chega em algumas fases de sua vida a se sobrepor à força da Direita.

Talvez por ter tanta energia, ela tenha trazido Oxalá tão atuante para abrir seus caminhos, como forma de contraponto, para controlar e equilibrar sua força vital e emocional, pois a mental pode ser muito ativa e também com a raiva, muito destrutiva. Além disso sua Esquerda tem a força de Omulu e Exu, com forte influência em seu lado psicológico.

Neste caso, ao atuar pelos Odus de equilíbrio 54 (Iansã) e 27 (Xangô), essa pessoa mesmo tendo um axé totalmente desafiador, ela tem que se agarrar, na paz e mansidão de Oxalá, vivenciando o amor e harmonia com as pessoas para nunca estimular a ira, muitos destes envolvem os desejos contidos na mente, na sexualidade e nas ambições. Assim, sua missão será controlar os instintos, cumprir o Ori pela força pacífica de Omulu, mas vibrar a paz de Oxalá em sua personalidade e aparência e controlar os impulsos da Esquerda.

Com essa regência que traz ainda a influência de Ossaim, Oxumaré e Oxalufá, além de Exu, torna esse nativo muito ambicioso e com grande chance de ser bem sucedido materialmente e na profissão, mas a indecisão as leva a não concluir muitos dos seus projetos. Quando o fé as impulsiona porém, ultrapassa todas as barreiras. Sonha com o poder e adora se divertir; ás vezes, provoca enormes confusões. Não tem muita sorte no amor, até porque também tende a ser volúvel. Seus pontos vulneráveis são os rins, a coluna e as pernas.

Aleister Crowley: personagem e mapa astral

Já que este livro é um relato de busca pela magia, de um mago que trilha os caminhos do conhecimento oculto, religioso, espiritualizado e oracular, nada melhor do que falar de um famoso mago conhecido mundialmente. Será um relato resumido da vida desse mago e ocultista.

Ele que nasceu em 12 de outubro de 1875, às 23h16, em Leamington Spa, o famosos **Mago Edward Alexander Crowley**, filho de um casal de fervorosos membros de uma seita cristã, o que mostra que os filhos nem sempre, talvez até quase sempre, seguem um caminho de busca, por influência dos pais, mas, muitas vezes trazem em seu ser as marcas de uma missão cármica grafada em sua alma, muito antes de nascer. Certamente tendo muito haver com a linha de atuação de seus ancestres, mas, muitas vezes destoando dos pais atuais.

A história desse mago não está nem um pouco alinhada à Umbanda, Espiritismo ou Cabala, apesar de muitos líderes desse movimento injustificavelmente fazer uso de muitos de seus ensinos hoje no Brasil.

Pelo visto, ele buscou as forças angelicais ou de ancestrais sagrados, talvez semelhantes, mas, não como Orixás. Captamos bem a quadratura T que é formada entre Netuno, Mercúrio e o Ascendente. Além dos choques poderosos de Plutão com dois outros planetas maléficos (Urano e Saturno), sendo que Urano, em oposição a Saturno, ambos quadrando Plutão formando outro triangulam negativamente no céu na hora de seu nascimento.

Urano, sendo o planeta regente da magia no mapa desse mago, mostra a coragem em transpor barreiras, se aplicar ao máximo por conhecimentos ocultos e proibidos e todas essas configurações mostram que ele foi bem a fundo mesmo à busca da magia negra!

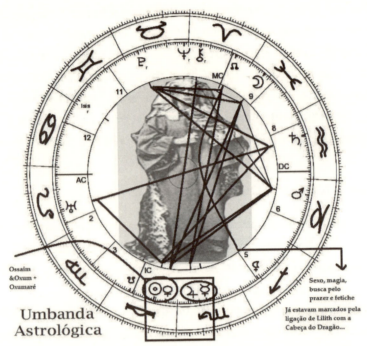

Mapa astrológico de Aleister Crowler, montagem minha (Softwer Pegasus)

No entanto, mesmo não sendo Aleister um adepto da Umbanda, nem tendo ouvido falar sobre ela, analisamos pelo prisma da Umbanda Astrológica sua carta e percebemos que Plutão mal configurado no meio do céu, atacando Saturno e Urano, todos Retrógrados ativou uma configuração que gerou a total desarmonia das linhas ancestrais, sendo Plutão o regente da casa V (do poder, prazer e amor).

Analisando o mapa desse mago o definiremos como Pai de Cabeça Omulu e a Mãe de Cabeça Oxum, com Oxumaré o Orixá de Cabeça e a influência de Exu e Iansã. Observando também que ele mesmo tendo nascido no signo de Libra, tenha energias muito mais fixas e escorpianas que o puxaram fortemente para o campo da magia. Além do mais, sabemos bem do poder mágico de Ossaim com as ervas e de Oxum com a magia, até mesmo dos oráculos.

Contam que aos quatro anos ele já sabia ler e escrever, aos seis já era exímio jogador de xadrez e, aos nove, sua avó o iniciou na Wicca. Percebemos bem essa influência materna na infância com a posição da Lua na casa nove dentro de Peixes, o que deixa bem claro a influência espiritual e psicológica sobre o garoto.

Começava aí sua formação como ocultista. E além dos Orixás citados anteriormente, percebe-se claramente uma forte vibração de linhas ancestrais atuantes sobre ele, como Nanã, Omulus, Iemanjá e Exus. Veja que todas as Linhas que citei acima são ligadas à Magia e tem influência da Mãe de todos os Orixás puxando ele pra buscar a magia através do incentivo de sua própria mãe.

E o Exu fortemente incentivador de seu destino rumo à magia, com a casa 4 totalmente ocupada por planetas e o Sol, como também a casa 6 do trabalho e a 8, olhada de perto por Saturno, deu total liberdade de ação do Senhor dos Conhecimentos Ocultos pra influenciar o garoto e revelar muitos mistérios ocultos. Fatos e eventos familiares, também instigaram esse buscador a se fechar e buscar os mistérios da magia. Um exemplo, foi o falecimento de seu pai no de 1886, o que deixou Crowley sob os cuidados de seu tio e tutor Tom Bishop um indivíduo de enorme crueldade, sendo por isso que Crowley se refere a este período de sua vida como "A Infância no Inferno".

No entanto, como mostra o mapa dele, em idade mais avançada ele nem sempre ouvia os mensageiros ancestrais e buscou em rituais demoníacos saciar sua sede de conhecimento. Percebemos nessa carta também o passe livre pra Eguns (Netuno, Plutão, Ascendente, Mercúrio e até Vênus aflitos.), como também Lilith solitária na casa 5, no signo de Sagitário mostrando que as buscas através da magia sexual seria além de uma curiosidade um prazer, pois seu Dispositor (Júpiter no signo de Escorpião) andava com Mercúrio bem à frente de Vênus, atados e atacando o Ascendente e o Netuno.

Aprofundou-se, como já sabemos, nos estudos de ocultismo e magia, sempre inserindo o sexo nas práticas adotando assim o nome de **Aleister**, forma gaélica para o nome de batismo Alexander. Tudo isso, influenciado pelo que chamamos na Umbanda de "Energia de Exu" pelo lado Esquerdo e de Oxumaré, pelo lado Direito, revelado na carta natal por Plutão, o qual se acha tenso, mas atuante.

Essa vibração também empolgou ele aos estudos tântricos e magia sexual, porque Plutão agia muito bem enquadrado na inclinação sexual, transformação e buscas ocultas. Até porque Mercúrio que rege os estudos se encontrava no signo de Escorpião dentro da casa 4 indicando recomeço.

Além do mais Áries raio de Ogum se acha na casa 10 a casa do controle, comando, do destino e da busca. Em nada se prendia a limites ou censuras. Isso por causa da grande coragem enviada a ele por Marte na casa 6 em trígono com Plutão, revelando o enorme poder de Oxumaré o Grande Curandeiro do Astral e Áries na casa do destino, que é de Ogum, empunhando a "Espada dos magos e buscadores".

Era sem dúvida um mestre em magia, tinha conhecimentos secretos e sem medo, evocava anjos e demônios. Já no sexo ia ainda mais longe e promovia orgias. Essas orgias do mago corajoso, e ás vezes considerado por intolerantes como louco, acontecia com relações hetero e homossexuais.

Essas relações também tinham quase sempre requintes sadomasoquistas. Tudo isso está grafado no seu horóscopo, como causado por Netuno "negativo", sendo este astro o regente da casa do plano mental (casa 9), transita junto com Plutão e Quíron, pela casa do poder (10). E inserido num contexto metafisico, mas, ao mesmo tempo emocional, Netuno age na carta natal dele, se opondo a Júpiter, sendo este segundo o regente da casa da busca e das aventuras. Fica claro assim que as forças espirituais ou vibrações atuantes sobre a vida desse mago incitavam o desejo de quebrar regras, leis e mitos. Dessa forma fica-nos clara a atuação por essas configurações apresentadas da força de Exu (Mercúrio em Conjunção com Júpiter.), o buscador e Senhor dos Caminhos, já que a casa Nove é a casa das Viagens Astrais.

Não se conhecia ou entendia nos cultos de Aleister os segredos da Pombagira, mas, a presença de Lilith em Sagitário, na casa 5 (Prazer) ao lado do Vertex, confirmando a atuação dessa vibração também em sua vida. E assim sua alma desde o início de sua vida tinha um vazio e buscaria supri-lo através da magia e do sexo revelando assim a grande ação das Pombagiras em torno da coroa de sua casa e de seus sonhos mais ocultos. Por isso o grande interesse em sexo.

Tinha o dom de causar dissensão. Tudo isso pelas fortes quadraturas, que provocam choques astrais e espirituais desarmonizando suas Linhas Vibratórias. Isso sem falar em Plutão fraco e aflito na casa do social e das amizades, desafiando todo mundo e apenas se harmonizando a Marte, mostrando assim que ele era um revolucionário nato. Plutão no alto do Céu (na casa 10), desafiando Saturno, e Urano retrógrado confirma esse estilo, o qual se nota em pessoas com grande influência de Oxumaré, o Orixá da serpente, que em sua carta rege a casa 5 do poder, do prazer, da criatividade e dos desejos.

Crowley estudou intensamente a literatura inglesa, francesa, além de diversas outras obras em Latim e Grego clássicos, inclusive filosofia e alquimia.

E intensamento se dedicou a alguns esportes que gostava muito, como, canoagem, ciclismo, montanhismo e xadrez, chegando a ganhar notoriedade e exercendo por toda sua vida.

Oscar Eckenstein admirando por sua dignidade e nobreza por Crowley, cruzou seu caminho quando o mago praticava o montanhismo e Oscar ajudou muito Crowler com o alpinismo. Aqui já a influência de Vênus, seu astro da amizade, do social e das bases, que trouxe mudanças, nova estrutura psicossocial como também um amigo de verdade, pelo raio dourado de Oxum.

E foi a esposa que ordenou Aleister a evocar o deus Hórus, mesmo que desconhecesse possuir dons mediúnicos. No entanto, isso ocorreu, porque ela chegou a incorporar um espírito que lhe fez importantes revelações. Este evento aconteceu durante a lua-de-mel no Cairo, no ano 1904. Porém esse tipo de evento não é fácil pra qualquer pessoa, mexe com inconsciente e deixa qualquer um assustado, ainda mais quem não tinha contato com a magia e espíritos. Mas, ele também ficou bastante pensativo com tudo isso, então ficou no quarto durante os três dias seguintes os quais aproveitou para trabalhar redigindo o **Livro da Lei**. Nesse ano, Júpiter passava por seu Nodo Norte, abrindo portais superiores do mundo espiritual e trazendo revelações. Ao mesmo tempo que Plutão incitava sua Lua e revelava forças ocultas de seus ancestrais.

Não foi à toa que essas revelações vieram, afinal de contas eles estavam no Cairo, fazendo sexo constantemente e elevando o poder de consciência. Além disso, como Urano rege a casa da magia de Aleister ao mesmo tempo que rege seu casamento é bem provável que Oxumaré fosse o dono do Ori de sua esposa. E ao chegar ao Egito o poder secreto do Obi, tão velado e tão usado pelas feiticeiras egípcias voltou a se manifestar na alma adormecida de sua mulher, que possivelmente era a reencarnação de alguma sacerdotisa egípcia.

Nesse mesmo ano, onde Plutão incitou sua Lua Natal, Júpiter iluminou sua Cabeça do Dragão e Urano passava por sua roda da fortuna, Orixás antiquíssimos se manifestaram e o poder ancestral do mago buscador fluíram. E com o poder de Oxumaré e Iansã, mais a cobertura de Odudua a doutrina da **Thelema** foi concebida.

E já mais adiante no ano 1907, sob o signo de uma grande e poderosa quadratura fechada, fundou-se a **Astrum Argentum** (*Ordem da Estrela de Prata*), que seguia a doutrina e o *Livro da Lei*. Nesse ano, a influência agora era de Saturno, onde sua cobertura era em cima de sua Lua Natal.

E assim fortes impulsos vindos de Obaluaê agiam sobre ele como em seu nascimento. Seria o momento de ele entrar em contato com revelações ocultas. Já Plutão, que sempre influenciou suas buscas ocultas, transitava em Gêmeos, dentro da Casa XI e formando importantes Trígonos com Sol, Vênus e Saturno. E ainda uma quadratura com a Lua, mostrando a influência de sua esposa nesse momento. Também um Sextil com Urano regente da casa do casamento.

Vê-se que Urano no Ascendente, em harmonia com a Cabeça do Dragão no nascimento, é o regente de seu Descendente, por isso não é surpresa essa contribuição de sua esposa. Mostrando que a ação do Raio de Orunmilá continua a puxar ele pra magia, tanto por meio de Ossaim, seu Pai de Cabeça, quanto pela ação de Obaluaê (influenciador) agindo por intermédio de sua companheira e ainda Oxumaré, seu Orixá de Cabeça. E com toda essa força fundou uma ordem religiosa e sexual, fixando um templo na Sicília.

Na fase da morte do mago (No primeiro dia de dezembro de 1947, aos 72 anos.), três planetas poderosos, Saturno, Plutão e Marte, ocupavam a casa 1 e maceravam seu Urano natal. O Astral enviou assim 3 anjos poderosos para resgatá-lo, tirando seu espírito e pondo fim a sua caminhada na Terra. Já Saturno na casa da morte recebia quadratura de Mercúrio que em Escorpião transitava a casa 5.

Revelando assim que a busca pelo prazer ou por prazer, pode ter mesmo sido uma das causas de sua morte naquela época, pois faleceu vítima de bronquite crônica e complicações cardíacas, sendo esses indícios de agravamento de seu carma, pois Marte, um dos três planetas que passavam por sua casa 1 e que rege infecções, se situa na casa da saúde na carta natal. Alem disso, a Lua no céu daquele dia fazia quadratura ao Sol de Crowler, revelando que suas infecções respiratórias, pode ter tido origem no emocional e em alguns desgostos vividos algum tempo antes de sua morte.

Júpiter também se encontrava em conjunção quase perfeita com o Sol, revelando a ação das vibrações astrais sobre o corpo e alma. Ainda mais que eles passavam por Lilith, parecendo assim depurar e filtrar todos os abusos desse velho mago a sua sexualidade (Uma ação direta de Xangô sobre o jeito desenfreado de Aleister usar o axé de seu Exu e Pombagira.).

Mas, o aspecto que chama-nos mais atenção é a oposição de Saturno em Trânsito a Saturno Natal (Choque das linhas do cemitério e vinda de Shapanã pra buscar seu espírito.).

Lembrando que este planeta era o responsável por sua saúde, pela magia, pelo sexo e pela sua forma sombria de quebrar regras e paradigmas. Saturno recebia ao mesmo tempo da oposição de Saturno em trânsito, a quadratura de Mercúrio e a oposição de Plutão.

Mostrando assim que seus ancestrais vieram buscá-lo ou para as sombras ou para a luz! Como Júpiter e o Sol atuavam perfeitamente sobre sua Cabeça do Dragão, tudo indica que algo irreversível foi instaurado em sua vida e que deveria ser resolvido em outra encarnação, assim talvez ele um dia volte ou pra contradizer ou pra reforçar o que ele mesmo criou.

Além do trânsito de Mercúrio progredindo sobre a casa 5, atacando a Lua e saudando o Sol, anunciava que Exu agiu fortemente, influenciando e inspirando-o neste ano. Como também era um ano em que sua Lua progredida abençoava seu Marte, sendo este o astro do destino e realizações no trabalho e missões. Uma bela letra de **Raul Seixas** que traduz uma famosa frase de Crowley: *"Faze o que tu queres, pois é tudo da Lei."*, mostra-nos, não sei se por inspiração de seu autor ou por simpatia à obra do mago, que tanto a liberdade de escolhas, quanto a coragem de escolher faz com que de certa forma, estejamos obedecendo a Lei do Carma, mesmo inconscientemente. Pois sempre vamos escolher sobre aquilo que nos é dado, como diz a música, "é tudo da Lei". Então muitas vezes quando achamos que erramos podemos ter acertado ou quando achamos que acertamos, podemos estar cometendo um grande erro.

O autor aplica aqui o conceito de seguirmos a vontade interior, sem nos preocupar muito com as interferências internas. Porque a indecisão pode ser o maior dos demônios. Não seria demais afirmar que o tripé sexo, drogas e rock and roll contou com inspiração desse polêmico personagem.

A oposição de Netuno a Júpiter, ambos desafiando o Ascendente, mostra essa desobediências às Leis, como também a total desarmonia com a Vibração de Xangô, que é o Orixá da justiça e pune os infratores. E para relembrar, lembrem que citei um pouco antes, a ação de Xangô no dia da morte do mago sobre suas linhas de sexualidade e fetichismos.

Na verdade, Aleister seguiu a energia de Obaluaê, seu regente de magia, revelado por Saturno, na casa 8, pois essa posição dá uma necessidade de ser iniciado. Ainda mais com a influência de Ogum, Orixá dos caminhos e iniciação, agindo por Marte, o regente do Meio do Céu, se dispondo a Saturno.

O símbolo do mapa são os signos de **Aquário e Escorpião**, que ele usou como liberação e aprofundamento nas questões sexuais. Nas orgias se relacionava tanto com mulheres como com homens. Já que não tinha o poder de Ibêjis e uma linha muito fraca de Orixalá em sua coroa, Exus e Pombagiras fluíam livremente sobre sua coroa. A **Cabeça do Dragão** está colada ao Meio do Céu.

Quando um luminar tem um mau aspecto de planetas maléficos, como no caso o Sol atacado por Marte, há tendência à mediunidade. **Lilith** está na quinta casa, a dos prazeres. Ela é sempre um ponto de insatisfação. Mas, como está fazendo parte de um Grande Trígono envolvendo o Nodo Norte e o Ascendente, mostra que ele veio pra evoluir, até mesmo com auxílio da Pombagira, por isso se envolveu tanto com a busca do sexo, só que da forma errada e perigosa. Ele usou esse poder sobre a sexualidade totalmente invertida, o que causou grande mal a si mesmo.

Não pretende ser definitiva nem completa esta análise aqui, já que várias outras referências poderiam ser acrescentadas. Apresentamos, portanto, um resumo da análise de um Mapa Natal de uma personalidade pública, controversa, mas que, sem sombra de dúvida, movimentou a comunidade esotérica disseminando conhecimento e provocando discussões. Tudo isso mostrado nesses pontos envolvendo um choque entre várias vibrações.[81]

---

81. Sites pesquisados:
    http://www.artemagicka.com/therion/biografia.htm www.insite.com.br/art/pessoa/misc/crowleyenct.html
    http://pt.wikipedia.org/wiki/Aleister_Crowley

Para os leigos

Digamos que você comprou este livro só para observar as entidades atuantes em seu horóscopo, não entende nada de Astrologia e não quer se aprofundar muito nos conceitos. Então darei aqui os conceitos mais simplificados pra que você tenha noção de suas entidades atuantes.

Em primeiro lugar, devem-se observar as tabelas, conhecer o Mapa Natal e procurar as relações. Daí por diante é verificar a atuação das entidades encontradas para formular as metas em sua vida. Ou seja, ao detectar as entidades atuantes verificar para quais caminhos ela te inclinam.

Observando os principais pontos:

1º O signo solar (Onde se encontra o Sol no nascimento.) mostra a vibração atuante, o Pai de Cabeça.

2º O signo lunar (Onde se encontra a Lua no nascimento.) mostra o complemento do par vibratório, a Mãe de Cabeça.

3º O Ascendente mostra a entidade de Frente (Entidade que age na vida material e mostra a personalidade da pessoa, enquanto a Lua, mostra o temperamento e o Sol, o caráter.).

4º Os signos nas cúspides das casas mostram as entidades regentes nas áreas descritas, por exemplo: Libra na quarta casa, Oxum rege as questões relativas a este setor (O lar, a família e o ambiente onde vive a pessoa.) e assim por diante. Por exemplo, se a pessoa nasceu com o Sol em Libra, ele é filho de Oxum e se este signo se encontra por exemplo na casa 3, este Orixá vai direcioná-lo aos estudos, trabalhos ligados a transporte e também vai se preocupar com irmãos.

5º Os aspectos planetários mostram de que forma as linhas interagem, quais Orixás são mais fortes e confirmados, como também os bloqueados. Por exemplo, excesso de quadraturas dão uma outorga maior no Mapa a Obaluaê/Omulu/Yorimá, enquanto um grande número de trígonos, o maior poder influente é de Xangô, ou conjunções de Ogum, e por aí vai. Asssim, se há um grande número de trígonos, observa-se a posição e relação de Júpiter. Mas, se é de quadraturas, observa-se Saturno.

6º A soma dos fatores, como domicílio, debilidades e elementos confirmam as entidades. Ou seja, temos que observar se o planeta está forte, fraco, em exílio ou exaltado. Essa observação é importante, pois vai determinar se os Orixás são fracos, passivos, ativos ou conflituosos.

7º O dia da semana através do astro regente mostra a entidade que cobre o nativo, por exemplo: segunda-feira a Lua, terça-feira Marte, quarta-feira Mercúrio, quinta-feira Júpiter, sexta-feira Vênus, sábado Saturno e domingo o Sol. Assim, se a pessoa nasceu na quarta-feira, por exemplo, Mercúrio se torna importante no Mapa Natal. Dessa forma devemos observar se ele é forte ou fraco no Mapa, se é harmonioso ou aflito e qual a sua importância. Por exemplo, se for fraco e for o mesmo planeta que mostra o Orixá de Cabeça, essa pessoa terá sérias dificuldades durante a vida. Toma-se ainda como astro regente da carta natal o planeta mais forte no Mapa ou o mais importante, entre esses podemos observar o regente do Ascendente, do signo do Sol, do Meio do Céu ou o que tem mais dignidades no Mapa.

8º A fase da Lua mostra as influências diretas dos protetores sobre essa pessoa. Quem nasce na Lua Nova por exemplo, tem a força de Ogum na Lua Minguante de Omulu, na Lua Crescente de Xangô e na Lua Cheia de Iemanjá. Tem também as sub-fases, mas, aí já se trata de estudo mais profundo.

9º Planetas próximos aos ângulos são as entidades mais atuantes na vida da pessoa (Próximo a casas, 4, 7, 10 e 1).

10º Para montar a ordem da Hierarquia segue-se a ordem planetária que é: Sol, Lua, Mercúrio, Vênus, Marte, Júpiter, Saturno, Urano, Netuno e Plutão, além do Ascendente, que é a Entidade de frente dessa pessoa. E lembrando que conforme os papéis de cada planeta no Mapa, terão uma maior importância dele na ordem da Hierarquia. E o Meio do Céu revela-nos o Ori, com o regente do Meio do Céu, mostrando-nos a atuação desse Ori.

11º Os aspectos aos ângulos, como também os aspectos com maior exatidão, terão maior força e importância, como também as conjunções se sobressaem até mesmo aos outros aspectos maiores.

12º Aspectos tensos, Lilith, Plutão, Marte, fases da Lua e Cauda do Dragão são os pontos encontrados para confirmação das linhas de Esquerda. Lembrando que já se conhece algumas correlações, mas, observando esses pontos poderemos ter mais revelações. Por exemplo: uma pessoa que se constata seu Pai de Cabeça como Ogum, seu Exu natural é Tranca-Ruas, ou ao identificar o Orixá Menor, como Ogum Rompe Mato, por exemplo, teríamos Exu Veludo. Então, observando os pontos citados, poderemos apreciar melhor suas falhas, atuações e energias. Uma Lilith em Áries, por exemplo, ou uma Lua Nova na casa 8, indicaria uma maior atuação da Pombagira e não do Exu. A casa 9 revela o Orixá padrinho do nativo, assim como o planeta mais forte do Mapa revelará o Ori se este for mais forte do que o regente do Meio do Céu. Se for o próprio regente do Meio do Céu este planeta forte, sem dúvida é a força do Ori. E se o Ascendente representa a Entidade de Frente ou vibração atuante no plano físico, o astro regente do signo ascendente ou o "Senhor do Mapa", revela a entidade personificada, ou seja, Caboclo e Exu dessa vibração.

Temos também que lembrar que existe uma enorme diferença entre Orixá de Cabeça e Pai de Cabeça. O Pai de Cabeça, é o regente do signo da pessoa, nele está inserido a ancestralidade, o caráter e o espírito. Também está ligado aos ancestrais do Pai Físico. Já a Lua, revela-nos a Mãe de Cabeça, nosso temperamento, o ambiente onde vivemos lembranças passadas e nossa alma. E está ligada aos Orixás da Mãe Terrena da pessoa.

O Orixá responsável por moldar o destino é revelado pelo signo e regente do Meio do Céu; o Orixá Ancestral encontra-se pelo signo e regente da casa 4; o Orixá do sexo é o encontrado no signo e planeta regente da casa 8. Já o Orixá do amor está revelado no signo e planeta regente da casa 7. Lilith no mapa revela-nos a Pombagira. E o Orixá do destino, conhecido como Ori-Orun, é a extensão do Orixá de Cabeça podendo até ser a mesma entidade em algumas cartas. Este encontramos a partir da relação do Sol e o planeta que rege o signo onde ele está, por exemplo, se o Sol está em Libra, temos que observar a relação do Sol com Vênus e com o regente do Meio do Céu e o próprio meio do céu.

Mesmo que não seja a mesma, ela será a extensão, assim é o Adjunto de Ori. Então um Ori de Ogum, por exemplo, com um Ori-Orun de Obaluaê, teremos a forma como este Ori se comporta do plano físico para o plano astral e, ao contrário, como o plano astral deseja que cumpramos nosso destino.

Orunmilá e Exu atuando em ciclos

Pesquisando profundamente a Sabedoria Antiga da África, vimos que existiu uma sociedade que aprendeu muitos conhecimentos secretos, os Zulus chamam de Abasekhemu Bonaabakulu[82] cujos membros vêm de todos os muitos povos da África e cujas origens podem ser traçadas a um sacerdote de Ísis durante o reinado do faraó Khufu, a dinastia 3 (3900 a.C.) construtor da Grande Pirâmide.

Volto a esse assunto para relembrar ao caro leitor da ligação dos iorubás com o Egito Antigo e das raízes profundas de Umbanda, não só com os Upanishids da Índia, mas com os sábios do Oriente Médio e egípcios. E os conceitos fundamentais da cosmologia Kamitic mostram as correspondências com os ensinamentos do Abasekhemu Bonaabakulu, e também para a religião iorubá.

A concepção de Deus e do Universo que é comum na África tradicional, não obstante a diversidade dos seus povos é um dos assuntos abordados em um artigo de Bowen (1969). O branco sul-africano e seus preconceitos são evidentes. O estudo

---

82. "Bonaabakulu humilhar khemu". O nome pode ser traduzido do inglês como "A Irmandade dos seres superiores do Egito." A Irmandade foi fundada no Egito durante o reinado do faraó Quéops, seu fundador era um sacerdote de Ísis que tinha como seus objetivos a propagação que vem da velha Sabedoria entre todas as raças e tribos na África, no estudo e na prática dos seus membros do que chamamos de Ukwazikwesithabango, o que significa que a ciência que depende do poder do pensamento. É a única ciência verdadeira que não existe mais. Fonte: http://theafrican.com/Magazine/Cosmo.htm

de Bowen sobre o papel imputado nas origens não-africanas, ou pelo menos não--negras, com a sabedoria antiga de que ele fala.

A partir disso, ver um segundo ponto, ou seja, que os guardiões deste domínio têm a reivindicação da velha sabedoria sobre os poderes da mente, em particular de telepatia, de forma que os membros da sociedade, apesar de nunca ter encontrado na carne, poderia ter conhecimento íntimo do outro, como via-se nos irmãos de sociedade Masai.

Creditando a veracidade desta conta, pelo menos quanto aos fatos prestados, a conclusão é evidente que existem sentidos acessíveis ao homem, além dos cinco sentidos conhecidos e reconhecidos pela ciência ocidental, que permitem, entre outras coisas, pensar para ser transmitidas e recebidas.

A Irmandade dos seres superiores do Egito foi fundada no Egito no reinado do faraó Quéops. Seu fundador, por ser um sacerdote de Ísis, tem como objetivo a propagação da Sabedoria que vem dos Velhos Ancestrais. Claro que a palavra de raiz khemu, refere-se a km.t dos hieróglifos, diferentemente fonetizados como Khamit, Kamit, Kemet, etc., referindo-se ao que os gregos antigos chamavam no Egito. E as ciências espirituais do Kamit também informam os sistemas religiosos, nomeadamente, a Dogon, o iorubá, o wolof, o Akan, entre muitas outras nações africanas das partes Oeste e Central de África, bem como o Sul.

A tradição mais próxima em termos de idade seria a tradição védica da Índia, que com base no Rig Veda, poderia ser rastreada até cerca de 1500 a.C., e até mesmo a tradição védica parece que deve um pouco de sua ciência espiritual para Kamit. As primeiras peças escritas da Bíblia teriam sido escritas 1000 a.C., com base numa tradição que remonta a Abraão, que teria vivido mil anos antes, em cerca de 2000 a.C. Moisés viveu cerca de 1300 a.C. Filosofia taoísta chinesa remonta a cerca de 500 a.C., assim como o Confucionismo.

Enquanto Kamit seria, portanto, um antecedente se não for a fonte de todas as grandes religiões do mundo, o Cristianismo e o Islamismo parecem afastar-se do núcleo dos preceitos Kamitic. Por certo, onde mera crença em uma ou outra doutrina é oferecida como a condição de sina de "salvação", se afasta dos preceitos Kamitic, que enfatizavam os atributos divinos com que Deus dotou o homem, e a necessidade de esses atributos serem despertados através do cultivo espiritual. Ser divina, não é a mesma coisa que ser Deus.

A analogia que é muitas vezes dada na ciência espiritual africana para explicar este ponto é o da relação entre uma gota de água no oceano, e o oceano em si. A gota de água pode conter todas as qualidades essenciais do oceano, mas é em escala muito menor.[83]

Todos os Orixás têm especíificicamente um ciclo atuante dentro de sua vibração, com base na fonte primária de energia, além do fato de que esses ciclos têm uma circulação que se manifesta num tempo de elipse definida. Iemanjá e Elegbara são Orixás, com ciclos mais curtos (28 dias e um ano respectivamente) e o maior Obatalá, cujo mandato dura 12 anos. No entanto, o destino do homem está nas mãos de dois dos Orixás elipse que são mais tempo, quero dizer, o Exu binomial – Orunmilá, cujos ciclos são 28 e 84 anos, respectivamente.

No signo de mestre Baba Ifa Ejiogbe nascido da respiração, ou seja, o conjunto de técnicas que permitem que o sacerdote iorubá reze e possa respirar corretamente quando na esteira. No entanto, a respiração é um simbolismo intrínseco, é a primeira ação que o homem ao nascer tem, mas mesmo os seres humanos nascem uma vez, renascem mais duas vezes durante sua curta vida, então as três respirações essenciais do homem são concomitantes com o início de cada ciclo de Orunmilá.

O primeiro código Ifá Omulú da Diáspora Africana disse que o Itá três da Obtenção começou a consagrar um sacerdote de Ifá, nascido com sinais da trilogia vindo de Olofin, Odudwa e Orunmilá, respectivamente. Normalmente o sacerdote iorubá interpreta-os como sinais de vida, nascimento e morte, mas poucos sabem as conjunções e portais do tempo dessas trilogias, de modo a explicar cuidadosamente com base em um desenho elaborado como apoio pedagógico. A escala do eixo da cruz (x) do gráfico é formado em anos e representa o intervalo de tempo do homem na Terra, o eixo vertical é adimensional e representa o movimento de energias de Orunmilá e Exu.

A letra **N** apresentada na imagem seguinte é o nascimento da pessoa e as letras PRE,[84] (PRE1, PRE2 e PRE3) são os códigos Portal da Respiração Existencial, e o

---

83. Fontes de pesquisa: http://theafrican.com/Magazine/Cosmo.htm
http://theosophy.ph/encyclo/index.php?title=Zulu_Spiritual_Teachyings
http://www.studiesincomparativereligion.com/Public/articles/browse_g.aspx?ID=94

84. Esses termos ou abreviações referentes à respiração e idade são usados em alguns livros de Medicina, especialmente os que falam de geriatria e doenças respiratórias.

número que podemos identificá-los são as respirações que marcam o renascimento de uma pessoa sob ciclos de Orunmilá em cada fase da vida, conforme a idade.

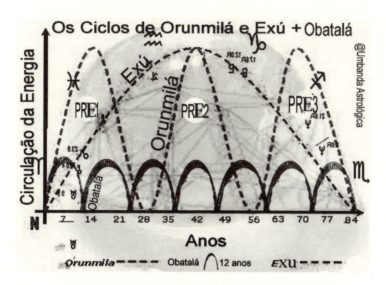

A primeira respiração existencial (PRM1): Essa primeira respiração existencial, considerada traumática, marca o primeiro de três ciclos de Orunmilá. Nessa primeira tensão, a pessoa sente uma energia que fará com que ela perceba tudo o que acontece desde os sete anos e durante a fase de crescimento, sendo o período de tempo de aprender e se adaptar ao ambiente familiar, os pais, ambiente social e patrimônio cultural.

A educação durante esse período é por absorção, e é geralmente dolorosa, porque domina a tentativa e erro. Isto marca a primeira etapa da vida da pessoa. E a maioria dos eventos negativos ficam no subconsciente. Aos 14 anos são polarizadas as energias de Orunmilá ao extremo, é dominada por opostos. Aqui, Orunmilá interroga sobre qual o caminho vai levar esta pessoa. Pergunta difícil de responder, porque esse período de tempo (7-14 anos) é construído sobre a consciência do ego.

Tensão ás vezes máxima, só que possível de conciliar tudo, mesmo que conflitantes, porque os opostos são complementares. A puberdade é um momento muito difícil para os jovens e seus pais, por isso todos os conflitos, não só psicológicos, mas, muitas vezes espirituais aparecem. É por isso que muitas jovens perdem a virgindade preconcemente, sofrem abusos ou caem em depressão, tanto por causa das próprias transformações orgânicas e psicológicas, quanto por influências espirituais que são instigadas na ebolição desse portal em transição.

A terceira tensão gerada pelas forças de Orunmilá ocorre durante a fase minguante do ciclo e seu pico ocorre no tempo de 21 anos. Reforçamos a nossa posição mentalmente e emocionalmente. Ligue-se, no entanto, que estamos debatendo aqui os ciclos dos Orixás, pois nos ciclos planetários, há um pouco de diferença, quanto as energias e fases. No entanto estes ciclos coincidem muito bem com determinados planetas, como por exemplo o de Vênus, quando este passa a agir na puberdade, liberando toda energia sexual de Oxum.

O último estresse da primeira respiração no ciclo de 28 anos é menos doloroso e destrutivo porque as experiências emergem do subconsciente e nos darão a força a fluir e fazer as mudanças necessárias e converter as lições de tensão construtiva.

Nessa fase, a polarização das energias de Orunmilá chega a zero e o macro termina a primeira respiração. Nesse período também ocorre o começo do Retorno de Saturno e já estamos dentro do Retorno da Lua por progressão, havendo assim um cruzamento de forças. Além de Orunmilá, essas forças são Iemanjá e Obaluaê os senhores do Carma. Se a adaptação das crianças neste primeiro portal foi adequada, o resultado será positivo e feliz.

Caso contrário, iniciar-se-á a rebelião contra o mundo e a família, pela frustração que é instalada no Ego, e que é responsável para a energia de Exu expandir-se, pois isso gera a tensão com o primeiro Orixá dos 21 anos e vai ser muito doloroso e destrutivo, na medida em que o ângulo de desvio do destino pessoal e coletivo é maior.

Na Segunda Respiração Existencial (PRE), que começa aos 28 anos, é o homem em primeiro lugar, a deixar a infância e o adulto, mais consciente do que é realmente. Torna-se consciente do papel que será desempenhado de forma mais responsável na sociedade, é procurado o fundamento da família e fortalecimento da individualidade. As tensões geradas pelas energias de Orunmilá (crescimento e diminuição) são desenvolvidas em um foco exclusivo sobre esse período, a não ser é claro, que ainda permaneçam conflitos não resolvidos da primeira respiração.

E, a partir deste ponto, o homem tem duas opções antes do conflito, lutar ou fugir. Se inclinado a este último, o conflito irá assombrá-lo para sempre e vai se tornar cada vez mais forte até mesmo gerar morte (Claro que depende muito da ancestralidade de cada um e de que forma ele está vivenciando sua espiritualidade.).

Durante este segundo período de 28 anos, o clímax da tensão é gerado até os 42 anos, aqui novamente Orunmilá pedirá a seu filho a resposta do caminho que suas decisões vão levá-lo.

Enquanto as energias de Exu são polarizadas ao máximo e agem sutilmente, destruindo tudo na vida, é construída uma pessoa má e não um ser apegado ao seu destino pessoal e coletivo na idade de crises e oportunidades para mudança, quer seja para o mal ou para o bem. É o palco das mudanças forçadas ou voluntárias, é o período em que o homem se torna consciente de todos os seus defeitos e reconhece os seus sucessos.

Segundo o astrólogo John Townley em seu livro *Ciclos Astrológicos e Períodos de Crise*,[85] nessa fase da vida, depois dos 30 anos com o homem poderá viver um período de inquietação à medida em que se aproxima a ideia da meia-idade, lembrando que é aos 36 anos um outro ponto de retorno no ciclo de Obatalá. Já por volta dos 37/38 anos, o período seguinte de baixa começa e, em torno dos 42, geralmente já precipitou o indivíduo numa crise de personalidade realmente importante, desde as convulsões da adolescência.

Se o caminho da decisão a ser tomada nesta nova oportunidade é certo, dar e partilhar ganhou destaque em sua vida. Como também as questões de saúde e bem-estar aparecem como num passe de mágica. Mas se a decisão for errada, as velhas tensões redimensionadas e com mais força, irá fornecer-lhe acontecimentos desagradáveis, que podem exigir para fazer as mudanças necessárias, porém a um custo elevado, que anteriormente recusou-se a pagar.

Finalmente, a segunda respiração termina aos 56 anos e um resumo da experiência será evidente no balanço de ações positivas ou negativas. E a terceira vai respirar um equilíbrio que pode ser ativo ou passivo, mas harmônico. E uma vez que corria contra ou em nome das energias de Orunmilá e Exu, ao chegar aqui após escolhas corretas, tende a se deparar com sossego.

A última respiração (**PRE3**) ou renascimento do ser humano é marcada pela busca da espiritualidade, segundo os sacerdotes, o principal centro de gravidade do homem que foi localizado em sua cabeça move-se para o plexo solar.

---

85. Editora Pensamento, 1977. – edição 1995.

Este é um período de transformação de caráter e aprendizado de como se relacionar com os outros. Adquire-se poder por meio de atividades espirituais e é hora de libertar os filhos para fazer sua própria vida. Mais uma vez relembro que depende da ancestralidade e missão de cada um em particular e pode ainda ocorrer nesta fase também a não aceitação de cargas geradas dos problemas familiares; é hora de se engajar em assuntos de saúde.

Durante este último ciclo, as tensões geradas pelas energias de Exu e Orunmilá serão intensas ou não, na medida em que as lições foram aprendidas com o passado. Se assimilada, nesta vida vai prevalecer a paz consigo mesmo, podendo chegar a possuir uma sabedoria radiante para você doar aos outros, além do fato de que uma mudança ocorrerá na realidade e destino.

Se ultrapassarmos os 84 anos, a tendência é viver um vazio espiritual que se manifestará em um rebaixamento para o estágio da primeira respiração, caso não tenhamos chegado aqui com sabedoria. E Orunmilá perguntará aos nossos filhos, e não nós, sobre o caminho que estes vão seguir, assim como perguntou a nós na primeira respiração. Mas sugere-nos que olhemos para trás em nossa vida, como esta pode ser a última chance de tomar o caminho certo.

Depois dos 80 anos aproximadamente, a personalidade com frequência está em ascensão, mais uma vez, culminando no retorno de Urano, perto dos 84 anos. A despeito dos estragos do tempo, é um período de renovada juventude e produtividade, pois todos os ciclos estão em alta – sirva de prova a energia de grandes homens que ainda se mostravam fortes nessa idade, um bom exemplo foi Marc Edmund Jones.

Foram apresentando três respirações, onde Orunmilá e Exu agem na vida do homem. Mas, na verdade o homem tem doze segmentos[86] pra viver a vida onde o stress e tensões geradas por vários ciclos de Orixás na Umbanda ou astros na

---

86. O sacerdote de Ifá iniciação deixa a sala com nove desses segmentos descritos nos sinais dos três Itá Ifá, os outros três segmentos adquiridos no Aggadah cerimônia de Omo. Estes doze signos do sacerdote de Ifá Orunmilá são os doze trabalhos que Hércules teve que fazer para se tornar um Deus e assim habitar no Olimpo com seu pai Zeus. Os outros três segmentos adquiridos nas cerimônias sagradas são para magistas altamente evoluídos que conseguiram praticamente um grau de santidade e força mediúnica iluminada – muito poucos na história da humanidade conseguiram. Alguns exemplos foram Moisés, Melquisedeque, Davi, Salomão, José do Egito, Profeta Samuel e alguns outros.

Astrologia. Ou seja, esses 3 períodos se dividem em doze "estações" ou casas, onde determinados signos, planetas e Orixás, agem em sincronia com essas três fases. São assim 12 x 7 = 84, o ciclo completo de Orunmilá, onde o homem vivencia com as energias cósmicas dando relevo às nossas vidas.

Lembrem-se bem, que na imagem, um terceiro Orixá também participou da criação (Obatalá)[87] é inserido no tema como atuante nesses 7 ciclos de 12 anos. Os 7 ciclos são os 7 Raios ou Vibrações Cósmicas atuantes sobre o homem. Já os doze anos, são as doze portas ou segmentos, representados pelas "Doze Testemunhas" (Signos Zodiacais ou Senhores do Carma), sendo que cada um deles atuam de forma ordenada sobre o homem.

Mas, preste bem atenção na imagem ou Mapa apresentado dos ciclos e perceba que o Raio de Obatalá (Que na verdade age junto com Odudwa e Oxalá.), abre 8 portas. Para que não haja confusão na cabeça do leitor, explico que essas portas são dos 7 raios ou Orixás principais mais Exu (aquele que abre e fecha os ciclos).

O homem, além de outras coisas, precisa estar resolvido com seu anjo da guarda e se sentir identificado com a trilogia de sinais de seu Orunmilá de trabalho, seu Ori-Bará e ter sua coroa em harmonia plena. Para explicar e ilustrar porque os ciclos de Orunmilá são importantes, deve haver alguma forma para a trilogia de sinais de sua respiração, segundo, sem ter que passar pelo Ifá, mas, evoluir o espírito, conforme a essência, ensinamentos e bênçãos dos senhores do tempo.

Os Astros e os Orixás

O que facilitou o aparecimento na Terra da primeira religião foi a busca dos sábios, através de suas observações, que se deu num longo processo de criação mágica, sendo tudo o que o homem viu no céu e que foi relacionado com tudo que era sagrado, que deu todas as bases a um processo de criação, cultuação e crenças.

Em primeiro lugar, os dois luminares (Sol e Lua) foram o que chamou a atenção do homem e ele olhou por longos períodos para os ciclos dos astros no céu,

---

[87]. Agora a mesma história é contada nos códices de Ifá da Diáspora Africana no sinal Patakie Fun Odi na árvore da vida. Claro que os nomes são alterados, nesta história serve como Obatalá Adam, você vê Obatalá pode ser chamado de "Adam iorubá".

tentando perceber sua influência aqui na Terra. Claro que a observação do que acontecia aqui na natureza, com os elementos e com as transformações no Meio Ambiente, também geraram adoração, mitos, fé, medo e propiciou-se uma forte inclinação no homem em tentar entender tudo isso.

E foi daí que começaram a surgir as crenças nos deuses, a obediência às tradições, a se criar raízes magísticas e também a se perceber o sobrenatural a sua volta. Também a incompreensão do fenômeno da morte, da velhice, do tempo e do próprio corpo, levou o homem a desenvolver crenças.

Mas nada provocou tanto fascínio quanto o céu, quando o assunto é crença, medo e vontade de explorar e então associados com os fenômenos que ocorrem em seu ambiente e regem a sua sobrevivência, uma vez que há a correlação entre as duas principais estrelas, noite e dia, frio e calor, chuvas, secas e todos os fenômenos naturais que o afeta.

O homem começou a cultuar a fim de obter os seus favores, por isso é que não temos dúvida de que a primeira religião do homem fosse a Astrolatria (adoração do Sol e da Lua), a atividade primordial que continua até hoje em todas as religiões, só que agora transformada em símbolos. No entanto, esse termo "Astrolatria", só existe para o cético ou intolerante, pois para o mago, para o bruxo, para o médium e para o astrólogo, em certo tempo o céu relatava através dos astros, deuses, personificados em muitas formas de poderes e temperamentos.

Hoje em dia perdeu-se esse encanto, mas, o magista ainda sabe que cada estrela do céu está ligada a um destino e a uma vibração ou divindade.[88]

O termo "Estrela de Davi" e a simbologia ou outro termo mais direto que falava da "Estrela de Belém", na verdade, eram sinais do céu, ondas vibratórias e forças celestiais que se manifestaram para o homem com um imenso poder e luz. Davi captou bem isso, tanto que colocou este símbolo como representação da bandeira de um povo guerreiro e sofredor.

As anotações feitas sobre os movimentos dos dois astros e planetas visíveis a olho nu também foi a base da Astronomia. E esses símbolos desenvolveram o inconsciente coletivo do homem, os edifícios construídos para observar as estrelas,

---

[88]. Leia mais sobre isso no O Livro de Urântia, Documento 85 – As Origens da Adoração), acesse pelo site: http://www.urantia.org/pt/o-livro-de-urantia/documento-85-origens-da-adoracao.

a Astrologia nasceu assim. Porque o homem já tinha percebido que cada movimento das estrelas no céu era um movimento em seu ser internamente (lei de correspondência), de modo que a Astrologia era a base de todos os oráculos que existem hoje.

Os astrônomos, mesmo querendo passar uma imagem de cientistas, focaram o sobrenatural, usaram observações dos astrólogos antigos para estudar a física do Cosmos. Mas os astrônomos de hoje ignoram esse fato e negam a sua mãe Astrologia. Logo, os primeiros astrônomos tornaram-se padres com nomes atribuídos às luminárias, estrelas, planetas e os transformaram em deuses, e eles criaram uma mitologia. Os eventos descritos acima cristalizados no berço da civilização da Mesopotâmia, onde ainda é possível visitar a torre Zigurate onde os sacerdotes babilônicos, caldeus e sumérios se reuniram para observar as estrelas.

Todos reconhecem quem é Apolo, pouca menção a Ishtar, mas já ouviram falar de Afrodite. No entanto, o declínio dos deuses babilônicos, que ocorreu por volta de 539 a.C., ressurgiu com força na religião grega. São famosos os oráculos de Apolo, em Delfos, e esse Deus tinha seu templo de adoração. A história da Astrologia seguiu seu curso e chegou ao mundo árabe. A região sul africana não só recebeu a influência do antigo Egito como geralmente se pensa teses que ligam o iorubá com os babilônios e caldeus diretamente.

A cultura mediterrânea também teve sua influência em continente africano e sobre a cultura árabe não temos certeza. Todas essas civilizações praticavam a Astrologia e moldaram suas religiões com base no céu, na magia e nas divindades do astral. Assim, a religião iorubá, que tem o panteão de deuses mais numerosos e melhor organizados do continente africano, adotou o sistema helênico religioso, só que os seus deuses mudaram os nomes, em vez de Afrodite, Oxum, Xangô por Zeus, em vez de Olokun Poseidon Ossaim por Quirom, Obatalá por Apolo, Hera, Yemaya, Oyá por Ceres, Marte por Ogum e assim por diante.

Este trabalho, embasado em muitas fontes, pesquisa com muitas horas empenhadas, teve o intuito de trazer elementos novos, revelações e chaves de interpretação da Coroa Astrológica de Orunmilá pelo prisma da Umbanda Astrológica. No entanto, este trabalho está longe de ter pretensão em querer se passar por verdade absoluta. Na verdade, a intenção é incentivar o debate, o estudo sério e para servir como ferramenta em defesa do movimento umbandista.

Eu procurei deixar claro que o caminho do mago é trilhado pela busca, através da verdade, da luz e da prudência. Tudo com liberdade e sinceridade consigo mesmo. Aonde esse caminho vai dar é impossível dizer, pois, ainda não cheguei no final dele. Mas, a esperança é que atinja o reino da luz, na presença do Criador e que consigamos retornar ao seio sagrado dos nossos ancestrais. Aparados pelos anjos, Orixás e guias espirituais de luz.

O importante para o mago que quer evoluir em graus de iniciação e conhecimento não é bajular poderosos, ter mestres vaidosos ou conseguir fama para ganhar dinheiro com consultas caras, abusando dos oráculos. O verdadeiro mago sabe ouvir seu mentor, entende a mensagem de seus guias espirituais e tenta seguir o código de ética do amor, dos que contemplam as obras do Criador e que amam a Deus sobre todas as coisas.

Para os médiuns magistas dos cultos africanistas, o estudo de itans de Ifá; coleta de registros oraculares, com especial atenção aos conselhos do Oráculo; as orientações, necessariamente decorrentes da leitura oracular de Ifá sempre contemplam aspectos relativos à necessidade de adoção de certas atitudes, condutas e comportamentos, de modo a possibilitar a ação favorável de forças do destino e de amenizar ou impedir intervenções nefastas.

Os Odus, através de seus diversos itans, trazem aos consulentes informações relativas a seu "mito pessoal", revelando aspectos fundamentais de seu destino e indicando condutas através da especificação de ewós (interdições), que incluem recomendações de condutas a serem adotadas, de modo a favorecer o desenvolvimento ético pessoal e o fluxo do axé.

Assim, as regras sociais não se restringem somente às normas grupais, mas contemplam, e mesmo privilegiam, a dimensão individual, ao sugerir interditos pessoais que possam resultar em benefícios individuais e, consequentemente, sociais. Numa linguagem através da experiência oracular favorecendo, aqueles consulentes que de fato assumem compromisso com o processo, que caminhem de uma postura de responsabilidade objetiva para outra, de responsabilidade subjetiva; de uma noção de justiça retributiva, para outra, de justiça distributiva e de uma concepção de moral heterônoma para uma concepção de moral autônoma.

Como os diferentes Odus que respondem à consulta compõem unidades de conhecimento da sabedoria oral e da orientação ética entre os iorubás, eles contêm os princípios de conduta ético-moral dos indivíduos. Os conflitos, limitações e potencialidades das personagens do mito estabelecem correspondência analógica com as ocorrências existenciais daqueles que buscam orientação oracular. E o uso adequado desse recurso analógico para a ampliação de consciências individuais e para o favorecimento da reflexão de cunho ético.

O importante é sabermos que nossa ética pessoal harmonizada com a ética ancestral, a ética dos magos, a moral espiritualizada e ao amor, abrem os caminhos para que a sabedoria floresça e a mente se ilumine cada vez mais. Viver em paz, no bem e para o bem, evitando o mal, fazendo o que é bom, admirando a luz, contemplando os astros do Criador e bendizendo toda criação perfeita de Deus – este é o destino dos verdadeiros magos, que não precisam de mestres iniciadores, mas, sabem se auto iniciar sozinhos, através das provações da vida.

José Carlos Lima da Silva
Astrólogo, Tarólogo, Pesquisador e Mago de Umbanda Astrológica.

Outras publicações

ORIXÁS E SUAS OFERENDAS

Evandro Mendonça

Esta Obra é mais um trabalho do autor, destinada a futuros Babalorixás, Ialorixás, Babalaôs, Pais, Mães e Zeladores de Santos etc. que têm a ânsia, a força de vontade e o direito de aprender os fundamentos religiosos das nações africanas dos Orixás praticadas em solo brasileiro – muitas vezes por egoísmo, falta de conhecimento ou até mesmo para que os futuros Babalorixás, Ialorixás, Babalaôs, Pais, Mães e Zeladores de Santos etc. não fiquem na dependência religiosa do seu feitor, Baba e até mesmo do templo religioso, pois o mesmo acaba não transmitindo todos os seus conhecimentos a seus sucessores.

Dentro da religião africana não existem trabalhos, rituais, magias, oferendas e segredos que não possam ser transmitidos a esses futuros religiosos.

Formato: 16 x 23 cm – 176 páginas

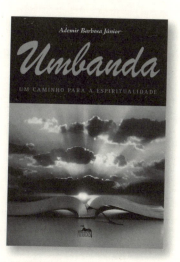

UMBANDA – UM CAMINHO PARA A ESPIRITUALIDADE
Ademir Barbosa Júnior (Dermes)

Este livro traz algumas reflexões sobre a Espiritualidade das Religiões de Matriz Africana, notadamente da Umbanda e do Candomblé. São pequenos artigos disponibilizados em sítios na internet, notas de palestras e bate-papos, trechos de alguns de meus livros.

Como o tema é amplo e toca a alma humana, independentemente de segmento religioso, acrescentei dois textos que não se referem especificamente às Religiões de Matriz Africana, porém complementam os demais: "Materialização: fenômeno do algodão" e "Espiritualidade e ego sutil".

Espero que, ao ler o livro, o leitor se sinta tão à vontade como se pisasse num terreiro acolhedor.

Formato: 16 x 23 cm – 144 páginas

Outras publicações

MITOLOGIA DOS ORIXÁS – LIÇÕES E APRENDIZADOS

Ademir Barbosa Júnior (Dermes)

O objetivo principal deste livro não é o estudo sociológico da mitologia iorubá, mas a apresentação da rica mitologia dos Orixás, que, aliás, possui inúmeras e variadas versões.

Não se trata também de um estudo do Candomblé ou da Umbanda, embora, evidentemente, reverbere valores dessas religiões, ditas de matriz africana.

Foram escolhidos alguns dos Orixás mais conhecidos no Brasil, mesmo que nem todos sejam direta e explicitamente cultuados, além de entidades como Olorum (Deus Supremo iorubá) e as Iya Mi Oxorongá (Mães Ancestrais), que aparecem em alguns relatos.

Formato: 16 x 23 cm – 144 páginas

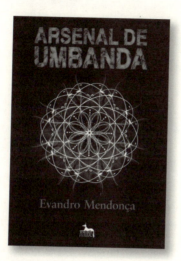

ARSENAL DE UMBANDA

Evandro Mendonça

O livro "Arsenal da Umbanda" e outros livros inspirados pelo médium Evandro Mendonça e seus mentores, visa resgatar a Umbanda no seu princípio básico, que é ligar o homem aos planos superiores. Atos saudáveis como o de acender uma vela ao santo de sua devoção, tomar um banho de descarga, levar um patuá para um Preto-Velho, benzer-se, estão sendo esquecidos nos dias de hoje, pois enquanto uns querem ensinar assuntos complexos, outros só querem saber de festas e notoriedade.

Umbanda é sabedoria, religião, ciência, luz emanada do alto, amor incondicional, crença na Divindade Maior. Umbanda é a própria vida.

Formato: 16 x 23 cm – 208 páginas

Outras publicações

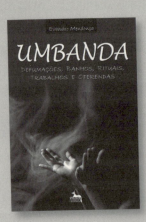

UMBANDA – DEFUMAÇÕES, BANHOS, RITUAIS, TRABALHOS E OFERENDAS

Evandro Mendonça

Rica em detalhes, a obra oferece ao leitor as minúcias da prática dos rituais, dos trabalhos e das oferendas que podem mudar definitivamente a vida de cada um de nós. Oferece também os segredos da defumação, assim como os da prática de banhos. Uma obra fundamental para o umbandista e para qualquer leitor que se interesse pelo universo do sagrado. Um livro necessário e essencialmente sério, escrito com fé, amor e dedicação.

Formato: 16 x 23 cm – 208 páginas

PRETO-VELHO E SEUS ENCANTOS

Evandro Mendonça inspirado pelo Africano São Cipriano

Os Pretos-Velhos têm origens africana, ou seja: nos negros escravos contrabandeados para o Brasil, que são hoje espíritos que compõe as linhas africanas e linhas das almas na Umbanda.

São almas desencarnadas de negros que foram trazidos para o Brasil como escravos, e batizados na igreja católica com um nome brasileiro. Hoje incorporam nos seus médiuns com a intenção de ajudar as almas das pessoas ainda encarnadas na terra.

A obra aqui apresentada oferece ao leitor preces, benzimentos e simpatias que oferecidas aos Pretos-Velhos sempre darão um resultado positivo e satisfatório.

Formato: 16 x 23 cm – 176 páginas